범죄학과 사회이론

범죄학과 사회이론

엮은이 데이비드 갈런드, 리처드 스파크스
옮긴이 추지현 외

1판 2쇄 발행 2023년 4월 12일

펴낸곳 두번째테제
펴낸이 장원
등록 2017년 3월 2일 제2017-000034호
주소 (13290) 경기도 성남시 수정구 수정북로 92, 태평동락커뮤니티 301호
전화 031-754-8804 | 팩스 0303-3441-7392
전자우편 secondthesis@gmail.com
페이스북 facebook.com/thesis2
블로그 blog.naver.com/secondthesis

ISBN 979-11-90186-11-7 93330

범죄학과 사회이론

데이비드 갈런드, 리처드 스파크스 엮음

Edited by David Garland, Richard Sparks

추지현 외 옮김

Zygmunt Bauman

John Braithwaite

Maureen Cain

Michalis Lianos with Mary Douglas

Paul Hirst

Dario Melossi

Nikolas Rose

CRIMINOLOGY AND SOCIAL THEORY

시리즈 편집자 서문

클라렌던 범죄학 연구The Clarendon Studies in Criminology 시리즈는 1994년 캠브리지, 옥스퍼드, 런던 경제학 대학교의 범죄학 센터 후원으로 시작되었고, 현재 이 분야에서 주도적인 역할을 하고 있다. 본래 이 시리즈는 거의 대부분을 단일 연구로 구성하려 했으나, 논문들의 선집을 반드시 제외하지는 않았다. 특히나 빼어난 선집이라면 말이다. 《범죄학과 사회이론》*Criminology and Social Theory*은 바로 그런 걸출한 선집이다. 영국 범죄학의 남다른 강점을 구축하는 데 그 누구보다 기여했던 두 학자가 이를 편집했으며, 저명한 이들이 저자로 참여했다. 또한 이 선집이 보여주는 범죄학은 수십 년 동안 다른 학문 분과들과 사상을 교류하면서 사회이론화의 핵심에 놓여 왔으며 또한 지적 균형을 갖추며 활발하게 전개되었다. 저자들 가운데 넷은 통상적으로 떠올리는 범죄학자가 아니라 정치 사회 이론과 사회인류학이라는 저마다의 특수한 영역에서 두각을 나타내는 사상가라는 점에서도 주목할 만하다.

어떤 면에서 본다면 1973년, 범죄학을 사회학과 정치경제학의 거대 사상으로 회복시킬 '온전한 사회이론'을 요구했던 《신범죄학》*The New Criminology*의 선언을 《범죄학과 사회이론》이 예기치 못하게 완수했다고 독해할 수도 있을 것이다. 《신범죄학》은 확실히 이전의 접근들과는 상당 부분 단절하였고, 이를 접한 사람들은 범죄의 사회적 속성, 국가, 경제에 관한 커다란 질문을 다시금 던지기 시작했다. 신범죄학자들은 마르크스주의자들이었고, 마르크스주의는 어떤 측면에서는 부적절하게 한물간 것처럼 되었다. 그러나 이들이 선점했던 거대 사상과 정치경제학은 《범죄학과 사회이론》에도 남아 있으며 이 선집의 각 장들은 푸코의 저술이 남긴 불씨들을 휘저으며 새롭고 훨씬 더 정교한 국가, 규율, 통치 개념과 사회적 표상들의 구조화를 추구하고 있다.

데이비드 다운스, 폴 록

서문

이 선집의 아이디어는 범죄학 그리고 그것이 후기 근대 사회에서 갖는 역할을 두고 지난 몇 년간 지속된 대화들 속에서 성장했다. 이 책에 투고된 글과 기여를 통해 우리는 범죄학이 오늘날 놓여 있는 상황, 그것의 우선 순위, 정치적 책임, 다른 사회과학 분야와의 관계에 대한 논쟁과 검토가 더욱 활성화되기를 기대한다.

이 책에 수록된 자료는 〈영국 범죄학 저널〉*British Journal of Criminology* 2000년 특별호를 통해 처음 출판되었다. 우리는 이 작업에 열광적 지지를 보내 준 해당 저널의 편집부는 물론 이 책이 출간될 수 있도록 도움을 준 줄리엣 시든햄Juliet Sydenham, 앤 머스그레이브Anne Musgrave, 마이클 벨슨Michael Belson, 그리고 옥스포드 출판부의 편집장인 존 루스John Louth에게 감사의 말을 전한다.

무엇보다 우리의 참여 제안에 기꺼이 응해 주고 진지함과 깊은 사려로 우리의 믿음에도 보답해 준 이 책의 기여자들에게 감사의 말을 전한다.

2000년 5월

데이비드 갈런드, 리처드 스파크스

목차

일러두기

1. 이 책은 Oxford University Press에서 2000년 출간한 *Criminology and Social Theory*를 완역한 것이다.
2. 본문에 나오는 강조 표시는 볼드체로 표기했으며 책 제목에는 《 》, 잡지, 신문, 보고서, 영화 제목은 〈 〉로 표기했다.
3. 각주의 서지사항 및 인용 쪽수 표기는 원서상 표기를 따랐다.
4. 외국 인명, 지명은 국립국어원의 외래어 표기법과 용례를 따랐다. 다만 국내에서 이미 굳어진 인명과 지명의 경우 통용되는 표기로 옮겼다. 의미 전달을 위해 필요한 경우 원어나 한자를 병기했다.

1장

범죄학, 사회이론 그리고 우리 시대의 도전

Criminology, Social Theory and the Challenge of Our Times

데이비드 갈런드, 리처드 스파크스

오늘날 범죄학은 빠르게 변화하는 세상 속에 놓여 있다. 이러한 변화의 속도와 깊이를 반영하듯 범죄율, 범죄 정책, 치안, 예방, 형벌의 실행 등 범죄학 주제들이 지닌 성격 또한 빠르게 변화하고 있다. 범죄와 처벌 데이터 너머로 시선을 돌려 그것들을 뒷받침하는 여러 과정, 즉 일상의 사회적 삶과 사회통제, 상품과 사람의 순환, 가족과 가구의 구성, 도시의 공간 생태, 직업과 노동시장의 특성, 국가 기관의 권력 등을 살펴보면, 범죄학의 주제가 이 시대 주요한 전환의 핵심에 연루되어 있다는 점은 분명하다.

이 책에 수록된 글들을 추동하는 질문은 20세기 후반의 사회적 삶에 흔적을 남긴 경제, 문화, 정치적 전환이 범죄학에 제기하는 여러 도전에 관한 것이다. 사회적·경제적 관계의 재구성, 사회적 과정의 유동성, 기술의 변화 속도, '후기 근대성'을 구성하는 현저한 문화적 이질성이 범죄학에 제기하는 지적 도전은 어렵고 때로는 혼란스럽지만 끝까지 무시하기에는 너무나도 완강하다. 마치 이러한 도전들이 없어지기를 바라는 듯이 개의치 않고 기존 연구 방식을 답습하고 범죄학 연구의 관습적인 의제를 익숙한 방식으로 추구하게 되면, 오늘날 사회사상과 공공정책이 직면한 가장 중요한 쟁점들의 일부를 외면하게 된다. 이것은 그간 여러 범죄학 연구들이 지켜 온 명확성, 통찰성, 그리고 타당성이라는 계율에서도 벗어나는 것이다. 범죄학은 19세기 중반 산업화와 도시화 된 세계에서 등장한 이래 동시대적이고 시의성 있으며 현실과 밀접하거나 이를 지향하는 분과였다. 범죄학자들, 특히 사회학 전통에 기댄 이들은 항상 세계의 현 상태 및 변화에 대한 세밀한 감각에 근거한 분석을 추구하여 왔다. 범죄와 무질서라는 현상은 사회적 격변과 탈구의 효과임이 반복적으로 드러났기 때문이었다. 이 책에 실린 글들이 보여주듯이 후기 근대성의 사회 전환은 범죄학적 이해와 타당성에 새로운 문제를 여럿 제기하고 있으며, 범죄학이 수반할 수밖에 없는 지적 성향, 대응과 전략적 목표, 정치적 기여에 분명한 함의를 지닌다.

그렇다면 어떻게 범죄학자들은 21세기를 특징짓는 변형과 변화를 설명할 수 있을까? 범죄학의 설명틀은 범죄와 형사사법의 변화하는 현실, 그리고 그것들을 에워싸고 있는 정치적, 경제적, 규제적 활동들의 광범위한 배후를 설명하는 데 적합한가? 그렇지 않다면 어떤 종류의 보완이 이뤄져야 할 것인가? 어떠한 질문에 보다 초점을 맞추어야 하는가? 어떻게 우리의 분석 영역이 변화해야 할 것인가? 또한 **온전한 동시대의 언어**로 이론화의 방식과 실증 연구의 형식을 발전시키고자 한다면 우리는 어떠한 종류의 지적 자원을 활용할 수 있는가? 또한 현대 사상 중 어떠한 영역에서 이러한 자원을 발견할 수 있을 것인가?

범죄학과 '범죄 논의'

앞서 우리는 '범죄학'과 '범죄학자'를 언급한 바 있다. 그러면서 우리는 이것들이 문제적인 동시에 모호한 범주라는 점을 분명히 알아차리게 된다. 사실 그 두 범주를 한층 더 문제화하고 모호하게 만드는 것이 이번 책의 기획 의도이기도 하다. 이러한 접근 방식은 허무주의적인 것이 아니며, 건설적이고 면밀한 탐구를 위한 것이다. 범죄학 분야가 현재처럼 발달한 지금, '범죄학'을 보다 더 번거롭고 부자연스러운 용어로 대체하더라도 얻을 수 있는 것은 거의 없다. 범죄학을 부인하는 것 그 자체도 그다지 보람 있는 작업은 아니다. 그러한 노력을 좌절시키려는 시도 역시–주로 범죄학자들 스스로에 의해– 빈번하게 행해진 바 있다. 하지만 '다른 곳'으로부터의 침입에 대항해 범죄학이라는 학문 분과의 정체성을 방어하려 하는 것은 바람직하지 않을 뿐만 아니라 현실성이 없는 것으로 보이기도 한다. 이러한 시도는 작게는 잘못된 방향의 노력을 쏟는 일이거나 크게는 범주의 오류에 해당하는 것이다. 후술하겠지만 자율적이고 독자적인 분과로서의 범죄학이라는 개념은 범죄학의 발전 초기 단계에 해당한다. 그리고 이러한 의미에서의 범죄학 학문 분과가 형성된 존재 조건과 오늘날의 우리를 이어 주는 고리는 점점 돌이킬 수 없이 사라지고 있다. 존 브레이스웨이트John Braithwaite가 이 책에서 지적하고 있듯이, 이것은 범죄와 범죄 통제를 배우는 학생들이 현재의 '범죄학' 틀을 넘어서 사고하는 법을 배워야 함을 의미할 수도 있다. 그러나 (브레이스웨이트의 표현을 빌리자면) 학문 분과로서의 '몰락이 예정되어' 있는가의 여부와는 상관없이, 범죄학이 그 탐구와 개입의 대상으로 삼는 사회적, 법적 세계를 다루기 위해 스스로를 언제나 늘 재정립해야 한다는 것은 틀림없다.

오늘날 범죄학의 규모, 영향 범위 그리고 최소한 양적인 면에서의 활기를 감안한다면 이러한 주장이 이상하게 들릴 수도 있다. 학술대회, 대학 내 범죄학과, 입학생, 연구 기관, 연구 지원금, 정부 및 민간 대상 자문 제공, 특집호 그리고 학계의 출판물 등의 숫자나 규모를 기준으로 한다면 범죄학은 더할 나위 없이 건재하다. 하지만 학문 분과로서의 범죄학의 이러한 활기에 수반되는 완고한 낙관 내지 자부심(Zhan 1999)은 범죄학이 '그 고유의' 여러 주제에 대한 공적 논의를 형성하는 데 제한된 성공만을 거두었다는 점, 그리고 공공정책과 의사결정에 미치는 영향력이 줄어들고 있다는 사정과는 맞지 않는다. 역사적 사실이 단순하게 말해 주는 바,

범죄와 범죄 통제의 사회적 중요성은 아주 만연해 있고, 복잡하고 논쟁적이어서 어떠한 학문 분과도 해당 주제에 대한 이해 또는 대응 방식을 단독으로 결정할 수 없다. 범죄와 처벌은 현대사회의 정치에서 불가분의 역할을 담당하고 있고, 우리의 일상생활과 밀접하게 연결되어 정서적 삶에도 깊이 박혀 있으며, 우리의 문화적 상상 속에 선명하게 재현되어 있기 때문에 해당 주제를 담아 내기 위하여 범죄학이 어떤 분석 도구들을 만들어 낸다고 해도 이를 쉽게 놓칠 수 있다. 오늘날 범죄 관련 이슈의 중심성, 정서적 영향 및 정치적 현저성을 볼 때 강단 범죄학은 더이상 '범죄학적' 담론에 대한 독점을 추구할 수 없으며 범죄에 대한 재현과 대응에 대한 독점권 역시 주장할 수 없다.

따라서 이전 세대 범죄학자에게는 유효하였던 지적 전략과 제도적 가정 중 최소한 일부는 오늘날 그 시의성이 줄어들고 있다고 할 수 있다. 논의하겠지만 지난 수십 년간 일어난 사회 변화로 인해, 강단 범죄학이 전문 학문 분과로 발전할 수 있었던 이번 세기 중반기를 특징짓는 여러 가정들에 대한 재논의가 이미 촉발되었다. 하지만 그 외에도 가장 현재적인 우리의 사고 습관 중 일부 또한 재고할 필요가 있다. 명백한 예로서 사회적 합의 및 법적 관계가 변화함에 따라 규제 및 공권력이라는 문제에 대한 범죄학자의 사고방식에 변화가 있었다. 범죄 통제의 공적 영역과 사적 영역 사이의 구분이 계속 흐려지고 형사사법 국가가 안전 및 범죄 통제 생산의 중심적 위치를 상실함에 따라, 범죄학이 규제와 통제라는 문제를 다루는 방식이 중대한 영향을 받은 것이다. 치안, 예방, 형사사법, 피해 등 어떠한 영역에 관여하고 있든지 범죄학자들은 이러한 지형 변화를 반영하여 '국가 너머'를 사고하기 시작하였다. 이것 자체만으로도 상당한 진전이다. 그 결과로 범죄학이 위와 같은 사회적 권위의 재분배가 촉발한 규제 및 윤리 관련 이슈에 더 잘 대응할 수 있게 된 것만은 아니지만, 이러한 까다로운 쟁점들을 다시 사고함으로써 범죄학자들은 사회통제 및 사회적 질서에 관한 가장 근본적인 쟁점들을 더 잘 개념화할 수 있게 되었다. 이에 대해서 이 책의 몇몇 글들이 보여주고 있다.

사회 변화에 따른 또 다른 영향은, 학문 세계의 오랜 노동분업 체계가 무너지기 시작하면서 새로운 형태의 지적 교류가 나타날 수 있게 되었다는 점이다. 중요한 예를 하나 들자면, 통상적으로 서로 분리된 것으로, 나아가 반대되는 것으로 여겨져 왔던 두 가지 형태의 범죄학 연구가 서로 가까워지고 있으며 함께 '사고되고' 있다. 1) 사회이론과 정치이론, 범죄학 지식에 대한 성찰적 사회학에 대한 관심 그리고 학문 분야의 경계를 넘나들거나 점검하는 데 관심을 두는 범죄학과, 2) 실증적 성향을 지니며 전략적 시의성을 지니는 범죄학, 둘 사이의 대립은 더이상 유지될 수 없게 되었다. 지그문트 바우만(Bauman 1990: 6)이 논의한 바와 같이 사회과학의 목적이 그 탐구 대상에 대한 '책임 있는 발화'를 만들어 내는 데 있다면, 우리는 현재의 조건들이 어떻게 그러한 의무에 영향을 미치고 있는지 살피고 우리가 어떠한 입장에 서서 발언하는가를 성찰할 의무가 있다. 이와 관련해 범죄학자들이 현재 추진하고 있는 재개념화 작업은 사회학의 동시대적 관련성에 대한 발견이나 '고전' 텍스트를 재독해 및 재평가하는 것과 병렬적으로 이루어지고 있다(Sparks 1997; Turner 1996 참조). 오늘날 사회 조직, 거버넌스 및 일상에서 많은 범죄학적 쟁점이 중심을 차지하고 있음을 볼 때, 이러한 재평가 활동들은 서로 분리될 수 있는 것으로 이해될 수 없다(이 책에 수록된 글들뿐만 아니라 Taylor 1999; Young 1999; Bauman 1998; Wacquant 1999; Garland 미발간 참조).

범죄학과 그 맥락

범죄학의 현재를 알아보기 위한 가장 좋은 방법은 과거의 범죄학에 대한 좀 더 실체 있는 논의를 진행하는 것이다. 최근 발표된 비망록에서 영국 범죄학의 창시자 중 하나인 레온 라드지노비츠Leon Radzinowicz 경은 20세기 범죄학 발전사를 돌아보고 있다. 이 책에서 라드지노비츠는 대체적으로 범죄학 분야의 성장과 제도적 발전에 만족을 표명하고 있지만, 마지막 장에서 그 전까지의 내용과 어울리지 않는 실망감을 드러낸다. "나를 특히 불편하게 하는 것은 '범죄학'과 '범죄 정책' 사이의 간극, 범죄와 처벌에 대한 연구 및 실제 범죄 통제 방식 사이의 간극이다. …… 확연히 드러나는 사실은 범죄학 지식의 결과물에도 불구하고 형사사법 분야에서 포퓰리즘적인 정치적 접근 방식이 주를 이룬다는 점이다" (Radzinowicz 1999: 469).

라드지노비츠의 지적 이전에도 이러한 변화에 대한 논의는 있었다. 토니 보톰스Tony Bottoms가 몇 년 전 창안한 용어인 '포퓰리즘적 중형'populist punitiveness에 대하여 이미 많은 논의가 이루어진 바 있다(Bottoms 1995 참조). 레온 라드지노비츠 경이 문제를 좀 더 과장하고 있는지도 모른다. 범죄학 전문가들이 각 지역의 범죄 예방, 범죄 진단, 지역사회 치안 및 민간 보안 분야 등 범죄 정책에서 차지하는 역할은 전에 없이 확대되었으며, 적어도 영국에서는 '범죄 감소'에 대한 연구에 정부의 자금 지원 역시 그 어느 때보다 없이 늘어난 상태다. 그럼에도 국가의 형벌 정책과 범죄학 연구 결과 사이의 간극은 분명히 드러나고 있다. 더불어 이러한 간극은 영국뿐만 아니라 미국에서도 특징적으로 나타나고 있다. 지난 10년 동안 각국 정부가 법과 질서에 대하여 보다 과격한 수사를 동원하면서 최소 형량 기준을 의무화하고 징역형의 확대를 유도함에 따라, 범죄학 전문가의 권고와 실제 시행되는 공공정책 사이의 간극이 벌어져 왔던 것으로 보인다.

여기에서 라드지노비츠의 논의를 인용하는 것은 그 논의가 특출나게 독창적이거나 심오하기 때문이 아니라, 라드지노비츠 및 그 동세대인들이 기대했던 바를 오늘날의 상황과 비교함으로써 후자에 대한 역사적 조망을 제공할 수 있기 때문이다. 금세기 중반에 활동했던 근대 강단 범죄학의 제도적 창시자들은 범죄학 지식이 세련함과 견고함을 더해 감에 따라 정부 정책에서 담당하는 역할 또한 확대될 것이라는 꽤 합리적인 기대를 지니고 있었다. 그러니 적어도 일부 측면에서 그 반대가 현실이 되었다는 사실이 놀라움으로 다가오게 된다. 다른 지면에서 라드지노비츠(1991)는 발전 양상의 역행이라는 의미에서 '형벌의 퇴행'Penal Regressions을 언급하면서, 성숙도를 더해 가며 문명화되고 근대화 되고 있던 한 시스템이 갑작스러운 퇴행을 겪고 있다고 지적하고 있다. 그 발전이 지체되고, 진화는 봉쇄되었다는 것이다. 이러한 예기치 못한 퇴행, 그리고 범죄학이 학계에서 이룬 성공과 공적 영역(특히 국가 형벌 정책)에서의 역할 축소 사이의 부조화는 지난 백년간 범죄학의 발전사를 생각해 볼 수 있는 화두를 제시하고 있다. 또한 통상적인 의미에서의 역사 연구가 아닌 현재의 역사 연구, 역사라는 자원을 활용하여 우리 시대의 문제를 고찰하는 방식의 역사 연구를 위한 출발점을 제공해 주고 있다.

광의의 범죄학은 우리가 범죄, 범죄자, 그리고 범죄 통제에 대하여 사고하고 논의하는 조직화된 방식을 아우른다. 이러한 관점에서 생각해 보면 강단 범죄학은 매우 정교하고 과학적이되, 형벌 제도에서 사용되는 실천적 범주로부터 일반 상식이나 대중문화에서 통용되는 범죄에 대한 이미지에 이르는 범죄학 담론의 한 부문에 불과하다. 범죄학은 학계만의 창조물이 아닌 것이다. 범죄학은 그 밖에 다른 사회적, 제도적 배경에도 위치하고 있으며 이러한 배경이 범죄학 발전의 상당 부분을 형성해 왔다. 단순화하여 설명하자면 범죄학은 세 가지 사회적 배경 내지 매트릭스에 각인되어 있다. 그 세 가지는 다음과 같다. (i) 학계 영역: 사회과학 및 학문적 담론 (ii) 정부 영역: 범죄 통제 및 형사사법 (iii) 문화 영역: 대중문화 및 정치적 담론. 이 세 가지 매트릭스는 서로 느슨하게 연관되며 서로를 조건 짓지만 어느 하나가 다른 하나로 환원되지는 않는다. 백년 전의 범죄학과는 달리 오늘날 범죄학은 이 중에서 학계와 가장 밀접하게 연관되어 있다. 강단 범죄학은—폴 록Paul Rock이 게오르크 짐멜Georg Simmel의 논의를 빌려 최근 표현한 바와 같이 그 형식 자체를 위하여 추구하는 활동이 되었다는 의미에서-어느 정도의 자율성을 획득했으나 여전히 정부나 대중문화의 영향을 받고 있다.

범죄학의 역사에 대하여 생각할 때 우리는 보통 학계 내에서의 이론과 연구의 발전을 생각한다. 지난 세기, 특히 1960년대 말 범죄학계의 확대 이후로 개발된 아이디어는 여기서 모두 나열할 수 없을 만큼 많다. 범죄학은 마르크스주의, 페미니즘, 후기구조주의, 포스트모더니즘, 사회학의 각 분야, 사회심리학, 문화 연구는 물론 유전학 및 신경생물학의 간헐적 개입에 이르기까지 지난 30년간의 여러 지적 조류 대다수가 초점을 맞춘 분야다. 특히 유전학과 신경생물학의 개입은 가까운 시일 내에 그 빈도와 완강함이 확대될 가능성이 다분하다. 또한 거대 이론과 분야별 실증 연구, 급진적 비판, 자문 업무 및 정책 기반 연구 등 다양한 연구가 이루어진 바 있다. 데이비드 다운스David Downes가 범죄학을 '만남의 분야' rendezvous subject로 정의하기도 했지만, 범죄학에서는 수많은 다양한 사람들이 만나고 서로 스쳐 가며 때로는 결실 있는 교류를 맺기도 하고 그저 교제하거나 학술대회의 북적이는 통로에서 서로 어깨를 스치고 지나가는 데 그치기도 한다.

범죄학은 그 외 다른 맥락에서도 생각해 볼 수 있다. 범죄학의 역사는 정부와 범죄 통제라는 영역은 물론 보다 넓은 문화 및 정치의 세계와 관련해서도 살펴볼 수 있다. 통치의 요소로서, 범죄 통제를 위한 전략적 조망 제공과 처벌 권력을 지시하는 권력을 위한 지식의 형태로서, 범죄학이 제도적 현장에서 담당하는 역할을 살펴볼 수도 있다. 동시에 이를 대중문화의 일부라는 측면에서, 즉 범죄에 대한 집합적 경험을 구성하는 그리고 구성되는 요소로서, 우리가 그 경험을 이해하는 통로가 되는 프레임과 서사의 레퍼토리로서 바라볼 수도 있다. 다만 이 글에서는 범죄 통제 분야에서 기능하는 한 가지 요소로서, 부차적으로는 대중문화와 관련지어 범죄학의 역사를 중심으로 살펴보고자 한다. 여기에서 우리는 이 두 가지 사회적 매트릭스와 그 안에서 범죄학이 차지하는 위치에 대한 질문을 던지고자 한다. 이러한 매트릭스가 지난 30년간 거쳐 온 변화를 이해하는 것은 우리의 현재 상황을 이해하는 열쇠가 된다고 판단하기 때문이다.

근대 범죄학

이 책에서 다루는 '근대modern 범죄학'은 최신 또는 동시대 범죄학 사조를 지칭하지 않는다. 예를 들어 이 책에서는 최근 부상한 '일상의 범죄학' 또는 선택 이론과 통제 이론을 다루지 않는다(Garland 1996, 2000). '근대 범죄학'은 19세기 말에 등장한 임상심리학, 범죄인류학, 통계 연구, 사회개혁 및 감옥의 규율에 의하여 만들어진 여러 문제, 개념 및 논증 양식의 틀로서, 이후 70년 동안 발전한 형벌-복지 제도들에 조합되었다(Garland 1985). 근대 범죄학은 더이상 '최신' 학문은 아니지만, 금세기의 시작부터 3분의 2에 해당하는 기간 동안에는 헤게모니적 담론이었다. 근대 영국 범죄학의 창시자들은 대립하기도 했지만 모두 이러한 기본적 틀을 주창하였다. 런던 정치경제대학교의 헤르만 만하임Hermann Mannheim, 옥스포드대학교의 맥스 그룬후트Max Grunhut, 케임브리지대학교의 레온 라드지노비츠, 내무부의 톰 롯지Tom Lodge, 만하임과 함께 〈영국 범죄학 저널〉*British Journal of Criminology*의 전신인 〈영국 비행 저널〉*British Journal of Delinquency*를 창간한 에드워드 글로버Edward Glover와 엠마누엘 밀러Emmanuel Miller 등 (〈대통령 범죄위원회 보고서〉*President's Crime Commission Report*(1967)와 해당 시기 미국 범죄학의 자료들에서도 동일한 주제를 발견할 수 있다). 이들 모두 기본적으로 동일한 신념을 공유했다. 이후 세대는 창시자들의 용어를 수정하고 신념에 의문을 제기했지만 초기 범죄학은 학계, 정부, 대중문화 내에 범죄학 분야를 확립하는 데 핵심적인 역할을 수행하였다.

그렇다면 근대 범죄학은 무엇이었는가? 도구적 이성에 대한 믿음, 기술 관료적 국가에 대한 비전, 그리고 사회 진보와 사회 공학에 대한 신념

등 초기 범죄학은 단연 근대적이었다. 처벌 일반, 그중에서도 응보적 처벌은 비합리적이고 반생산적인 감정과 미신에 따른 전근대적 방식의 잔재로 여겨졌다. 심지어 전통적인 자유주의 원칙인 비례성과 통일성 또한 시대착오적이라는 딱지가 붙었다. 범죄와 범죄자에 대한 올바른 관리는 개별 사건 또는 특정 문제에 맞춘 개별화된 교정 조치를 필요로 했다.

근대 범죄학에서 범죄란 개별화된 범죄 행위의 형태로 발현되는 사회적 문제였다. 이러한 범죄 행위들은, 특히 그중에서도 심각하고 상습적이거나 비합리적인 행위는 '범죄성'과 '비행'의 징후로 여겨졌다. 범죄 행위는 저변의 성향이 표면에 드러난 신호로서, 사회화가 올바로 되지 못하거나 올바로 적응하지 못한 개인에게서 나타나는 것이었다. 이 저변의 성향과 이를 만들어 내는 모든 조건이 범죄학 지식의 적합한 대상이 되었다. 그 성향과 조건은 또한 교정 개입의 우선 대상이 되었고, 이에 따라 형벌 처우는 주로 개인의 성향에 초점을 맞추는 한편 그보다 넓은 문제는 사회 정책을 통하여 다루었다. 근대 범죄학에서 문제는 부적응 비행자였고, 그 해결책은 교정 처우였다. 그 결과 엄청난 수의 경범죄 및 비상습적 범죄자들 대부분이 교정주의 관행의 관심 밖에 놓이게 되었고, 사회 체계의 낮은 수준까지 내려가는 일상적이고 사소한 범죄는 교정주의 관행 대상이 결코 되지 않았다. 이로부터, 전후 시기 가장 빈번하게 쓰인 제재 방식인 벌금형이 사회 복귀라는 명분과 결부되지 않고 범죄학의 관심도 거의 받지 못한, 당혹스러운 사실을 이해할 수 있다. 또한 1960년대 범죄발생율이 급증하기 시작하자 범죄학이 경범죄와 질서 교란 행위에 대한 비범죄화를 선호했던 이유 역시 마찬가지다.

이러한 범죄학의 사고방식은 범죄가 인격상 특징과 태도의 형성을 통하여 장기적, 기질적으로 작동하는 것이라는 일종의 인과관계를 상정하고 있었다. 심층에 있는 원인, 오래된 유년기의 경험과 심리적 갈등에 초점을 맞추었다. 범죄학에서 시간적으로 가깝거나 범죄 직전에 발생한 사건(유혹, 범죄 기회, 피해자의 행동 따위)을 무시하고, 표면상의 의미와 의식적 동기는 필연적으로 '피상적'이며 설명력이 거의 없다고 여기는 경향이 있었다. 이러한 사고방식에서 일상적이고, 기회주의적이고, 합리적 판단에 의한 범죄는 전체 범죄발생율에서 차지하는 비중이 얼마나 크던 거의 관심의 대상이 아니었다. 이러한 행동은 특정한 병리 현상을 나타내는 것으로 간주되지 않았고, 전문가에 의한 대응이나 교정 개혁의 기회를 마련해 주는 것도 아니었기 때문이다.

연구를 틀 짓는 각종 이론은 금세기에 걸쳐 변화하였다. 초기 범죄학은 의학과 이상심리학을 주로 원용하였으나 이후에는 점차 사회학과 사회심리학을 원용하게 된다. 범죄학에 중심이 되는 설명 주제가 있었다면, 그것은 '사회적 박탈', 이후에는 '상대적 박탈'이라는 복지국가적 주제였다. 사람들의 비행은 올바른 교육, 가족 사회화, 취업 기회, 또는 사회적이고 심리적 문제에 대한 적절한 조치가 결핍되었기 때문에 이루어지는 것으로 여겨졌다. 범죄 해결책 또한 개별화된 대응, 가족에 대한 지원 및 감시, 복지 개혁을 통한 빈곤 구제 등 복지국가적인 것이었다. 돌이켜보면 범죄학 체계에서 가장 두드러지는 사실은 오늘날 범죄학의 주된 관심 사항인 범죄 사건, 범죄 야기 상황, 피해자의 행동 또는 범죄 기회를 만들어내는 사회적 경제적 일상에 대한 실질적 관심이 상대적으로 부재하였다는 점이다. 또한 당시 범죄학은 일차적, 이차적 범죄 예방에도 실질적인 관심이 없었다. 범죄 예방은 범죄학적 개입보다는 사회개혁과 지역사회 발전의 결과로 나타난다고 여겼기 때문이다. 이 관심의 부재, 처벌에 대한 일관된 반대, 그리고 통제가 아닌 동기에 대한 관심 등 당시 범죄학은 그 이후나 이전의 범죄학과는 사뭇 달랐다.

비록 스스로를 중립적이고 정치 영역 바깥에 있는 것으로 제시하였지만, 근대 범죄학은 분명히 과학적 전문성과 전문가주의에 대한 믿음을 자유주의 개혁 전통과 결합하고 있었다. 정치 스펙트럼에서 근대 범죄학의 분과는 좌파로부터 중도 좌파에, 혁명적 사회주의자로부터 중도 기술 관료에 이르는 영역에 몰려 있었다. 급진주의자들은 케임브리지 연구소나 내무부의 실용주의적 개혁가들을 제도권 반동주의자로 취급하기도 했지만 영국 범죄학에 '우파'는 없었다. 진짜 보수주의적 반발은 범죄학 영역 외부에 있었다. 치안판사, 정치인 그리고 일부 여론은 여전히 범죄를 상식선에서, 즉 처벌하여야 하는 단순한 악함 내지는 반드시 막아야 하는 도덕적 타락의 전조라고 생각했다. 근대 범죄학의 정치학은 기본적으로 점진주의, 기술주의, 국가중심적인 것으로서, 사회문제 및 무질서에 대하여 대부분 전문가적인 하향식 해결책을 제시하였다. 이들은 형사사법 국가가 범죄 문제에 해결책을 갖고 그 시행을 주도하는 것을 가정하였다. 이에 따르면 범죄 정책은 선출직 정치권의 바깥에서, 정책 형성을 전문가와 실무가에게 위임하는 초당적 방식에 의해 가장 잘 운영될 수 있다. 이때 정책은 정치적 고려, 선거에서의 우위나 비합리적인 여론의 분위기가 아닌 범죄 원인과 가장 효과적 대응에 관한 연구 결과에 기초한다. 일상적 의사결정 권한은 판사와 정치인으로부터 범죄학 전문가에게 점차적으로 이양해야 한다. 이상의 범죄학 틀은 범죄와 사회 불안의 문제가 국지적이며 관리 가능하다고 인식하는 근대주의, 복지 지향적 사회민주주의에 적합하였다. 형사사법이 전문화, 자립화 그리고 정치적 과정으로부터 일정한 자율화가 가능하였던 이유는 바로 그 정치적 가정이 당시의 주된 정치 문화와 아주 밀접한 조화를 이루었기 때문이었다.

근대 영국 범죄학과 20세기 근대주의

20세기 들어 1970년대 중반까지 근대 범죄학은 지속해서 학계와 정부에 뿌리를 내렸다. 1950년대 런던 정치경제대학교, 케임브리지대학교, 옥스퍼드대학교 등에 있는 소수의 연구소로 이루어진 작은 기반으로부터 출발한 강단 범죄학은 1960년대와 1970년대 그리고 다시 1990년대에 급속히 확장되어 사실상 모든 대학이 저마다의 범죄학 강의를 개설하기에 이르렀다. 지난 30년 동안 범죄학은 급격히 성장하여 활발한 연구 분야이자 거대하고 독립적인 학문 분과가 되었다. 범죄학이 하나의 학문 분과가 '되었다'는 점은 누구도 의심할 수 없다(미국 범죄학의 성장에 대한 논의는 Zahn 1999 참조). 관련 강좌는 높은 인기를 누리며 범죄학 연구에 지원금이 몰리고 범죄학의 학문으로서의 자격을 의심하는 이도 더이상 없다.

20세기 대부분 동안 범죄학 지식이 정책 수립 및 형사사법 집행에 필수적인 부분이 되자 정부 영역에서도 유사한 현상이 발생했다. 1948년 형사사법법에서는 범죄학 연구에 대한 정부의 재정 지원을 허용하였다. 1957년에는 내무부 연구 부서가 설립되어 연구 용역을 위탁하거나 직접 연구를 수행하였다. 1959년 백서, 〈변화하는 사회에서의 형벌 실무〉*Penal Practice in a Changing Society*에서는 앞으로 범죄 및 형벌 정책은 연구 결과에 기초해야 함을 선언하였다. 같은 해 케임브리지 범죄학연구소가 대대적인 정부 지원 하에 설립되었다. 1944년부터 1979년 대처 수상 취임에 이르는 동안, 범죄자 처우 자문위원회와 뒤이은 형벌제도 자문위원회의 보고서는 범죄학계와 정부 사이의 직접적인 창구가 되었다.

형벌 절차와 관련하여서도 최근까지 상황은 비슷했다. 사형제 폐지라는 중대한 변화도 범죄학자들의 의견에 힘입은 것이었다. (영국 내 거의 모든 범죄학자가 폐지 운동에 참여하였고 자유주의 개혁을 위하여 자신의 과학적 공신력을 활용했다.) 부정기형 선고, 가석방 심사, 사회조사보고서, 소년 사법, 아동 대상 심리, 사회나 사업 및 보호관찰 등의 활용 확대와 특히 청년층에서의 복지국가적 관행을 위한 교화적 교도소 체제, 직업 훈련 교도소, 중간 처우, 빈번하게 언급되며 실제로는 지켜지지 않는 경우가 많으나 공식적 담론에서는 언제나 준수되는 사회 복귀 정신의 발달 등 이 모든 요소는 근대 범죄학의 실천 기획과 일치하는 것이었다.

범죄학이 과학이라는 생각은 심지어 대중문화에도 영향을 미치기 시작하였다. BBC가 시릴 버트Cyril Burt가 진행하는 청소년 비행에 대한 '근대적 접근 방식'을 다룬 인기 라디오 프로그램을 방송한 이후로, 셜록 홈즈와 같은 초기 범죄학자 이미지를 대신하여 사회과학자인 범죄학자가 대중에게 익숙한 인물상으로 등장하였다. 이후 언론인들이 범죄 사건, 동향 및 정책에 관한 의견을 범죄학자에게 문의하는 일은 일상이 되었다. 느슨한 의미에서의 범죄학은 범죄에 대한 일반적인 대중의 대화를 구성하는 목소리 중 하나 (그러나 오직 하나)가 되었다.

명백하고 중요하게도, 이러한 부류의 범죄학은 근대 사회의 본질적 일부, 근대주의적 세상이 돌아가는 방식의 일부가 된 것처럼 보였다. 또한 범죄학은 근대 사회질서와 그 통치 기구들의 합리화되고 규율적인 특징과 꼭 들어맞게 되었다. 그러한 범죄학은 형사사법 체계와 복지국가 그리고 보다 일반적으로는 질서 정연하고, 온건하고, 적절히 관리된 사회를 만들어 내려는 기획과 밀접한 관련을 맺고 있었다. 매우 최근까지, 미셸 푸코에서 레온 라드지노비츠 경에 이르는 모든 이들이 미래도 그와 같을 것이라고 여겼다. 푸코(1977)는 사람들이 '범죄학적 이성'과 그 실제적 효과를 바라보는 방식을 완전히 바꾸어 놓았으나, 그의 저작에서는 이러한 사고방식이 이미 쇠퇴하고 있다는 점이나 가까운 미래에는 근대주의 세력보다는 반근대적 세력에 의하여 그것이 형성될 것이라는 점은 드러나지 않았다. 놀랍게도 1990년대 학계에서 범죄학이 융성했던 반면에 국가의 형벌 정책에서 범죄학의 영향력은 감소하기 시작했다. 더 놀라운 것은 형벌 정책이 점차 연구 결과와 전문가 자문에 근거하는 것이 아니라 많은 범죄학자들이 보기에 부정확한 정보, 노골적인 강벌, 명백하게 반근대주의적 특징으로 인식되는 매우 정치화된 대중의 정서에 근거하게 되었다는 점이다. 상황적 범죄 예방으로부터 상업적 치안 및 시설 보안에 이르기까지 오늘날 주로 회자되는 범죄 통제 방안 중 상당수가 근대 범죄학 및 범죄학이 제시한 사회적 해결책의 표준적 레퍼토리 외부에서 등장하였다는 점은 당황스럽기까지 하다.

근대 범죄학의 운명을 변화시킨 원인은 무엇인가? 무엇이 범죄에 대한 '근대적이고' '사회적이고' '과학적인' 논의가 가지는 의미가 이전에 비해 상당 부분 약화되도록 만들었는가? 이 질문에 답하기 위하여서는 근대 범죄학을 사고하는 방식 자체를 바꿀 필요가 있다. 근대 범죄학을 효과적 정책을 위한 과학적 근거나 규율 사회에 필수 불가결한 권력/지식의 부류로 보는 대신, 특정한 역사적 국면에서 일련의 제도에 새겨진 구체적 담론으로 바라보는 것이다. 근대 범죄학은 전후 복지국가의 여러 요소 중 하나로 형성된 것으로서 특정한 질서 문제, 일정한 집합적 경험 그리고 뚜렷한 일련의 계급 관계에 대한 정부 차원의 대응 일부로 발전하였다. 근대 범죄학은 산업사회의 문제에 대한 사회적 해결책 중 일부분을 이루었고 이후 그 운명은 사회, 복지의 정치학 그리고 형사사법 국가의 동학과 연계되었다. 정부와 문화 내에서 근대 범죄학이 차지하는 위치를 생각할 때 명심하여야 할 것은 범죄학이 기반을 둔 존재 조건이다. 이러한 존재 조건 중 이 책에서는 다음과 같은 조건을 다루고자 한다. (i) 사회민주주의적 정치 형태, 범계급적 연대 및 포섭이라는 시민적 서사, (ii) 복지 조항 및 공적 지출과 관련한 경제적 조건과 사회 서비스의 발달, (iii) 새로 등장한 사회 서비스 전문가의 공신력과 영향력, 그리고 사회복지국가적 문제 해결 방식에 대한 정치적, 사회적 엘리트의 넓은 지지, (iv) 교정주의 사상의 타당성 및 집행 효과성에 대한 신념, (v) 대중 또는 정치권으로부터의 심각한 반대 부재.

정도의 차이는 있지만 이러한 조건은 1970년대까지 영국 및 그 밖의 지역에서 널리 형성되었다. 지금에 와서 돌아보면 1970년대는 근대 범죄학의 지적, 제도적, 정치적 가정이 보다 급진적인 사회 정치의 이름 아래 도전을 받은 분수령에 해당하는 시기였던 것으로 보인다. 바로 이 시기에 보다 비판적이고 반성적인 범죄학이 등장했고, 국가, 형사사법, 복지자본주의 규율 방식의 관련성에 대한 보다 직접적인 문제 제기가 이루어지게 되었다. 최소한 이 시기 동안 범죄학적 사고와 분석은 응용 학문이기보다는 광범위한 사회사상 주제와 관련되었다. 사회학 이론에 천착하였고 형사사법 실천에는 보다 비판적인 입장을 취하였다. 범죄학의 무게중심 또한 다소 변화하여 보다 반성적이고, 비판적이고, 이론적인 성향을 띠게 되었다. 결과적으로 이 시기는 오래 지속되지 않았다(물론 이후 범죄학의 지적 다양성과 여러 사회 참여 방식에 관해서는 매우 중요한 시기였음이 분명하다). 또한 그 귀결로 유럽 대륙과 북미에서 중대한 변화가 나타났으며, 그 변화는 영국에서 가장 온전하게 나타났다. 사회이론의 성과를 끌어 오기 시작한 범죄학의 가장 중요한 지적 자원은 근대성에 대한 고전 사회학이었다. 뒤르켐, 마르크스, 미드와 짐멜에서부터 푸코에 이르기까지 이들의 저작은 여러 범죄학자들에게 근대 세계 및 그 안에서 범죄가 차지하는 위치를 사고할 수 있는 도구를 제공해 주었다. 물론 이러한 사회학자들이 기술한 세계가 이미 변화의 과정을 겪고 있었던 '근대' 사회였다는 점을 감안하여야 할 것이다. 많은 사회학적 범죄학자들이 만들어 낸 설명적 수사는 통상 근대성의 사회학 수사였으며, 범죄학이 이를 둘러싼 사회 세계와 지니는 관계는 근대주의 지식의 양가적 성격을 유감없이 드러내고 있었다. 범죄학의 한 부류는 형사사법의 세계에 뛰어들어 스스로를 개혁의 도구 및 사회 공학의 수단으로 구성하였지만, 보다 급진적인 방식을 취한 또 다른 부류는 이러한 제도로부터 거리를 두고 보다 유토피아적인 비판의 양식을 수용한 것이다.

범죄학의 이러한 외연 확장은 오늘날 '1960년대'라는 관념이 환기하는 지적, 문화적, 제도적 사건들의 수렴에 의해, 그리고 교정주의 형사사법에 대한 신뢰 붕괴와 같이 범죄학에 보다 특유한 사태 이후에 (그리고 그로부터 촉발되어) 나타난 것이었다. 이 시기는 오래가지 않았다. 곧 새로운 탈-교정주의 범죄 통제 방식이 등장하였고, 범죄학은 다시 한번 현장의 문제에 천착하게 되었다. 문제의 유형과 실천의 환경이 달라졌을 뿐이다. 그러나 1970년대에 개시된 비판적이고 이론적인 범죄학 부류는 점차 다양화되고 다각적으로 변해 가는 이 분야에서 (비록 하위 주제에 해당한다 할지라도) 계속되었다. 그리고 더 중요하게는 제도적 연계 및 인식론적 기여를 통한 '근대 범죄학'의 영향력은 대폭 감소하였다. 그 이후로 범죄학이 위치한 사회 조직 및 정치 문화는 여러 구조적 변화에 따라서 변형되었고, 범죄학의 전문적 권위를 약화시키고 공공에 대한 영향력을 제한하였다.

근대성에서 '후기 근대성'으로

오늘날 우리가 사는 세상은 근대 범죄학이 등장하였던 세상은 물론 사회학이 설명하고자 했던 근대성의 세상과도 다르다. 지난 수십 년간의 근본적인 사회, 경제, 문화적 변화는 근대주의 사회이론의 확실성을 무너뜨리고 또한 그 이론이 세계와 맺는 관계를 보다 문제적으로 만든 것으로 보인다. 이러한 새로운 삶의 형태의 성격 규정을 어떻게 할 것인가에 대하여 사회이론가들 사이 의견은 분분하다. 탈-근대성, 후기 근대성과 고도 근대성, 위험 사회와 탈산업사회의 도래, 자본주의의 해체, 탈-포드주의와 신시대 등 다양한 논의가 이루어지고 있다. 물론 이러한 각 용어는 모두 논쟁적이며, 이는 거대한 일반화와 시대 구분의 부정확성에 따른 필연적인 귀결일지도 모른다. 하지만 분명한 것은 각 용어가 저마다의 방식으로 나타내려는 변화가 범죄학자들에게 지적인 답변을 요구하고 있다는 점이다. 이와 같은 사회적이고 지적인 상황은 적어도 우리 모두에 대하여, 이전의 근대주의를 고수하고 있는 이들에 대해서조차, 새로운 수준의 성찰성을 발전시키고 변화와 전복이 가져오는 도전에 어떻게 응전할 것인지 스스로 묻도록 요구한다.

이 선집에 수록된 에세이 중 일부는 범죄학의 활동 배경이 되는 사회적 매트릭스가 극적으로 변화하였고, 이에 따라 범죄학 분과가 지니는 위치, 그 도구적 합리성에 대한 신뢰, 그 사회적 해결책의 적용가능성이 중대한 영향을 받았음을 주장하고 있다. 한 가지 덧붙여 이러한 변화의 과정을 아주 단순화하면, 지난 30년간 우리가 범죄에 대하여 사고하고 대응하는 방식을 변화시킨 두 가지 서로 얽힌 변혁적 역학 관계로 표현할 수 있다. 부정확함과 문제 제기의 가능성을 무릅쓰고 표현하자면 그중 첫 번째는 우리가 후기 근대성의 도래라 부를 수 있는 사회, 경제, 문화적 변화의 총체이다. 이러한 변화 중 상당수를 이 선집의 각 장에서 다루고 있으므로 이 장에서는 아주 간략하게 요약하는 것으로 충분하리라고 본다. '후기 근대성의 도래'라고 할 때, 이는 서로 연관된 여러 변화가 겹쳐 초래된 사회, 경제, 문화적 결합을 의미한다. 여기에는 다음이 포함된다. (i) 자본주의적 생산과 교환의 변혁적 역학 관계 (대중 소비사회, 세계화, 노동시장 재편, 새로운 고용 불안의 등장) (ii) 가족 및 가구 구조에서의 장기적 변화 (여성의 유급 노동인력 진출, 이혼 및 가족 해체의 증가, 평균 가구 규모의 감소, 이질적인 동시에 많은 경우 감독을 벗어난 연령대로서 10대의 등장) (iii) 사회 생태 및 인구 구조의 변화 (자동차, 교외 지역, 통근, 정보 기술에 따른 시간과 공간의 확대) (iv) 전자 대중매체의 사회적 영향 (기대와 공포의 일반화, 지역 및 조합 문화의 영향력 감소, 정치적 발언의 조건 변화) (v) 사회적 삶과 문화적 삶의 민주화 (하층계급 및 소수 집단의 '탈종속화', 남녀 간 권력 비중의 변화, 권위에 대한 문제 제기, 도덕적 개인주의의 부상)

두 번째 변혁적 역학 관계는 후기 근대성의 거대한 분열의 여파로 나타난 계급 관계(그리고 미국의 경우에는 인종 관계)의 재구성이다. 이러한 재구성을 가능하게 한 것은 숙련 노동계급의 경제적 이해관계 변화, 복지국가의 자기 파괴적 경향, 그리고 1970년대와 1980년대의 경기 침체 등이었다. 특히 이를 가능하게 한 것은 대처와 레이건 등의 국가 지도자가 이룬 정치적 '업적', 즉 자유시장경제, 반복지 사회 정책, 문화보수주의의 반동적 조합으로 이루어진 업적이었다. 이러한 역학 관계는 함께 작용하여 범죄와 복지에 대한 집단적인 경험, 그리고 범죄와 복지의 정치적 의미를 바꾸어 놓았다. 후기 근대성의 도래와 함께 새로운 자유, 새로운 수준의 소비, 그리고 개인의 선택에 대한 새로운 가능성이 찾아왔다. 하지만 이와 함께 새로운 무질서와 이탈, 그리고 무엇보다 새로운 수준의 범죄 및 불안이 도래하였다. 1980년대와 1990년대의 정치적 반동은 이러한 우려스러운 문제에 대한 대중의 인식을 형성하였고, 우리로 하여금 그것들을 복지의 문제가 아닌 통제의 문제로, 잘못된 사회적 기획의 결과로, 최악의 결과가 나오더라도 스스로는 해를 입지 않을 자유주의 엘리트 계층이 조장한 비도덕적인 방종과 가족 내 규율의 해이로 인한 결과로, 분수도 모르고 새로운 자유를 남용하면서 다른 이들의 삶을 어렵게 만드는 위험한 하층계급underclass의 무책임한 행동으로 인식하도록 유도하였다.

저자 중 한 명이 다른 지면에서 주장하였듯이(Garland 1996), 높은 범죄발생율과 형사사법 국가의 실패라는 조합으로 나타난 위기에 직면하여, 정부는 지난 20년 동안 변덕스럽고 서로 상충되는 정책을 시행하여 왔다. 보다 중요한 것은, 높은 범죄발생율을 정상적인 사회적 사실로 경험하게 됨에 따라 범죄를 둘러싼 특징적인 문화, 즉 범죄학과 범죄 정책의 배경 조건을 변화시키는 문화가 형성되었다는 점이다. 후기 근대성의 '범죄 복합체'crime complex라 부를 수 있을 이러한 문화적 형성체는 일련의 태도, 신념과 실천을 특징으로 한다. 높은 범죄발생율은 정상적인 사회적 사실로 간주되며, 범죄의 회피는 일상적 삶의 구성 원칙이 된다. 범죄에 대한 두려움이 확산되어 정치적 기준점이 되고 범죄 관련 이슈는 정치화되는 한편 감정적인 용어로 재현된다. 피해자와 공공의 안전에 대한 우려가 정부 정책을 주도하고 형사사법 국가의 영향력은 심각하게 제한된 것으로 여겨진다. 사적인 방어 관행이 일반화되며 대규모 사설 보안시장이 존재한다. 높은 수준의 '범죄 지각'이 사회적 삶의 일상에 뿌리내리고 매체와 대중문화 그리고 건축 환경에 제도화된다.

'범죄 복합체'의 발달은 일련의 심리적이고 사회적인 영향을 초래하고 이는 다시 정치와 정책에 영향을 미친다. 시민들은 범죄를 의식하게 되는 동시에 범죄 문제에 익숙해지고 많은 이들이 고도의 불안과 두려움을 나타낸다. 제도와 일상적 실천은 시민들로 하여금 (실제적 또는 잠재적)

범죄 피해자의 정체성을 받아들이고 그에 걸맞는 사고, 감정과 행위를 요구한다. 이렇듯 범죄와 범죄 예방에 대한 관여가 강요된 결과 양가적 반응이 초래된다. 한편으로는 새로운 회피 습성과 범죄 예방 관행의 발달을 초래하는 금욕주의적 적응이 나타난다. 다른 한편으로는 일정한 분노와 좌절이 일상생활에서 범죄가 나타내는 위험과 지장에 대한 보다 적대적인 반응을 촉발한다. 대중사회의 여러 부문에서 점차 범죄자에 대한 동정을 수용하지 않으려 하고, 자신들의 경험에 따르면 실패한 것으로 보이는 형사사법 정책에 대한 인내심이 줄어들며 피해자와 더 직접적으로 자신을 동일시하게 된다. 범죄자를 '이해한다'는 입장에 서는 것은 언제나 힘들고 어려운 일이었고, 이러한 입장을 보다 즉각적으로 취할 수 있었던 것은 범죄의 영향을 받지 않는 자유주의 엘리트나 범죄자를 이해하는 것을 업으로 삼는 전문가 집단이었다. 그런데 이러한 입장은 범죄자를 **규탄**하고 처벌과 통제를 요구하는 입장에 점차 자리를 내어주고 있다. 범죄자의 재통합은 점차 비현실적인 과제로 인식되며 도덕적 설득력 또한 줄어들고 있다. 새로 등장하는 범죄학자들은 사회적 통제와 상황적 예방, 합리적 선택과 동기 박탈, 무력화와 강벌적 배제 강화를 강조함으로써 이러한 관심을 반영하고 재강화하고 있다.

이러한 상황에서 정치적 발언의 규칙 또한 매우 극적으로 변화하고 있으며 정치인, 공중, 각 시스템의 전문가 사이의 관계 또한 변화하고 있다. 이전에는 공무원에게 위임이 가능한 것으로 여겨진 일상적인 초당적 과업도 이제는 강렬한 감정을 수반하며 선거에 영향을 미치는 긴급한 정치적 우선 과제가 되었다. 정치인 입장에서 범죄와 형벌은 범죄학자에게 맡기기에는 너무나 중요한 사안이 된 것이다. 이러한 새로운 형벌 정책의 주된 주제인 강벌 정서, 피해자에 대한 우려, 공공의 보호, 배제, 통제 강화 등은 이전과는 다른 집단적 경험으로부터 그 의미와 화력을 끌어오고 있다. 또한 이것들은 '후기 근대성'에 대한 반동적 주제화에 뿌리를 두고 있는데, 그 주제화는 범죄의 증가뿐만 아니라 최근 정치권의 전반적인 반동적 기류에 의하여 촉발된 것이다. 1970년대부터 뚜렷이 나타났던 반동적 기류는 현 시대의 특징을 도덕적 붕괴, 비시민성, 가족의 쇠퇴 등으로 파악하며 '1960년대'의 혁명 및 그로 인한 문화적, 정치적 해방 이전으로 돌아갈 것을 촉구하고 있다. 후기 근대라는 세상의 불안정성과 이동성은 새로운 통제와 배제의 실천을 낳았고, 이러한 실천은 사회의 개방성과 유동성을 줄이는 것을 목적으로 한다. 즉, 정체성을 고정시키고, 개개인의 이동성을 제한하고, 인구 각 부분들을 통째로 격리하고, 경계를 세우고, 통로를 차단하고자 하는 것이다(위 주제에 대한 논의는 이 선집에 실린 지그문트 바우만의 글을 참조하라).

범죄학과 동시대 문화

이러한 사회 변동으로 인하여 범죄에 대한 우리의 사고 형식과 내용에 대한 장악력을 범죄학이 독점하기는커녕 점차 상실하고 있는 상황이 초래되었다. 관련 이미지와 공포가 포화 상태인 문화 속에서 범죄학이 관련 주제에 대한 분석 방식을 주도할 것을 기대하기란 이제 불가능하다. 학계에서조차 범죄학은 범죄에 대한 논의가 이루어지는 여러 분야 가운데 하나에 불과해지고 있다. 페미니즘, 문화 연구, 경제학, 도시 계획, 건축 설계, 영화, 정치학, 위험 분석, 다양한 사회이론이 모두 범죄를 중심적인 분석 주제이자 연구 문제로 취하고 있다. 범죄는 새로운 사회적 세계에서 전에 없는 수준으로 전면에 대두하였으며 범죄학의 전통적 경계 내에서는 다루기가 점점 더 어려워지고 있다. 이러한 새로운 정치 문화 속에서 감정적이고 강벌적인 정책을 멀리하는 범죄학, 복지국가 논리와 사회적 해법을 반복하는 범죄학, 범죄 통제의 극적 요소를 줄이고 이를 전문가에게 위임하려는 범죄학은 현재 정부의 의사결정을 형성하는 가치 및 셈법과는 친화성이 거의 없다.

이 새로운 맥락에서 범죄학은 전략적 선택을 해야 한다. 스스로를 일종의 전문가 조수, 폭넓은 논쟁을 지원하는 기술적 전문가로서 여기고, 더 고차원적이고 광범위한 논쟁에 쓰일 데이터와 정보를 제공할 수도 있다(이러한 역할은 문화적으로 범죄학 전문가에 할당되는 경우가 많다. 이는 많은 학자들이 가장 편안함을 느끼는 역할이기도 할 것이다). 이와 달리, 범죄가 대단한 반향을 지니는 세계를 받아들이고 이 수준에서 논의에 동참하는 방안도 있다. 오늘날 범죄가 사회 및 문화에서 차지하는 중심적 지위는 범죄학의 입장에서는 보다 중요하고, 공적이고, 폭넓은 역할을 받아들일 수 있는 기회다. 아무리 많은 정부가 범죄학의 연구 결과에 저항한다 해도 범죄학적 지식, 즉 범죄 및 그에 대한 제도적 대응을 면밀하고 비판적으로 연구하여 도출한 통찰과 이해의 의미가 이처럼 큰 시기는 없었다. 범죄학 지식의 활용과 교류의 순환이 이처럼 깊숙히 우리 사회 조직과 문화 전반에 얽혀 든 시기도 없었다. 레온 라드지노비츠가 느낀 실망감에는 일리가 있고, 오늘날 공공정책의 비생산적이고 비합리적인 측면에 대한 좌절도 공감할 수 있다. 하지만 정부가 정치적으로 행동한다는 점에 실망한다는 것은 궁극적으로는 무의미하다. 어쨌거나 그게 정부인 것이다. 정부가 늘 이성에, 그중에서도 범죄학적 이성에만 귀 기울이는 것은 물론 아니다. 정부가 운신하는 맥락을 결정하는 것은 도구적 합리성이고 또한 감정과 가치, 끈덕진 요구와 정치적 우선 과제이기도 하다. 근대 범죄학의 전성기에도 정부는 정확히 이렇게 행동하였다. 다만 범죄학자들이 정부의 정치와 뜻을 같이하였고 정부의 외적 태도를 진정한 헌신으로 간주한 나머지 이를 늘 알아차리지 못했을 뿐이다.

지난 30년을 규정한 사회 변동, 과거 범죄학을 규정하던 제도적 맥락과 지적인 사고 양식에 따라 범죄학을 '사고'하는 것은 이제는 불가능하다. 범죄학은 등장 이후 대부분의 기간에 사실상 형사사법 국가 제도 내에 위치하였다. 근대 범죄학에 대한 우리의 논의가 이미 시사한 바, 이러한 제도적 배경은 범죄학이 세계를 보는 방식, 특히 범죄와 범죄 통제 문제를 이론화하는 방식을 구조화 하는 특정한 인식론이 되었다. 오늘날에는 일련의 변화로 이 제도적 인식론의 존속력이 약화되었다. 민간 치안 및 상업화된 보안의 부활, 범죄는 오늘날 사회 세계에 뿌리내린 일반적, 정상적 현상이라는 새로운 자각, 형사사법 절차에 의존하지 않는 범죄와 피해 관련 지식의 새로운 원천, 범죄 문제를 개인의 기소와 처벌이 아니라 각종 체계와 상황의 재설계라는 견지에서에서 대응하는 범죄학 그리고 유사한 변화들로 인하여 이전의 범죄학 연구의 출발점 노릇을 하던 여러 가정이 약화되고 있다. 이 모두로 인해 우리는 범죄학 기획을 다시 사고하고 범죄가 오늘날 경험되고 재현되며 규제되는 방식과 이를 조화시킬 필요가 있다.

오늘날의 범죄학은 우리 시대의 중심적 문제에 대응하기 위하여 공적 논의에 참여할 기회와 책임이 있다. 그러려면 우선 이러한 폭넓은 논의 및 토론의 조건과 여기에서 범죄와 범죄 통제가 어떻게 나타나는가를 이해하여야 한다. 그리고 범죄학의 지적 가정과 사회적 상황, 특히 정부 및 문화와의 연계성에 대한 자의식을 키워야 한다. 범죄학의 운명은 범죄학이 속한 정치 문화에 의하여 재정의될 것이다. 범죄학이 미래를 형성하는 데 일조하려면, 이러한 정치 문화를 이해하는 것이 중요한 첫걸음이 될 것이다. 이 선집의 목적은 바로 이러한 이해에 기여하고자 하는 것이다.

새로운 세기의 첫 달에 우리가 직면하는 세계는 이전 세대 범죄학자들이 직면하던 세계에 비할 때 완전히는 아니더라도 최소한 중대한 면에서 달라졌다. 《범죄학의 모험》*Adventures in Criminology*의 수려한 결론부에서 명확히 드러나듯이, 라드지노비츠와 같이 근대주의를 고수한 이들에게 이러한 변화는 좌절과 분노를 불러일으킬 따름이다. 범죄학자가 활동할 수 있는 제도적 공간은 여전히 존속하고 정책 수용자들이 범죄학적 증거에 귀를 기울일 준비가 된 경우도 때로 있지만, 근대 범죄학이 주창한 합리성과 현재 부상 중인 치안, 형벌 및 통제의 근거 사이의 간극은 매우 뚜렷하며 어찌 보면 비가역적이기도 하다. 범죄 문제는 언제나 다양한 이해관계의 합류 지점이었지만 오늘날에는 학자와 정책 입안자뿐만 아니라 정치인, 이익 집단, 이전보다 훨씬 다양한 집단들을 끌어들이고 있다. 이들의 마주침은 마찰이나 상호 몰이해로 귀결되기 일쑤다. 이토록 감정적으로 격앙되고 정치적으로 분열적인 대화를 나누어야 하는 이유는 여러 가지가 있겠으나, 범죄와 형벌이 우리 시대의 가장 시사적이고 긴급하며 논쟁적인 사회문제이기 때문이다.

이 책에 대하여

이 선집의 참여자들이 하나의 관심, 주제, 진단을 공유하고 있다고 이야기하기는 어렵다. 우리가 기대하는 열린 논쟁은 그와 같은 통일성을 통해서는 좀처럼 진행되기 어려울 듯하다. 또한 오늘날 범죄와 형사사법이 놓여 있는 맥락의 복잡성과 다양성은 의제의 공유나 손쉬운 합의를 이끌어내기 힘들게 하고 있다. 하지만 적어도 몇몇 범죄학자들 중 그들의 전통적 연구 영역이 오늘날 재조합되는 방식에 호기심을 가지기 시작한 이들이 있다는 사실은 반갑다. 국가의 처벌과 그것을 둘러싼 정치, 도덕적 형태에 관심을 가져온 학생들은 해당 영역에서 지속되고 있는 오랜 정통성이 새로운 기술들과 어휘들에 의해 급변하고 있다는 것 그리고 처벌과 관련한 자신들의 작업에 사회 경제적 이해들이 연루되고 있다는 사실을 인식하고 있다. 이와 유사하게 치안 연구자들은 자신들이 연구하는 제도들이 오늘날 기술, 조직, 정치 혁신에서 만성적으로 먹잇감이 되고 있다는 것, 이러한 혁신 가운데 일부가 유효성, 설명가능성, 정당성의 문제가 제기되어 온 전통적인 용어들을 전적으로 무용하게 만드는 위협이 되고 있다는 사실을 알고 있다. 피해자의 권리, 공공 안전, 위험에 대한 경제적 관리에 관심을 두는 학자들은 이러한 쟁점들이 현재 특정한 형사사법 기관이나 범죄학의 전문가주의 관할에 깔끔하게 맞아떨어지지 않고 광범위한 관심사가 된 오늘날의 상황을 인지하고 있다. 한편, 끝없이 정교해지는 규제 체제, 빠르게 발전하는 기술, 끊임없이 변화하는 경영 용어와 정치적 특징 등과 이 분야를 특징짓는 놀라운 변화 속도가 결합하여 개념어는 쉽게 누락되어 버리고 오랫동안 확립해 온 연구 의제를 구시대적이고 부적절한 것으로 보이게 만드는 사회적 조건이 만들어지고 있다. 이러한 상황에서 새로운 질문을 제기하고, 새로운 시각을 제공하고, 오늘날 환경의 특수성을 보다 명료하게 포착하는 데 용이한 방법을 실질적 연구에 활용해, 일견 아무 관련이 없어 보이는 현상들 사이의 연관성을 바라볼 수 있도록 하는 것은 사회이론의 특별한 과제가 된다.

이러한 접근은 단순히 새로운 것을 좇아 시류에 편승하는 탐구라든가 부르디외가 '이론적 이론'이라며 맹렬히 공격한 방식처럼 무의미하고 공허한 개념 구조를 권장하거나 옹호하려 하지 않는다. 기실 동시대에 벌어지는 범죄학 논의를 개선하고 활성화하는 데에는 어떤 측면에서 보자면 '고전적인' 주제를 재검토하고 **복원**하는 작업이 필요할지도 모른다 (Bourdieu in Turner 1996). 그렇다고 범죄학이 이론적 탐구에 대한 관심이 결여되어 있다고 힐난하려는 의도도 아니다. 이는 일반적으로 제기되는 의혹이기는 하나 우리가 바라보기에는 지나치게 광범위하고 가벼운 말들로 논의되는 경우가 많았다. 그보다 우리는 여러 학자들이 대화에 합류하도록 청함으로써 줄곧 이어지고 있는 논의를 더욱 활기차게 만들기를 바랐다. 이 학자들 가운데 많은 이들이 '범죄학자'는 아니지만, 우리가 보기에는 범죄학적 관심사를 꽤나 직접적으로 다루는 작업을 선보여 왔다. 이 선집이 보여주듯, 현재에 대한 사회학적 설명 가운데 가장 흥미롭다고 꼽을 수 있는 많은 작업들이 범죄, 범죄에 대한 두려움, 그리고 이것이 야기하는 위험의 계산과 억압 조치에 대한 분석에서 중요한 자리를 차지하고 있다. 이러한 점을 염두에 두고 우리는 이 책의 참여자들이 각자의 작업, 사회적 흐름 안에 깊숙이 내포된 동시에 독특한 양상과 취급하기 까다로운 고유한 문제들을 보여주는 영역을 각자의 다양한 관점에서 고찰해 보기를 요청했다. 여기 담아 낸 결과물이 이러한 조우의 가치를 드러낸다고 생각한다. 이 결과물은 이와 같은 참여가 우리의 사고방식을 다듬고 확장하는 데 상호 도움을 줄 수 있다는 희망을 품게끔 한다. 범죄와 범죄 통제라는 구체적인 문제들은 사회이론의 타당성과 유효성을 판단하는 하나의 척도가 될 수 있을지도 모른다. 그리고 범죄학은 동시대 사회이론의 이론적 작업과 관계를 맺음으로써 지적 자원을 보충할 수 있을지도 모른다. 바로 이러한 뜻에서 이론적 고찰과 경험적 탐구 사이, 범죄학과 사회이론 사이, 학문적 분석과 체험된 세계 사이의 유연한 움직임을 이어 가는 것이 이 책 뒤에 남아 있는 기대다.

2장

법질서의 사회적 쓸모

Social Uses of Law and Order

지그문트 바우만

인간됨에는 많은 방식이 있고, 각각의 사회는 그 방식을 선택한다. 우리는 사실 이 선택 때문에 '함께 속해 있는' 사람들이 '전체'를 이룬다는 의미로 사람들의 집합을 '사회'라고 부를 수 있다. 여기서 선택은 허용 가능한 것에 부과된 제약이기도 하다. 어떤 사람들의 집합을 다른 집합과 다르게 보이게 만드는 것은 선택이며, 우리가 다른 사회라고 말할 때 언급하는 차이가 바로 이 선택인 것이다. 어떤 집합이 '사회'인지 아닌지, 집합의 경계가 작동하는지, 누가 어떤 집합이 구성하는 사회에 속하고 속하지 않는지 등 이 모든 것에서 선택이 이루어지며, 이는 촉진되는 힘과 복종을 만드는 제약에 달려 있다. 이 선택은 **질서**와 **규범**이라는 두 가지를 부과하는 것을 핵심으로 한다(혹은 이는 한 가지 부과가 가지는 이중적 효과다).

우리 시대의 위대한 문학가이자 철학자인 밀란 쿤데라는 '질서에 대한 갈망'을 우리가 아는 모든 사회에서 분명히 나타나는, '인간 세계를 모든 것이 완벽하게 기능하고 일정에 따라 작동하며 초인적인 체계에 종속적인 무기물로 전환하려는 욕망'이며, '삶은 질서의 끊임없는 파괴이기 때문에 질서에 대한 갈망은 동시에 죽음에 대한 갈망이다. 혹은 다른 식으로 표현하면 질서에 대한 욕망은 고결한 구실이며, 폭력적인 인간 혐오를 위한 핑계다.'라고 서술했다(*La Valse aux Adieux*, 여기서는 피터 쿠시의 번역본 *The Farewell Party*(1933:85)).

질서에 대한 욕망이 반드시 인간 혐오에서 생겨나지는 않지만 인간 혐오는 이 감정에 따라오는 모든 행위의 핑계를 제공할 뿐만 아니라, 이 욕망을 부추길 수밖에 없다. 결국 어떤 질서든지 간에 이는 통일성, 규칙성, 예측 가능성을 본디 다양하고, 불규칙하고, 예측 불가능한 인간 세계에 부과하려는 절망적인 시도이다. 코넬리우스 카스토리아디스Cornelius Castoriadis(1989: 103-104)가 말한 것처럼, 인간은 '타자성의 원천이 되는 무언가를 창조하는 존재의 한 유형이며, 이로 인해 스스로 자기 자신을 바꾸기' 때문에, 모든 인간 세상이 (즉 무덤을 제외한다면) 다양화되고, 불규칙하고, 예측 불가능하지 않게 되는 것은 불가능하다. 인간됨은 끊임없는 선택을 의미한다. 질서에 대한 갈망은 오직 존재의 성질 때문에 상상 가능하다. 어떤 종류의 질서 모델도 선택 그 자체이다. 비록 어떤 종류의 선택은 다른 선택을 대체하기를 원하고, 모든 추가적인 선택을 끝마치게 하려 하지만. 이러한 끝은 오지 않기 때문에 원하든 원하지 않든 인간 혐오가 따라온다. 인간 혐오와 혼합되는 이러한 의심, 혐오감, 증오의 진정한 대상은 고집스럽고, 뿌리 깊고, 치유할 수 없는 인간 존재의 기행이며, 이는 무질서의 무궁무진한 원천이다.

또 다른 하나는 규범의 부과다. 규범은 인간 품행에 비치는 것으로서 질서 모델의 반영이다. 규범은 인간에게 잘 조직된 사회에서 조직된 방식으로 행동하는 것이 무엇인지 알려 준다. 말하자면 규범은 질서의 개념을 인간이 하는 선택의 언어로 번역한다. 모든 질서는 선택이고, 규범도 마찬가지다. 그러나 어떤 종류의 질서에 대한 선택은 관용 가능한 행동 유형의 범위를 제한하고, 다른 종류의 품행들을 비정상으로 묘사하면서 어떤 종류의 품행들을 정상적인 것으로 특권화한다. '비정상'은 선호된 유형으로부터 벗어난 것을 말한다. 만약 문제시되는 품행이 선호된 유형과 다르지는 않지만 관용 가능한 선택의 범위를 넘어선 경우라도, 이는 비정상성의 극단적 경우인 '일탈', 즉 치료나 형벌적 개입이 요구되는 품행이다. 관심, 치료, 치유의 문제인 단순한 '비정상'과 훨씬 더 사악한 '일탈' 사이의 구별은 절대 명백하게 이루어질 수 없다. 양자를 구분하는 태도인 관용의 한계를 묻는 등 이러한 구별이 제시되었을 때에는 언제나 치열한 논쟁이 제기되고는 한다.

대체로 질서와 규범에 대한 우려는 모든 것이 훌륭하지 않고, 모든 것이 현재 상태 그대로 있을 수는 없다는 신호를 보낸다. 질서와 규범에 대한 그 관념들은 (교정할 수 있는) 불완전성에 대한 감각과 무언가 해야 한다는 충동에서 태어났다. 두 관념은 따라서 수렴적이다. 즉 다양하고 선택적이다. 두 관념이 함축하는 '당위'should는 '존재'is에 끼어들며 인간 현실의 많은 부분을 무시한다. 두 관념 다 모든 것을 포함할 수 없으며, 모든 사람과 사람들이 하는 모든 일을 수용할 수도 없다. '질서'와 '규범'의 요점은 정확히 그 반대로, 현존하는 모든 것이 상정되고 적절히 기능하는 결사 안에 자리 잡을 수 없고, 모든 선택이 수용될 수 없다는 단호한 선언이다. '질서'와 '규범'은 사회의 현 상황에 밀어 넣은 날카로운 칼이다. 이는 무엇보다 분리, 절단, 적출, 삭제, **배제**에 관한 것이다. 이 관념들은 부적절한 것을 더 선명하게 보이도록 하여 '적절함'을 촉진하고, 제한되고 낙인찍힌 일부의 실재들을 뽑아 내서 존재할 권리를 박탈하고, 고립, 추방, 절멸하도록 운명 짓는다.

'질서'는 배제할 것으로 여겨지는 것들에 적용될 특별한 체제를 강요함으로써, 즉 이 특별한 체제에 이것들을 종속시킴으로써 배제의 작업을 직접 수행한다. '규범'은 배제를 자기 주변화처럼 보이게 함으로써 간접적으로 작동한다. 질서의 경우, 배제되고 추방된 자들은 '질서를 위반'한 자들이다. 규범의 경우, 배제되고 추방된 자들은 '규범에 도달하지 못한' 자이다. 두 경우 모두 배제된 자들 스스로 죄를 지은 것으로 책망받는다. 질서와 규범의 관점 둘 다 미리 **선험적으로** 책임의 문제를 결정해 놓고는 배제된 자들을 탓한다. 배제된 자들의 **잘못된** 행위가 그들에게 배제라는 역경을 불러온다는 것이다.

배제의 과정에서 배제된 자는 어쩌면 단독 주연배우로 자신을 섭외했다. 배제된다는 것은 사회적 **처형**이 아니라 사회적 **자살**의 결과로 연출된다. 배제된 자가 아무것도 하지 않았거나 혹은 배제에서 벗어나기 위해 충분히 노력하지 않은 것이 잘못이다. 어쩌면 그들은 배제를 필연으로 만들면서 자신의 운명을 자초한 것이다. 그들을 배제하는 것은 양식 있고 정의로운 행위이다. 배제를 실행하는 자들은 법질서의 옹호자이자 가치와 품위의 기준을 지키는 수호자가 됨으로써 자신이 합리적이고 옳다고 느낀다.

배제된 자들은 자유로운 주체가 되기에는 적절하지 않으며, 그것은 **증명되었다quod erat demonstrandum.** 그들을 자유롭게 풀어 둔다면 진저리나는 일들이 일어날 것이다. 그들은 자신들에게뿐만 아니라 다른 모든 이들에게 모든 종류의 재앙을 가져온다. 배제된 자들에게 그들이 오용하거나 낭비할 수밖에 없는 행동할 자유를 빼앗는 것은 법질서의 보호를 위해 필요할 뿐만 아니라 배제된 자들에게 최선의 이익을 가져다주기 위해서도 필요하다. 배제된 자들의 품행에 대한 치안, 통제, 감독은 돌봄과 자선의 행위이자 완전히 도덕적인 의무이다.

이러한 관점에서 삭제되고 고려되지 않는 것은 배제된 자들이 통제하기는커녕 저항할 수조차 없었던 힘의 희생자일 수도 있다는 개연성이다. 이는 그들이 불운한 운명의 책임을 견뎌야 하는 것과는 거리가 멀다. 이들 중 일부는 배제되기로 정해졌기 때문에, 그들이 한 것 때문이 아니라 그들이 무언가이기 때문에, 즉 그들이 선택한 것이 아님에도 그들이 보유한 특성들 때문에 '질서를 어길 수 있다.' 그들은 '그들과 같은 사람들'이 그들이 아닌 **다른 누군가가** 선택한 질서에 맞지 않기 때문에 배제되었다. 그리고 무엇보다도, 배제된 자 중 일부는 노력이 부족했거나 악의를 품어서 그런 것이 아니라 '규범에 부응'하는 데 필요한 자원이 부족했기 때문에 '규범에 미달'하게 된다. 즉 다른 사람들은 가지고 있지만, 그들은 가지지 못한 자원, 공급이 부족하고 모두가 가질 수 없고 충분하지 않은 자원 때문에 그렇게 된다.

'스스로 배제된' 자들로부터 질서를 보호하는 것과 배제된 자들을 자기 배제의 비참한 결과로부터 보호하는 것, 이 두 측면이 인구의 배제된 일부에 대해 '무언가를 하는' 촉구, 즉 질서의 확립과 보존에 연관된 자극과 힘을 끌어내는 충동 속에 뒤얽히고 병합되어 있다. 질서를 보존하기 위해 무질서의 권력들은 그 힘을 잃어야 한다. 규범의 준수를 지원하기 위해 규범을 위반한 자들은 처벌받는 것으로 보여야만 한다. 무엇보다도 이들은 배제된 것으로 보여야만 한다.

배제의 패러다임

피에르 부르디외는 유럽의 사회학자들이 자유의 천국으로 칭송하는 캘리포니아 주정부가 모든 고등교육 시설에 할당하는 주정부 예산의 합보다 감옥을 건설하고 운영하는 비용에 더 많은 예산을 투여하고 있다고 지적한다. 우리 시대 '시공간 압축'의 선두에 있는 정치적 엘리트들로 인해 정부는 투옥에 최대로 철저한 관심을 기울이고 있다.

엄중함과 가혹함의 차원에서 다양한 수준의 구금인 공간적 감금은 언제나 동화시킬 수 없고, 통제하기 어려우며 문제를 일으키기 쉬운 일부 인구를 다루는 최상의 수단이었다. 노예는 노예 구역에 감금되었다. 나환자, 광인, 인종적 혹은 종교적 이방인, 추방자도 마찬가지다. 지정된 구역을 넘어 돌아다니는 것을 허락 받았을 때, 이들은 지정된 공간의 표식을 착용하였고, 지나치는 사람들 모두는 이들이 다른 공간에 속했다는 것을 알 수 있었다. 강제 감금으로 이어지는 공간적 분리는 몇 세기에 걸쳐서 모든 차이 그리고 특히 평상시 이루어지는 사회적 교류의 망 내에 수용될 수 없거나 수용되기를 바라지 않는 차이에 대한 뿌리 깊고 본능적인 방식의 대응이었다. 공간적 분리의 가장 심도 있는 의미는 의사소통의 금지와 중지, 그리고 이어지는 강제적 소외estrangement의 영속이었다.

소외는 공간적 분리의 핵심적 기능이다. 소외는 타인에 대한 관점을 축소하고 좁히고 억누른다. 일상적 교류가 축적된 경험을 통해 생생하게 시야에 들어오게 되는 타인의 개인적 자질과 환경은 교류가 수축하거나 금지되었을 때는 시야에 들어올 수 없다. 유형화가 인격적 친밀함을 대신한다. 변화를 축소하고 무시하도록 하는 법적 범주들이 개인과 사례의 독특성을 부적절한 것으로 만든다.

닐스 크리스티Nils Christie(n.d)가 지적한 것처럼, 인격적 친밀함이 일상적 삶에 우세할 때와 벌어진 피해에 대한 보상이 범죄자에 대한 징벌과 처벌의 요구보다 우세할 때는 연관되어 있다. 스스로 얼마나 화가 나는지와는 관계없이, 우리는 책임 있는 사람에 대해서는 사례에 형법의 범주를 적용하지 않는다(우리는 심지어 법이 적용될 수 있는 부분에 대해서도 비인격적인 범죄와 처벌의 범주에 그 사례를 고질적으로 적용하지 않는다). '왜냐하면 우리가 너무 많은 것을 알고 있기 때문이다. …이러한 지식의 총체 속에서 법적 범주는 너무나도 좁다.' 그러나 우리는 이제 우리가 모르고 대부분 우리가 알게 될 일이 없는 사람들 사이에서 살고 있다. 우리의 분노를 자아 낸 행위를 '같은 범주'의 다른 행위와 같은 것이 아니라 그 행위로만 본다면 차가운 법의 문자에 의존하지 않으려는 것은 자연스러운 일이다. '그러나 이것이 막 무단횡단을 한 낯선 아이에게도 반드시 적용되는 이야기는 아니다.' 그리고 크리스티가 말한대로, 우리 근대적 사회에서 점차 일관되게 '범죄의 의미'를 '갈수록 더 바람직하지 않거나 최소 수상쩍어 보이는 행위'로 그리고 '갈수록 더 이 범죄들이 투옥당해야 하는 것'으로 받아들이는 것을 (불가피한 것은 아니라고 할지라도) 완전히 예상하지 못하는 것은 아니다.

누군가는 근대적 조건들의 출현과 함께 인구의 물리적 밀도가 도덕적 밀도보다 유의미하게 커지게 되고, 이에 따라 인간의 친밀성과 인격적 관계망의 범위가 흡수 능력을 초과하게 되기 때문에 법적으로 규정된 범주에 힘입어 변화를 축소하는 경향과 뒤따라 이어지는 차이에 대한 공간적 격리가 필수 조건이 되고 요구가 커진다고 말할 것이다. 그러나 누군가는 이 관계를 뒤집어서 [변화] 축소에 활기를 불어넣는 공간적 분리가 그 자체로 환원주의적 작동과 형법의 환원주의적 영향력이 필수 조건이 되는 상호 간 소외를 연장시키고 영속하는 데 주요한 자원이라고 말할 수도 있다. 개인 대 개인의 협상을 통한 **공동의 협정modus vivendi** 대신에 건조하고 비인격적인 법의 문자에 기대는 경향은 리처드 세넷Richard Sennett의 표현대로 하자면 도시 생활에서 한때 가장 중요했던 '접촉점의 다양성'이 점진적이지만 가차없는 종말을 맞은 결과이다. 빈틈없이 감시된 공간 경계가 보호하고 구축하는 강요된 낯섦의 조건에 던져질 때, 떨어지고 규칙적으로 가둬지거나 산발적으로만 의사소통에 접근할 수 있을 때, 타인은 이방인으로 변하고 그 조건에서 영구적으로 갇히고 봉인되며 효과적으로 '소거된다.' 즉 고정관념을 방지할 수 있고 형법과 같은 환원주의적 법의 영향력을 압도하고 완화할 수 있는 개인적 독특성인 개인성을 박탈당하게 된다.

의사소통적 분리보다 (훨씬 더) 나아간 이상인 총체적 고립은 타인을 법적 처벌 집행의 순수한 화신으로 환원할 수 있다고 유혹한다. 그런 이상에 가장 근접한 것이 캘리포니아에 있는 펠리컨 베이Pelican Bay와 같은 미국의 '최첨단' 감옥이다. 닐스 크리스티(Nils Christie 1993)의 함축적인 묘사를 인용하자면 미국 주들의 가장 부유한 감옥은 '성장과 활기'를 선호하여 세기의 전환기에 인구 1천 명당 8명의 죄수를 계획했다. 1990년 5월 1일 자 〈로스엔젤레스 타임즈〉의 열정적인 기사에 따르면 펠리컨 베이 감옥은 '완전히 자동화되고 계획적으로 설계되어 수감자들이 실제로 간수나 다른 수감자들과 실질적으로 면대면 접촉을 할 수 없다.' 수감자들은 대부분 '창문이 없고 콘크리트와 스테인리스강으로 된 단단한 벽돌로 만들어진 방에서' 시간을 보내며, '수감자들은 감옥의 산업 시설에서 일하지 않고, 여가를 즐기지 않으며, 다른 수감자들과 섞여 지내지 않는다.' 심지어 간수들도 '유리로 덮힌 조정실에 갇힌 채 스피커 시스템을 통해 죄수들과 소통한다.' 그래서 죄수들에게 잘 보이지 않는다. 간수들에게 남겨진 유일한 업무는 죄수들이 방에 확실히 갇혀 있도록 하는 것이다. 즉 볼 수도 없고 보이지도 않고 의사소통도 단절되어 있다. 죄수들이 여전히 먹고 배변한다는 사실을 제외하면, 이 방들은 관으로 오해될 만하다.

언뜻 보기에 펠리컨 베이는 총체적 감시를 통한 총체적 통제라는 벤담의 꿈이 궁극적으로 현신한 파놉티콘의 가장 최신이자 가장 첨단의 버전으로 보인다. 하지만 한 번 더 살펴보면 처음 받았던 인상이 얄팍한 것임이 드러난다.

파놉티콘 통제가 수행해야 할 중요한 기능이 있다. 즉 파놉티콘 시설은 무엇보다도 **교정 시설**로 상상되었다. 교정의 표면적인 목적은 수감자들을, 그들 스스로가 자신의 의지로 벗어났거나 자신의 직접적인 잘못이 아닌데 밀려났던 도덕적 예측의 길로 돌려보내는 것이다. 이는 일시적으로 배제된 자들이 '규범화 사회'normal society에 사는 우리에게로 마침내 돌아올 수 있게 하는 습관을 만들도록 재촉하는 것이고, '도덕적 부패를 멈추는 것'이고, 수감자가 '규범적 삶'을 살 수 없게 하는 모든 고통들, 즉 나태, 어리석음, 사회적 규범에 대한 무시나 무관심과 싸우고 승리하는 것이다. 파놉티콘은 노동 윤리의 시대, 즉 노동, 근면한 노동, 지속적 노동이 경건하고 칭찬할 만한 삶을 위한 비결이자 동시에 사회적 질서의 기본적 규칙이라고 여겨지던 시대에 상상되었다. 이 시기는 겨우 먹고살기도 어려운 자작농과 기능공들의 숫자가 억제할 수 없이 늘어나는 와중에 이들의 생계를 박탈했던 기계들이 순응적이고 고분고분한 손들을 부질없이 기다리고 있던 시대이기도 했다. 그리고 실제로도 교정의 관념은 수감자들을 일하게 만들려는 의도를 드러냈다. 즉 이들을 평생 동안 유용하고 이득이 되는 노동을 하게 훈련시키는 것이다. 파놉티콘의 상상에서 벤담은 근대 산업 노동의 일상적이고 단조롭고 기계적인 리듬의 개척자들이 마주했던 진짜 문제이자 짜증나고 우려되는 문제를 해결하려는 광범위한 당시 노력의 경험을 일반화했다.

파놉티콘 프로젝트가 구상되고 있을 때, 자발적인 노동의 부족은 사회적 개선의 중요한 장애물로 폭넓게 인식되었다. 초기 기업가들은 공장 노동의 리듬에 굴복하지 않는 잠재적 노동자들의 저항과 비자발성에 대해 통탄했다. '교정'은 이러한 환경 아래 저항을 극복하고 굴복을 더 타당하게 만들려는 것이었다.

요약하자면 당면 목적이 무엇이었든지 간에 모든 파놉티콘 방식의 감금 시설은 다른 무엇보다 **규율 공장, 더 정확하게 말하자면 규율 노동 공장**이었다. 또한 대개 이 시설들은 힘들고 단조로운 일들을 위한 보상이 얼마나 매력적인지와 관계 없이 수감자들을 즉시 일하게 하는 것, 그리고 특히 '자유로운 노동자들'이 가장 원하지 않는 일들과 그들의 자유의지로는 가장 수행할 것 같지 않은 일들을 하게 한다는 궁극적 임무에 대한 즉각적인 해결책이었다. 스스로 선언한 장기적 목적이 무엇이든지간에, 대부분의 파놉티콘 시설은 곧 **구빈원**이었다.

17세기 암스테르담에 설치된 '교정 시설'의 설계자와 촉진자들은 '건강하고, 절제된 식사를 하고, 노동하며, 좋은 직업을 원하고, 자기 발로 스스로 설 수 있고, 신을 독실하게 섬기는 이'들의 생산을 꾀했고 제화, 소책자, 장갑, 가방 제작, 깃과 망토 제작, 퍼스티언fustian, 소모 직물, 아마 직물, 태피스트리 직조, 뜨개질, 목각, 목공, 유리 세공, 바구니 세공 등과 같이 유망한 수감자들이 자질을 개발할 수 있는 수작업의 긴 목록을 준비했다. 실제로 교정 시설의 생산적 활동들은 최초의 계획을 따르려는 몇 번의 성의 없는 시도 후에 곧바로 브라질산 로그우드(염료로 쓰임)를 깎는 일로 한정되었다. 이 일은 원래 처벌만을 위한 수단이었고, 특히 거칠고 진 빠지는 노동이기 때문에 교정 시설의 강제가 없었다면 하고 싶어 하는 사람을 찾기 어려웠을 것이다(Sellin 1994).

많은 형태의 교정 시설이 '갱생'rehabilitation, '도덕적 개혁', '수감자들의 사회적 능력 복원' 등 선언한 목표를 실현하는지는 시작부터 매우 논쟁적이었고 현재까지도 해결되지 않은 질문으로 남아 있다. 연구자 사이의 지배적 견해는 선의와는 대조적으로 면밀한 감독이 이루어지는 감금 시설의 고유한 조건이 '갱생'에는 반대로 작동한다. 어떤 이름으로 불렸던 간에 강압적 체제의 감옥은 노골적으로 선언된 노동 윤리의 계율과 잘 맞지 않았다.

토머스 마티슨Thomas Mathiesen이 철저한 숙고, 빈틈없는 주장, 포괄적 연구로 뒷받침한 견해에 따르면 "역사적으로 감옥은 실제로 사람들을 갱생한 적이 전혀 없다. 감옥은 사람들이 '사회적 능력을 복원'하도록 한 적이 절대 없다"(Mathieson 1990). 대신 실제로는 (도날드 클레머Donald Clemmer의 용어에 따르면) 감옥은 수감자들을 **감옥화**했다. 이는 수감자들이 교도소 환경에 어울리는 습관과 관습을 흡수하고 습득하게 하고, 벽 바깥의 세계에서 관철되는 문화적 규범과는 분명히 구별되는 행동 유형을 유도하는 것이다. '감옥화'는 '갱생'과 거의 정반대편에 있다. 실제로 감옥은 그 자체로 '사회적 능력을 복원하는 길'에 세워진 주요한 장애물이다(Clemmer 1940).

그러나 요점은 암스테르담에 개설된 교정 시설이 식자층의 찬사를 불러 온 시대와 달리, 오늘날 '갱생'의 질문은 논쟁적이라기보다는 점차 무관심의 대상이 되어 가고 있다는 점이다. 많은 범죄학자들이 아마도 유서 깊지만 절대 해결되지 않은 형벌 이데올로기 **논쟁**을 종종 반복하겠지만, 단연코 가장 중대한 이탈은 바로 오늘날 형벌 체제 실무자들의 사고 속에서 '갱생 의도' 선언의 진실함이 포기되거나 이 선언이 불성실하게 나타난다는 것이다.

수감자들을 다시 일하게 하려는 노력이 효과적일 수도 있고 아닐 수도 있지만, 이러한 노력은 할 일이 있을 때에만 타당하고, 또 할 일이 급하게 있을 때만 생명력과 신뢰성이 생긴다. 오늘날 첫 번째 조건은 거의 맞지 않고, 두 번째 조건은 노골적으로 부재한다. 점증하는 노동량을 흡수하려는 열정이 끝나자마자, 자본은 이제 실업률이 떨어진다는 소식에 신경질적으로 대응한다. 전권을 가진 주식 시장을 통해 자본은 직원들을 정리해고하고 일자리 수를 줄이는 회사들에 보상한다. 이러한 조건 아래, 감금은 고용을 위한 학교도 아니고, 일상적이고 더 선호되는 '자발적인' 방식이 실패했을 때 생산적 노동을 보충하는, 특히 달갑지 않고 제어하기 어려운 '주인 없는 사람들'의 범주를 산업의 궤도로 데려오거나 특히 혐오스럽고 역겨운 일을 채우는 강제적 방법의 의미에서 차선책도 아니다. 현재의 환경에서 이는 차라리 '**고용에 대한 대안**'이다. 즉 생산자로 필요하지 않거나 '다시 할' 일이 없는 상당한 숫자의 인구를 시야에서 제거하거나 자격을 박탈하는 처리 방식이다.

노동 윤리 계명의 노골적인 반대 속에서 오늘날 영속적이고, 24시간 지속되며, 꾸준하고 정규적인 노동을 **해체**하는 압력이 있다. '유연한 노동'이라는 유행하는 슬로건이 이것 말고 또 무엇을 의미할까? 오늘날 추진되는 전략은 노동자들이 근대적 산업 노동의 상승기에 노동자들에게 교육하려 했던 어떠한 노동 윤리도 **잊게 하고 배우지 않게** 하는 것이다.

노동은 상상컨대 오직 현재와 미래의 노동자들이 아침저녁의 일, 매일 교대, 영속적인 작업장, 고정적인 동료 집단이라는 훈련된 습관을 잃을 때만 진정으로 '**유연**'의 의미를 획득할 수 있다. 즉 노동자들이 어떤 직업에도 익숙해지지 않고, 현재 수행하는 직업에 대한 직업적 태도의 개발을 그만두고(혹은 이 개발이 방지되고), 직업에 대한 주인의식의 권리와 책임을 받아들기는커녕 이를 상상하는 병적인 경향을 포기할 때 말이다.

가장 최근인 1997년 9월 홍콩에서 열린 연례 회의에서 국제통화기금과 세계은행의 총재는 더 많은 사람들을 일에 복귀시키려는 독일과 프랑스의 방식을 혹독하게 비판했다. 그들은 이러한 노력이 '노동시장의 유연성' 경향을 거스르는 것이라고 보았다. 그들에 따르면 이 유연성이 요구하는 것은 '지나치게 좋은' 일자리 및 임금보호법의 폐지, 순수한 경쟁에 방해가 되는 모든 '왜곡'의 해체, 노동이 획득한 '특권'(Marti 1997 참조), 즉 고용, 일자리, 소득의 안정성을 보호하는 규칙의 폐지에 대항하는 노동의 저항을 분쇄하는 것이다. 바꿔 말하자면 노동 윤리가 예언했고, 파놉티콘 시설이 시행하기 기대했던 것과는 180도 다른 습관과 태도를 선호하는 새로운 조건이 요구된다. 세계적 금융의 경영자들에 따르면 노동은 일에 대한 근면한 헌신을 망각해야 하고 웰빙에 대한 개인적 참여만큼이나 힘들게 얻은 작업장에 대한 감정적 애착을 포기해야 한다.

이러한 맥락에서 초기 산업주의적 구빈원의 지속이자 최첨단 버전으로서 파놉티콘 프로젝트의 경험, 야심, 미해결된 문제들의 투영으로 펠리컨 베이 감옥을 보는 것은 더욱 설득력이 없어 보인다. 펠리컨 베이 감옥의 콘크리트 벽 안에서 생산적 일은 벌어지지 않는다. 게다가 일에 대한 훈련을 하지 않는 것은 의도된 것이다. 감옥 디자인에 이러한 훈련을 위한 무대는 전혀 없다. 실제로 수감자들에게 펠리컨 베이는 무언가를 위한 학교도 아니고, 순수하게 형식적인 규율을 위한 학교도 아니다. 파놉티콘에서의 핵심, 즉 지속적인 감시의 가장 중요한 목적은 수감자들이 특정한 움직임을 하고, 특정한 루틴을 따르며, 특정한 일들을 확실히 하게 하는 것이다. 그러나 펠리컨 베이 감옥에서 수감자들이 독방에서 하는 일은 **전혀 중요하지 않다.** 그들이 거기에 있다는 것이 중요하다. 펠리컨 베이 감옥은 규율 공장이나 규율 노동을 위해 고안되지 않았다. 감옥은 배제의 공장, **배제된 자**의 상태로 길들여진 사람들의 공장으로 고안되었다. 그리고 시공간 압축이 시대에 배제된 자의 표식이 강제된 **부동성**이기 때문에, **펠리컨 베이 감옥이 거의 완벽하게 제공하는 것은 부동화 기술이다**.

강제수용소가 전체주의 사회에서 인간 복종 및 노예화serfdom의 한계를 탐구한 실험실로 기능했고, 파놉티콘식 구빈원이 산업사회에서 인간 행동에 대한 격식화의 한계를 실험한 실험실로 기능했다면, 펠리컨 베이는 '세계화된'(혹은 알베르토 멜루치Alberto Melucci의 용어를 빌리면 '행성화된') 사회에서 세계화의 불량품과 쓰레기를 공간-감금하는 기술을 시험하고 그 한계를 탐구하는 실험실이다.

탈교정 시대의 감옥

토머스 마티슨은 앞에서 인용한 책에서 갱생 기능을 제외하고, 첨예하고 유해한 사회문제를 해결하는 방법으로써 투옥의 활용을 정당화하는 데 널리 사용된 주장들을 꼼꼼하게 살펴보았다. 이에 따르면 감옥의 (일반적이고 개인적인 측면 모두에서의) 예방적 역할, 무력화 및 억제에 대한 이론, 정의 분배에 대한 각각의 이론들은 하나의 예외도 없이 모두 논리적으로 오류였고, 경험적으로 지속할 수 없다. 감옥이 이론에서 가정된 역할들을 수행하고 이러한 역할들을 수행하려고 노력하면 어느 정도 성공할 수 있다는 가정들은, 증명은 고사하고 이를 뒷받침하기 위한 증거가 지금까지 발견되지도 수집되지 않았다. 반면에 이러한 이론들이 제안하거나 함축하는 가장 특정한 수단들에 전제된 정의는 윤리적 건전함과 적절성의 간단한 시험조차 통과하지 못한다(예를 들어 '다른 사람이 동등한 행위를 저지르는 것을 완전히 막을 수 있도록 누군가를 처벌하는 도덕적 기초는 무엇인가?' 이 질문은 윤리적으로 더 정곡을 찌르고 '우리가 처벌하는 자들의 대다수는 가난하고 심각하게 낙인찍힌 사람들로 처벌보다는 도움이 필요하다'는 점을 우려하게 만든다(Mathiesen 1990: 70)).

감옥에 있거나 수감형을 기다리는 사람들의 숫자는 거의 모든 나라에서 빠르게 늘어나고 있다. 미국에서 이 총 숫자는 이미 고등교육에 속하는 대학들에 다니는 학생 수를 넘어섰다. 감옥 네트워크는 거의 모든 곳에서 건축 붐을 누리고 있다. 주로 경찰력과 교도소로 구성된 '법질서의 집행'에 투여되는 국가예산 지출은 전 지구적으로 상승하고 있다. 더 중요한 점은 법에 저촉되어 투옥되는 인구 비율이 빠른 속도로 커지고 있다는 점인데, 이는 순순하게 양적 증가의 신호라기보다는 '형벌 정책의 한 구성 요소로서 시설을 통한 해결의 중요성이 증대함'을 시사한다. 게다가 이는 '중요한 특정 인구 부분과 특정 인구 집단을 규율하는 필요가 증대하고 있다'는 가정을 많은 정부가 받아들이고 있고 여론이 이 가정에 광범위한 지지를 보내고 있다는 신호이다.

바꿔 말하자면 구금을 통한 처벌의 급격한 촉진이 시사하는 것은 인구 중에 무슨 이유에서든 사회질서의 위협으로 표적이 된 새롭고 큰 부분이 있다는 것이고, 투옥을 통해 이들을 친교의 장에서 강제로 축출하는 것이 위협을 완화하거나 최소한 위협이 초래하는 대중적 불안을 진정시키는 효과적인 수단으로 여겨진다는 것이다.

수감형을 받은 이 일부분의 인구는 나라마다 다양하지만 이 부분의 급격한 성장은 세계에서 '가장 발전한' 곳에서 보편적인 현상으로 보인다. 주지의 사실이지만, 미국은 나머지 지역들에 비해 훨씬 선두에 서 있다. 미국에서 1979년에서 1993년 사이 감옥에 갇힌 인구 비율은 10만 명당 230명에서 532명으로 늘어났다. (몇몇 지역에서 이 비율은 훨씬 더 높다. 워싱턴에서 가난한 인구가 밀집해 있는 애너코스티어Anacostia 지구에서 16-35세 사이 남성 거주자 절반은 재판을 기다리고 있거나 감옥에 있거나 보호관찰 중이다(Zucchini 1997). 그러나 이러한 속도의 증가는 다른 곳도 마찬가지다. 같은 시기를 비교해 보면 캐나다는 100명에서 125명, 영국은 85명에서 95명, 노르웨이는 44명에서 62명, 네덜란드는 23명에서 52명으로 증가했다(Christie 1994).)

이러한 증가가 나라의 몇몇 선택된 집단에 한정되지 않고 거의 보편적이기 때문에, 국가 내 정책이나 이런저런 정당의 이데올로기나 실천 속에서 설명을 추구하는 것은 완전히 쓸모없지는 않겠지만 아마도 잘못된 이해로 이끌 여지가 있을 것이다(물론 이러한 정책들이 숫자의 증가를 촉진하거나 늦추는 조정 효과를 부인하는 것도 비슷한 오류를 낳을 것이다). 게다가 성가시고 불안을 키우는 문제들로 규정된 것을 해결하는 근본적인 도구로써의 감옥에 대한 신뢰가 선거전에서 논쟁 제기는 고사하고 심각한 문제가 되었다는 증거도 없다. 경쟁하는 세력들은 현재의 뜨거운 쟁점에 대해서는 현격한 차이를 보여준다고 하더라도 이 감옥 문제에 대해서는 완전한 합의를 천명한다. 정치적 적수가 해 왔거나 할 것보다 '범죄에 엄정'할 것이고 범죄자들의 투옥에 관련하여 단호하고 무자비할 것이라는 점을 유권자에게 설득하는 것만이 상대방을 의식하여 유일하게 공적으로 표출되는 것이다. 따라서 지금까지 논의한 증가의 원인이 초당적이고 초국가적 성격, 즉 (영토적이거나 문화적 견지에서) 지역적 성격을 지닌다기보다는 세계적 성격을 지닌다는 결론으로 이끌리게 될 것이다. 십중팔구 이러한 원인이 세계화의 이름 아래 포괄된 전환의 넓은 스펙트럼과 우연히 연관된 것은 아니다.

지금까지 논의한 증가의 한 가지 분명한 원인은 공적 관심사 영역에서 '법질서' 부문으로 분류되는 쟁점들이 극적으로 촉진되었다는 것이다. 특히 그러한 관심사가 정통하고 권위 있는 사회적 질병에 대한 해석과 이러한 관심사에 대한 해결을 약속하는 정치적 프로그램 속에 반영되어 있기 때문이다. 《탈근대성과 그 불만》*Postmodernity and Its Discontents*(1997)에서 나는 개인적 자유의 상당한 부분과 집합적으로 보장된 안전security의 몇몇 수단과의 교환관계가 '고전'주의 시대의 근대적 문명화 속에서 정신적 고통, 불만, 불안의 주요한 원인이라는 지그문트 프로이트의 제안이 맞는지와는 관계없이 오늘날, 즉 근대성의 탈근대적 단계 혹은 후기 단계에서는 많은 안전과 자유로운 선택의 실행을 막는 통제 요인들에 대한 점점 더 많은 제거가 교환관계를 이루는 경향이 광범위한 두려움과 불안의 감정을 생성한다고 주장했다. 이 감정들이 바로 법질서와의 관계 속에서 배출 수단을 찾는다(혹은 법질서와 연결되어 있다).

이 주목할 만한 '불안의 이동'을 온전히 이해하기 위해서는 때때로 나누고 제한하는 과도한 열정 속에 언어가 분리한 것들을 통합해야 한다. 이른바 안전security, 안전함safety과 확실성certainty에 대한 분명한 경험의 기저를 이루는 감정적/태도적 통일은 영어 사용자들에게는 언어적으로 구분되기 때문에 그 통일을 알아차리기 어렵다. 하지만 독일어 사용자들은 드물지 않은 언어의 절약성 덕분에 그 통일을 훨씬 더 포착하기 쉽다. 독일어 지커하이트Sicherheit는 모든 세 가지 경험(안전, 안전함, 확실성)을 포착하고 영어 사용자들이 당연한 것으로 받아들이도록 훈련된 상호적 자율성의 수용을 거부할 수 있게 한다.

프로이트는 **프라이하이트Freiheit**와 **지커하이트Sicherheit**를 '자유'freedom와 '안전'security의 의미로 쓰지 않았다. 질서의 안전, 안전함, 확실성의 삼위일체 복합체인 **지커하이트**에 대한 초기 근대적 요청 때문에 **프라이하이트**가 취약해진 것이라면, **지커하이트**는 후기 근대에서 개인적 자유가 진전됨에 따라 주요한 피해를 입었다. 세 개의 분리된 의미론적 영역을 암시하는 세 가지 다른 단어가 있을 때 우리가 세 가지 종류의 (혹은 세 가지 성분의) 불만을 구별하기 어려우므로 위험이 없는, 즉 **안전을 위한secure** 선택의 부족과 대부분 움직임과 무엇보다도 움직임의 결과를 불확실하게 만드는 게임 규칙의 점증하는 불명확성이 **안전함**, 즉 첫째로는 몸의 안전함, 다음으로는 몸-공간의 연장인 재산의 안전함에 대한 위협의 감각으로 반동하는 경향이 있다. 훨씬 더 안전이 유지되지 않고 불확실한 세계에서 안전한 천국의 영토 범위로 철수하는 것은 강렬한 유혹이다. 따라서 영토의 보호, '안전한 집'은 영혼과 물질의 편안에 대한 삼중의 위협을 피하고자 잠가 두고 봉인해야 하는 모든 문의 마스터키가 된다.

많은 긴장이 결과적으로 안전함에 대한 요구, 과도한 안전함의 실행력으로 축적된다. 그리고 긴장이 있는 곳에서 영리한 투자자와 정략적인 주식중개인은 확실히 정치적 자본을 발견한다. 안전함과 관련된 두려움에 대한 호소가 두려움 그 자체만큼이나 진실로 초계급적이고 초당적이라는 점은 놀라운 것이 아니다. 불안전insecurity과 불확실성uncertainty의 진정한 문제가 안전함에 대한 불안에 응축되어 있다는 것은 정치 기획자와 정치 기대주들에게는 어쩌면 단순한 우연의 일치일 것이다. 정치인들은 떠들썩하고 강인하게 말하는 것처럼 보이고 안전함에 대해 일을 계속하기 때문에 안전과 확실성에 관한 무언가를 할 수 있는 것처럼 보인다.

실제로 단순한 우연의 일치는 처음 두 가지 걱정이 사실상 다루기 어렵다는 점에서 그렇다. 정부는 진지하게 더 많은 '노동의 유연성', 즉 많은 불안전과 훨씬 더 고통스럽고 무력화하는 불안전만을 약속할 수 있다.

또한, 진지한 정부는 확정성을 약속할 수 없다. '시장의 힘'은 치외법권적이기 때문에 어찌할 도리가 없이 '지역적'이고, 영토에 얽매인 정부가 할 수 있는 범위를 넘어서며 거의 보편적으로 필연적 결론으로 받아들여진다. 정부는 불규칙하고 예측 불가능하기로 악명 높은 '시장의 힘'이 가지는 자유를 허락할 수밖에 없다. 점차 무력해지는 정부가 개인의 안전함을 위협하는 범죄와 싸우기 위해 무언가를 하는, 혹은 무언가를 하는 것처럼 보이는 것이 가장 현실적 선택지이자 선거에서의 잠재력을 얻는 선택지이다. 결과적으로 지커하이트는 거의 얻을 수 없지만, 투표자의 수는 늘어난다.

안전함: 달성하기 힘든 목표를 위한 손에 잡히는 수단들

지커하이트의 복합적 쟁점을 개인적 안전함이라는 쟁점으로 축소하는 것에는 다른 정치적 이점도 있다. 안전함에 관해서는, 무엇을 하든 이는 악명 높은 '완전한 만족의 요소'를 달성하는 지름길이다. 이것이 불만의 심층을 다루고, 이로 인해 덜 실체적이고 명백히 더 추상적인 움직임에 비하면 비교할 수도 없이 더 장관이고, 볼만하고, '텔레비전에 적합하게' 움직이는 것이기 때문이다. 범죄 그 자체와 마찬가지로 범죄와 싸우는 것 그리고 특히 신체와 사적 재산을 노리는 범죄와 싸우는 것은 흡족하면서도 흥미로운 대단히 볼만한 쇼를 만든다. 대중매체 제작자들과 작가들도 이를 매우 잘 알고 있다. 극화된 재현 이후에 누군가가 사회의 상태를 평가하게 된다면(타인들에게 그리고 스스로 인정할 수 있는가와 별개로 우리 대다수가 그러한 것처럼), '일반적인 사람들'에 비해 범죄자들의 비율이 이미 감옥에 있는 인구의 비율보다 훨씬 더 과도한 것으로 보이며, 전체로서의 세계가 근본적으로 범죄자들과 질서의 수호자들로 분할된 것처럼 보일 뿐 아니라, 인간의 삶 전체가 신체적 공격의 위협과 (이러한 위협을 가할 수 있는-역자) 잠재적 공격자들에 대한 대항의 사이에 있는 좁은 항로를 항해하는 것처럼 보일 것이다.이 모든 것의 전체적인 효과는 두려움이 스스로 커지는 것이다. 실존적 불안전과 심리적 불확실성 덕분에 수용력 이상의 의미로 과장되고 과적된 개인적 안전함에 대한 몰두는 이에 결합한 다른 두려움보다 더 높이 우뚝 서서 불안의 다른 모든 원인에 더 깊은 그림자를 드리우고 있다. 누구도 혹은 거의 아무도 정부가 손이 한참 모자라는 일이나 완전히 파악하거나 붙잡을 수 없는 일을 하도록 원하지 않기 때문에 정부는 안도감을 느낀다. 새롭고 개선된 경찰 무기, 최첨단 감옥 시설과 도난 경보, 범죄자를 관리하는 즉각적이고 강력한 처벌, 목숨을 걸고 나머지 우리들을 편안하게 잠들 수 있게 해 주는 용맹한 보안관과 형사에 대해 이야기하는 다큐멘터리, 드라마로 위장한 잘 만들어진 드라마를 볼 때, 누구도 정부가 게으르다거나 인간적 비통과 두려움과 관련된 실질적 일을 하지 않는다고 비난하지 않는다.

새로운 감옥을 짓고, 법 위반에 대한 투옥을 늘리는 새로운 법규를 만들고, 수감형의 최소 기한을 늘리는 등의 모든 조치는 정부의 인기를 높인다. 이 조치들을 통해 정부는 완강하고, 수단이 좋고, 단호하며 무엇보다도 명시적으로 국민의 개인적 안전함에 대해서뿐만 아니라 국민들의 안전과 확실성에 대한 암시를 통해 '무언가 하고 있다'는 것을 보여준다. 이는 매우 극적이고 실체적이며 또렷이 눈에 보인다. 그래서 설득력이 높은 방식이다.

대중적 주목이 늘 쉽게 떨어지고 대중들의 기억이 길게 지속되지 않음을 고려해 보면, 처벌 집행의 효율성보다 처벌 집행의 융통성, 엄격성, 신속성을 더 중요하게 여기는 보여주기를 위한 화려한 쇼는 어쨌든 거의 시험받지 않았다. 이는 탐지하고 보고한 범죄의 실제 양보다 중요하다. 새로운 종류의 범죄가 몇 번이고 대중적 관심을 끌면, 이 범죄가 어디서나 발생할 뿐만 아니라 혐오스럽고 공포스럽다는 점이 발견되고, 이에 더해 새로운 탐지/처벌 캠페인이 시작되는 것에 도움을 준다. 이러한 상황이 촉구하는 불안감을 유발하는 상상은 대중들이 범죄와 범죄자에 뿌리박힌 위해에 대하여 신경 쓰게 하고, 치안이 자신이 원하던 지커하이트를 실현하겠다고 약속했음에도 불구하고 대중들이 앞서와 같이 왜 계속 불확실하고, 갈팡질팡하고, 겁을 먹어야 하는지 성찰할 수 없게 한다.

개인적 안전함에만 치중하는 과도한 우려 속에서, 탈근대에서 고유한 불안전과 불확실성의 문제들을 융합하려는 경향과 특히 '세계화' 시대의 특징으로 나타나는 국가 주권의 축소라는 민족-국가 정치의 새로운 실재 사이의 관계는 단순한 우연의 일치가 아니다.

'안전한 환경'와 이것이 진정으로 혹은 추정컨대 함축할 모든 것에 국지적으로 초점을 맞추는 것은 이제는 지구적이고 탈영토적인 '시장 세력'이 민족-국가 정부들에게 (다른 것들은 효과적으로 하지 못하게 하면서) 꼭 하기를 원하는 것이다. 전 지구적 금융의 세계에서 국가 정부들은 과도하게 큰 지역을 담당하는 관할 경찰서 외에 다른 역할을 부여받지 못한다. 담당 구역을 순찰하는 경찰의 질과 양, 거지, 양아치, 좀도둑을 거리에서 깨끗이 치우는 효율성, 견고한 감옥의 벽은 '투자 심리' 요소들과 투자할지 혹은 손실을 줄일지를 결정하고 운영이 이루어질 때 고려하는 항목들 때문에 불가피해 보인다. 구역 경찰의 일을 잘하는 것이 유목하는 자본이 국가의 복지에 투자하도록 꼬드기기 위해 국가 정부가 가장 (그리고 어쩌면 유일하게) 잘할 수 있는 일이다.

다양한 야망과 광범위하고 다면적인 국가의 주권만큼이나 복잡하고 매우 난해한 업무인 '질서 잡힌 국가'의 돌봄은 범죄와의 전쟁이라는 임무로 귀결되며 왜소해지는 경향이 있다. 이러한 임무 속에서 투옥 정책에 매우 특권적이고 실제로 주도적인 역할이 할당되어 있다. 범죄와의 전쟁이 차지한 중심적 역할은 그 자체로 감옥의 호황을 설명하지 않는다. 어쨌든 시민들의 개인적 안전함에 대한 실제 혹은 추정된 위협에 맞서 싸우는 것 외에 다른 방법들이 있다. 게다가 더 많은 사람을 더 오랜 시간 감옥에 집어넣는 것이 지금까지는 이러한 방법 중에서 가장 효과적인 방법으로 보이지도 않는다. 따라서 다른 요인들로 인해 실제로 '무엇인가 이루어지고 있다'는 설득력 있는 증거로 인해 감옥을 선택하는 것이 선호된다고 추측할 수 있다. 투옥을 시민의 안전함을 위한 싸움에서 중요한 전략으로 위치 짓는 것은 이 문제를 쉽게 이해되는 언어를 사용하여 공통의 친숙한 경험을 불러일으키는 동시대적인 표현 양식의 문제로 다룬다는 것을 의미한다.

오늘날 실존주의적 기회와 선택은 사회적 출세, 진보, 성공을 표시하는 세계적 이동의 자유부터 혐오스럽고 냄새나는, 실패한 인생의 '뒤쳐진 것으로 남아 있는' 패배자의 부동성까지 세계적 차원과 지역적 차원의 위계를 따라 펼쳐져 있다. 점점 더 세계성과 지역성은 서로 반대되며 다른 무엇보다도 중요한 성격의 가치를 얻는다. 이 가치들은 열렬히 탐스러운 것이나 분개할 만한 것이고, 일생의 꿈, 악몽과 갈등의 중심에 놓여 있다. 삶의 야망은 이동성, 장소의 자유로운 선택, 여행, 세상 구경으로 자주 표현된다. 반대로 삶의 공포는 특정 공간으로의 감금, 변화의 결여, 타인들은 쉽게 횡단하고 탐험하고 즐기는 공간에서 차단되는 것으로 이야기된다. '좋은 삶'이란 이동 중인 삶이다. 이는 더 정확히 말하자면 더는 머무르는 것에 만족이 없을 때 어디든지 쉽게 이동할 수 있다는 자신감이 주는 편안함이다. 자유는 무엇보다도 선택의 자유를 의미하고, 선택은 두드러지게 공간적 차원을 갖는다.

시공간 압축의 시대에 많은 훌륭하고 시험해 보지 않은 감각들은 멀리서 우리를 유혹한다. 즉 '집'은 언제나 관념상으로는 매력적이지만 대부분 좋기도 하고 슬프기도 한 향수병의 감각으로 향유되는 경향이 있다. 견고한 건물의 전형으로서의 '집'은 분노와 반란을 배양한다. 만약 바깥에서 잠겨 있다면, 나가는 것이 요원한 전망이거나 전혀 실현 가능한 전망이 아니라면, 집은 감옥으로 변한다. 강요된 부동성, 즉 장소에 얽매이고 나갈 수 없는 조건은 가장 끔찍하고, 잔인하며, 혐오스러운 상태다. 이동에 대한 완전한 금지는 특히 모욕적인 조건을 만든다. 이동이 금지된 것은 무기력과 무력화의 가장 강력한 상징이며 가장 극심한 고통이다.

그래서 잠재적으로 해로운 사람들의 역량을 박탈하는 가장 효과적인 수단인 동시에 악행에 대한 가장 고통스러운 징벌이 수감형이라는 관념이 동시대적 경험과 공명하고 손쉽게 '이해가 되며' 전적으로 '도리에 맞는' 것임은 너무나도 당연하다. 부동화는 자신들의 부동화에 대한 두려움에 사로잡힌 사람들이 자신들이 두려워하고 더 강력하고 잔인하게 처벌받아 마땅하다고 생각하는 자들에게 내려지는 운명으로 자연스럽게 바라고 요구하는 것이다. 이와 비교했을 때 다른 형태의 억제와 징벌은 통탄할 만하게 관대하고, 부적절하며,효과적이지 않고 고통이 없다.

감옥은 부동화를 의미할 뿐만 아니라 축출을 의미한다. 게다가 감옥은 '위해의 근원을 타격하는' 효과적인 수단으로 대중적 인기와 승인을 얻고 있다. 투옥은 (다른 형벌 기간의 측정에 이상적 유형을 제공하는 사형과 함께) 오래가는, 아마도 영구적 배제이다. 이 의미는 또한 매우 큰 공감을 준다. 여기서 구호는 '다시 거리를 안전하게'이다. 위해의 보균자를 시야 바깥의 접촉되지 않는 공간으로, 그래서 그들이 탈출할 수 없는 공간으로 제거하는 것보다 이 구호를 더 잘 실현할 수 있는 다른 방법이 있을까?

주위의 언지커하이트Unsicherheit는 개인적 안전성과 관련된 두려움에 초점을 맞춘다. 이는 결국 이방인의 양면적이고 예측 불가능한 성격을 더 선명하게 만든다. 길거리의 이방인, 집 주변의 배회자… 도난 경보, 마을 순찰단, 아파트 출입구에 대한 경비 등 이 모든 것은 이방인들을 멀리 쫓아내는 같은 목적을 위한 것이다. 그러나 감옥은 모든 수단들 가운데 가장 급진적인 것이다. 감옥은 나머지 수단들과 다른 종류의 것은 아니지만 상정된 효율성의 수준에서 차이를 보인다. 도난경보기와 도난 방지 장치의 문화에서 길러진 사람들은 수감형, 훨씬 더 긴 기간의 수감형에 대한 자연스러운 열광자가 되는 경향이 있다. 이는 정말 멋지게 모든 문제를 해결한다. 즉 존재의 혼란에 대해 논리가 회복된 것처럼 보인다.

고장난 질서

토머스 마티슨(Mathiesen, 1990: 70-2)에 의하면 오늘날 우리는 형벌 체계가 사회의 "상층"보다는 "하층"을 뒤흔든다는 점을 알고 있다. 법과 처벌 관행을 연구하는 사회학자들은 왜 이런 것인지를 충분히 설명해 왔다. 몇 가지 원인이 반복적으로 논의되었다.

첫 번째 원인은 틀림없이 입법자들의 선택적 의도, '보통 말하는 질서'가 아니라 **특정한 종류의** 질서 보존과 관계 있는 의도이다. 그 질서에서 여지가 없는 사람들, 약자와 거부당한 사람들이 저지르기 쉬운 행동들은 형법에 등장할 개연성이 높다. 반면에 국민 전체의 자원을 도둑질하는 것은 '자유무역의 촉진'으로 부르고, 모든 가족과 공동체의 생계를 도둑질하는 것은 '인원 감량'이나 정당한 '합리화'라고 부른다. 이 두 가지 모두 범죄나 처벌받을 일로 목록화된 적 없다.

게다가 모든 경찰 단위들이 '심각한 범죄'에 헌신함에 따라, '상층'에서 벌어지는 불법적 행위들이 일상적이고 '평범한' 회사 거래의 밀도 높은 네트워크와 절연하기는 극도로 어렵다는 사실을 알게 될 것이다. 타인의 지출을 통해 공공연하게 개인적 이득을 추구하는 활동에서 허용된 움직임과 허용되지 않은 움직임 사이의 경계선은 금고나 자물쇠를 부수는 행위의 명백한 명료성과는 비교할 수도 없이 필연적으로 불분명하고 언제나 논쟁적이다. 마티슨이 감옥은 "무엇보다도 절도와 기타 '통례의' 범죄를 저지른 하층 노동자계급으로 가득 차 있다"고 발견한 것은 놀라운 일이 아니다.

'상층에서의' 범죄는 불분명할 뿐만 아니라 탐지하기 극도로 어렵고 기소하기는 훨씬 더 어렵다. 이러한 범죄는 상호 간 공모, 조직에 대한 충성, 소속감으로 결합된 친밀한 교제 범위의 사람들, 보통은 잠재적 내부 고발자를 알아채거나 침묵시키거나 제거하는 효과적인 수단을 가지고 있는 사람들 내부에서 벌어진다. 이러한 범죄는 외부자들, 특히 전문 지식이 없고 훈련받지 않은 외부자들에게는 자신의 것으로 소화하기는커녕 실질적으로 이해하기도 어려운, 법적이고 금융적인 교양 수준을 요구한다. 이 범죄들은 '몸이 없고', 즉 물리적 실체가 없으며, 천상의 순수한 추상이 이루어지는 상상적 공간에 '존재한다.' 이 범죄들은 문자 그대로 **보이지 않는다**. 찾기 어려운 형태의 실체로만 캐낼 수 있는 범죄자들의 상상력과 같은 수준의 상상력이 필요하다. 직관과 상식을 통해서 대중들은 재산의 역사에서 절도가 역할을 했음을 의심할 수는 있지만, 이를 정확히 지적하는 것은 너무나도 벅찬 일이다.

게다가 '기업 범죄'는 매우 드물고 극단적인 경우에만 법정에 세워지고 대중에게 공개된다. 횡령자와 세금 관련 부정 행위자는 소매치기나 강도와 비교하면 법정 밖에서 화해를 할 수 있는 더 무한한 기회를 얻고 있다. 다른 무엇보다도 지역 질서 내 행위자들은 세계적 권력의 우월함을 너무나도 잘 알고 있고 자신들이 그 우월함을 가지는 한 이를 성공으로 여긴다.

"상층에서의 범죄"를 마치 더 잘 보호하려는 것처럼, 이 영역에 대한 대중들의 경계는 기껏해야 변덕스럽고 산발적이며, 최악의 경우에는 없다. 스펙터클을 보여주는 사기꾼, 즉 연금 생활자나 소액 저축자들과 같이 '인간미'를 가진 피해자들과 결부된 사기꾼 정도나 되어야 (심지어는 소수의 혹은 소수가 아닌 대중매체들과 기자들이 상상력과 설득력의 재능을 동원할 때에야) 대중들의 관심을 얻을 수 있고 하루이틀 이상 관심이 지속될 수 있다. 상류층 사기꾼에 대한 재판이 진행되는 동안 벌어지는 일들을 일반적인 신문 독자들과 텔레비전 시청자들은 무시한다. 게다가 단순 절도자와 살인자에 대한 재판이 매력적인 스펙터클로 비춰지는 반면 상류층에 대한 재판은 극적 요소가 매우 부족하다.

더 중요하게도 '상층에서의 범죄'(보통 치외법권을 누리는 '상층')는 실존적 불안전의 주요하거나 보조적인 원인이 아닐 것이고, 후기 근대 사회의 사람들을 괴롭히며 무엇보다도 개인적 안전함에 사로잡히게 하는 고유의 언지커하이트와 직접적 관련이 없으며, 상상의 나래를 펼치지 않고도 이 범죄는 그 자체로 안전함에 대한 위협으로 상상될 수 없다. '상층에서의 범죄'에서 지각되거나 짐작되는 모든 위해는 전적으로 다른 질서의 위험이다. 범죄자들이 법의 심판을 받는 것으로부터 어떻게 자기 도시의 난폭한 구역과 야비한 거리에 잠재하고 있는 더 실체적인 위해에 아로새겨진 일상의 두려움을 완화할 것인지를 상상하는 건 극도로 어려운 일이다. 그래서 '상층에서의 범죄'에 대해 '무언가 하는 것처럼 보여야 한다는' 압박을 받는 선출 정부는 거의 없다. 입법자와 질서의 수호자가 이러한 종류의 범죄를 더 효과적으로 다루기 위해 중압감을 느끼고 힘을 과시해야 하는 정치적 압력을 받는 일도 없다. 이는 자동차 절도범, 노상강도, 강간범, 또한 이들을 이들에게 마땅할 감옥으로 보내는 일에 태만하거나 관대했다고 의심되는 모든 법과 질서의 담당자를 향할 대중들의 강력한 항의와는 비교할 것도 없다.

마지막으로 새로운 세계적 엘리트가 질서의 수호자와 마주했을 때 누릴 수 있는 막대한 이득이 있다. 질서는 지역적이지만, 엘리트와 엘리트가 따르는 자유시장의 법칙은 초지역적이다. 만약 지역의 질서 감시자가 너무 눈에 거슬리거나 미움을 산다면, 편안히 있기에는 지역적으로 너무 불편하다면, 이들은 언제든 떠날 가능성이 있다. 엘리트의 '세계성'은 이동성을 의미하고, 이동성은 탈출하고 회피할 능력을 의미한다. 지역적 질서가 국제 시장의 활용과 충돌하지 않는 장소는 언제든 존재한다. 혹은 질서의 지역적 수호자들은 이러한 충돌이 벌어질 때 기꺼이 다른 방법을 찾아본다.

이 모든 요소는 한 가지 일반적인 효과, 즉 (항상 지역적인) '하층계급'과 범죄를 동일시하거나 이와 마찬가지인 빈곤의 범죄화로 수렴한다. 대중적 관점에서 가장 일반적인 유형의 범죄자는 거의 예외없이 사회의 '하층'에서 온다. 도시의 게토와 접근 금지 구역은 범죄와 범죄자들의 번식지로 여겨진다. 그리고 역으로 (개인적 안전함에 위협이 되는 것으로 여겨지며 진정으로 중요한) 범죄성의 원천은 분명하게 지역적이고 지역화된 것으로 보인다.

도널드 크레머Donald Clemmer는 1940년에 이론가들과 지지자들이 투옥에 부여한 '재교육'과 '갱생' 효과와는 분명히 다른 감금의 진짜 효과를 나타내기 위해 '감옥화'라는 용어를 만들었다. 크레머는 수감자들이 벽 바깥의 삶에 그 이전보다 더 적응할 수 없게 하는 매우 기이한 '감옥 문화'에 동화되고, 규칙과 '일상적' 존재의 어법을 따르는 능력이 떨어진다는 것을 발견한다. 다른 모든 문화와 마찬가지로 감옥 문화는 스스로 영속하는 능력을 가지고 있다. 크레머에 따르면 감옥은 '범죄의 학교'였고, 여전히 그렇다.

14년 후 맥코클과 콘(Lloyd W. McCorkle, Richard R. Korn 1954)은 감옥을 범죄의 학교로 만드는 메커니즘을 다루는 또 다른 연구 결과를 발표했다. 이들의 자료에 따르면 투옥에 축적된 총체적 경찰/사법 절차는 어떤 의미에서는 상징적 거부와 물리적 배제의 장기적이고 견고히 구조화된 의례이다. 거부와 배제는 굴욕적이고 그러한 것으로 의도된 것이다. 거부와 배제는 거부/배제된 자들이 사회적 결함과 열등함을 받아들이도록 의도한다. 희생자들이 방어하는 것은 놀라운 일이 아니다. 온순하게 거부를 받아들이고 공식적 거부를 자신의 거부로 전환하기보다는 이들은 자신들을 거부한 사람들을 거부하는 쪽을 선호한다.

이러기 위해서 거부/배제된 자들은 그들이 활용할 수 있는 수단에 의존한다. 이 수단은 모두 어느 정도 폭력을 포함한다. 이는 스스로 '방해할 수 있는 힘'을 키우는 유일한 자원, 그들을 거부하고 배제하는 이들의 압도적 힘에 반대할 수 있는 유일한 힘이다. '거부하는 자들을 거부'하는 전략은 범죄의 이미지에 재범을 저지르는 범죄자의 고유한 경향을 더해 거부된 자들에 대한 고정관념으로 빠져든다. 결국 가장 중요한 것은 감옥이 자기 실현적 예언의 주요한 도구로 부상한다는 것이다.

이는 범죄의 다른 원인이 없다거나 진정한 범죄자가 없다는 뜻이 아니다. 이는 감옥 체제를 통해 실천된 거부/배제가 범죄의 사회적 생산에서 필수적인 부분이고 이 거부/배제의 영향력이 범죄성 발생율의 전체적인 통계로부터 깔끔하게 구분될 수 없다는 것을 의미한다. 이는 또한 감옥이 대부분 '하층계급' 중에서도 하위계급을 배출하는 수단으로 간주될 때 이들에게 확실히 자기 확인적이고 자기 지속적인 효과가 나타남을 예상할 수 있고, 이로 인해 사회의 '하층'에서의 범죄성은 '가장 분명한' 것이 된다.

질서 유지의 시험대로서의 감옥

클레머, 맥코클과 콘은 감옥 수감자에 대한 연구를 수행하고 자신들의 연구 결과를 투옥의 효과로 설명했다. 그들이 조사하고 발견한 것을 흔히 말하는 감옥의 효과가 아니라 훨씬 폭넓은 **감금, 거부, 배제** 현상으로 생각할 수도 있다. 즉 바꿔 말하면 감옥은 '정상적' 삶 어디서나 (비록 다소 희석된 형태일지라도) 현존하는 추세가 응축되고 정제된 형태로 관철될 수 있는 곳이다(딕 헵디지Dick Hebdidge의 중요한 연구인 《빛 속에 숨기》*Hiding in the Light*는 이러한 추론을 확증한다). 만약 이러한 가정이 옳다면, '감옥화'의 효과와 '거부하는 자들을 거부'하는 전략의 광범위한 선택은 자기 추동력을 가지고 현재 법질서 억압의 신비로운 논리를 깨뜨리는 방향으로 지속할 것이다. 또한, 이는 법질서 억압을 누적된 실존적 불안의 도전에 마주하는 진지한 시도로 대체하려는 전략의 명백한 성공을 설명하는 방향으로 계속될 것이다.

이는 또한 세계적 자유의 거부가 자기-폐쇄와 지역성의 강화로 이어지는 현재의 경향으로 어떻게 반동하는지를 이해하는 데 도움을 준다. 거부는 강제수용소 양식 이후 지역성을 제한하려는 노력을 촉진시킨다. 거부하는 자들에 대한 거부는 지역성을 요새로 탈바꿈하려는 노력을 촉진한다. 이 두 가지 노력은 각자의 효과를 강화하고, 이 둘 사이에서 '하층에서의' 분절화와 소외가 '상층에서의' 세계화의 쌍생아로 확실히 남을 수 있도록 한다.

형편이 더 나은 다수가 건설하는 요새화와 벽 바깥에 남은 사람들이 실행하는 공격을 통한 자기 방어는 그레고리 베이트슨Gregory Bateson의 '분열 생성schismogenetic 연쇄' 이론에서 잘 보여주는 상호 간 강화 효과가 있다. 이 이론적 모델에 따르면 이 분열은 다음의 위치에서 발생하고 복구할 수 없을 만큼 심화되는 경향이 있다.

> 행동 x, y, z는 x, y, z에 대한 표준적인 대응이다. (중략) 예를 들어 x, y, z 유형이 과시를 포함한다면, 과시가 과시에 대한 대응이라면, 각각의 집단은 다른 집단을 그 유형에 대한 과도한 강조로 이끌게 되고, 억제되지 않으면 이 과정은 더욱더 극단적인 대립과 궁극적으로는 적대와 전체 체계의 붕괴로 이어지게 되는 경향을 볼 수 있다.

위에서 말한 것이 '대칭적 분화'의 유형이다. 대안은 무언인가? 만약 B집단이 x, y, z 유형의 행동을 하는 A 집단의 x, y, z와 같은 도전을 대응하는 데 실패하면 무슨 일이 벌어지는가? 이때 분열 생성 연쇄는 끊어지지 않는다. 대칭적 유형 대신 '보충적' 유형의 분화를 상정할 뿐이다. 예를 들어 만약 적극적인 행동에 대해 같은 방식으로 대응이 이루어지지 않고 순종적 대응이 이어지면, '이러한 순종이 보다 큰 적극성을 촉진하여 결국에는 더 높은 순종을 촉진한다.' 그런데도 역시 '체계의 붕괴'는 따라온다(Bateson 1973).

두 유형 사이의 선택이 가져오는 총체적 효과는 아주 작지만, 분열 생성 연쇄로 엮인 양측 때문에 이 유형들 사이의 차이는 존엄과 굴욕 사이, 인간성과 인간성의 상실 사이의 차이다. 대칭적 분화 전략이 항상 다른 상보적인 대안에 비해 선호된다는 것은 틀림없이 예측 가능하다. 후자는 패배자들이나 패배의 불가피성을 받아들인 자들의 전략이다. 이 가설의 가치를 어떻게 평가하든지, 어떤 전략이 선택되든 도시 공간의 새로운 분절화, 공적 공간의 축소와 소멸, 도시 공동체의 붕괴, 구분과 분리, 그리고 무엇보다도 새로운 세계적 엘리트의 탈영토성과 나머지의 강요된 영토성이 두드러지게 나타날 것이라고 예상할 수 있다.

엘리트의 새로운 탈영토성이 자유에 취한 것처럼 느껴진다면, 나머지의 영토성은 근거지로 느껴지기보다는 점점 더 감옥처럼 느껴진다. 현재의 감옥 정책의 경향은 후자의 경험을 반영하고 있고, 이 경험은 점차 지평을 넓혀 가고 있다. 실리콘벨리가 컴퓨터화되고 컴퓨터 시스템에 연결된 대단한 인터넷상의 존재에 무엇을 한 것인지, 펠리컨 베이 감옥이 세계화의 고속열차에 타지 못하거나 이 열차에서 쫓겨난 다중의 미래 생활 조건에 무엇을 할 것인지는, 그럼에도 분명하다.

3장

신규제국가와 범죄학의 전환

The New Regulatory State and the Transformation of Criminology

존 브레이스웨이트

금석문

내가 퀸즐랜드대학교에 입학하던 1969년, 입구 위에 동물학이라는 문구를 새겨 넣은 대형 사암 건물이 하나 있었다. 옆 동 석조 건물에는 식물학이라고 새겨 있었다. 그 뒤에 있는 신축 건물은 미생물학이라고 불렸다. 오늘날, 이런 식의 분과 구분은 별 의미가 없다. 생물학의 체계를 잡는 큰 주제는 (유전자 혁명에 의해 탈바꿈한) 분자생물학과 진화생물학, 생태학인데, 이들 주제 모두 유기체의 유형에 기초한 옛 생물학을 완전히 가로지른다.

이에 비견할 변화가 사회과학 주위를 감돌고 있다. 그 이유를 설명하려는 것이 이 소론의 목표다. 이 소론의 주장인즉, 지금 범죄학자로 간주되는 학자들 중 일부는 사회과학에서 중심 세력이 될 수도 있다는 것, 이하의 분석에 따르면 범죄학 자체가 쇠퇴할 운명임에도 불구하고 그렇다는 것이다. 한편 필자를 비롯한 이 선집의 기고자 대다수는 사회학 분과 출신인데, 사회학은 이미 쇠퇴 일로에 있다. 그러니 우리는 20년 뒤면 죽어 버렸을 분과 학문과 죽어가는 중일 분과 학문의 대화로 읽히게 될 선집을 과감히 내놓는 셈이다.

하지만 당장은 사회학도 건재하고 범죄학도 호황이다. 범죄학자들은 최근에야 자신들이 단일한 분과에 속한다고 생각하기 시작했다. 개중 대다수가 자신들이 뒤로한 분과들의 전철을 범죄학이 밟고 있다는 건강한 회의주의를 계속 품고 있지만 말이다. 범죄학이 분과 학문으로 가장 잘 확립된 북미에서는, 이제 자신의 정체성을 철학자나 지리학자보다는 범죄학자라고 정의하는 대학 소속 학자들이 틀림없이 더 많을 것이다. 하물며 정부기관 연구직으로 가면 더 말할 것도 없다.

범죄학 호황에 자양분이 된 것은 이 분야의 지적 성취가 아니라, 경찰이 대졸자여야 한다는 새로운 기대와 결합해 성장세를 이어 가는 형사사법 체계의 공공부문 고용, 그리고 더 강력하게 성장하는 사적 치안이다. 이 같은 범죄학의 팽창은 아주 지속적이기 때문에 형사사법학 건물은 십중팔구 지금으로부터도 한 세기 동안은 대학 교정에서 계속 터를 잡고 있을 것이다. 다만 필자가 예상키로는, 오늘날 동물학 건물과 식물학 건물에서 흥미진진한 생물학이 전개되는 것처럼, 장차 형사사법학 건물 내부에서 범죄학은 버림받고 대신 규제와 아동 발달, 회복적 정의와 절차적 정의, 기타 아직은 내다볼 수 없지만 범죄학 체계를 새롭게 잡을 발상들이 연구 주제가 될 공산이 있다. 왜냐고? 케인스주의 국가가 신규제국가로 바뀌었기 때문이다. 이때 신규제국가의 개별 요소들은 모두 오래된 것이니만큼 아마 접두사 '신新'에는 작은따옴표를 쳐야 할 것이고, 신규제국가의 가장 중요한 특징이 규제 대부분을 국가가 떠맡지도, 통제하지도 않는다는 데 있다는 점에서 마찬가지로 '국가'에도 작은따옴표를 쳐야 할 것이다.

케인스주의 국가에 선행한 야경국가는 키 잡고 노 젓는steering and rowing(Osborne and Gaebler 1992) 일 대부분을 시민사회에서 수행한 국가라고 생각하면 될 것이다. 이어진 케인스주의 국가는 국가에게 노 젓는 일을 많이 시켰지만, 시민사회의 키를 잡는 일에는 취약했다. 이 연대기 상에서 최근을 점하는 신규제국가는 국가가 키를 잡고 시민사회가 노를 젓는 것을 이상으로 제시한다.

야경국가에서 케인스주의 국가로

고전 자유주의 이론에서 말하는 야경국가의 기능은 폭력, 절도 및 사기로부터 시민을 보호하는 일과 계약법을 공포하는 일에 거의 한정되었다(Nozick 1974). 19세기까지는 사회생활의 규제 시 키 잡는 일 대부분과 노 젓는 일 대부분을 국가보다는 시민사회에서 수행하였다. 올리버 맥도나(Oliver McDonagh 1977)는 야경국가에서 케인스주의 국가로의 이행을 개시한 빅토리아 시대 영국에서 정부가 성장하는 유형이 나타난다는 점을 기록으로 입증한 바 있다. 이 유형의 일부가 야경 기능 자체의 전문화였는데, 1829년 이래 치안 영역에서 일어난 필 혁명Peelian Revolution이 그 계기였다.

케인스주의 국가로 전환한 가장 결정적인 계기는 미국의 뉴딜이었는데, 이때 전에는 규제받지 않던 활동에 대한 얼마간 전문적이고 중앙집중적인 국가 통제를 온갖 국가적 규제 기관들이 떠맡았다. 야경국가를 끝장내기 위해 거대한 충돌에 비견할 엄청난 일이 벌어졌고, 자유지상주의자들은 끝까지 승산 없는 싸움을 벌였다. 뉴욕증권거래소 의장 리처드 휘트니Richard Whitney는 1933년 증권거래위원회 설립에 한창이던 상원 조사위원들 앞에 출석하여 다음과 같이 말했다. “존경하는 의원님들, 큰 실수하고 계시는 겁니다. 거래소는 완벽한 제도란 말입니다”(McCraw 1984: 194).

케인스주의 국가는 이전의 정책, 그리고 이후의 보다 하이에크적인 정책과 비교할 때, 국가가 노를 젓는 것은 상당한 정도까지 정당화하면서도 시민사회에서 규제 활동으로써 키를 잡는 일에는 별로 관심을 기울이지 않았다. 물론 실제로는 여전히 자유주의적 자본주의 사회였으므로, 다대한 키 잡기와 노 젓기는 증권거래소 같은 시민사회의 제도들이 계속 떠맡았다. 하지만 케인스주의 국가는 국가가 치안 활동을 비롯한 여러 일을 수행할 능력이 있다고 대체로 믿는 심성을 지니고 있었으며, 경합의 상대는 더이상 자유주의적 최소주의가 아니라(당시 하이에크는 주변적인 골방 지식인이었다.) 사회주의였다. 케인스주의 국가의 이데올로기 아래에서, 무질서가 터져 나올 때마다 제시된 대처법은 중앙집중적인 국가의 치안 자원을 늘리는 것이었다. 국가가 고용한 사회복지사와 보호관찰관, 여타 복지 관련 노동자들도 동일한 케인스주의 성향 아래에서 늘 더 많은 자원과 권력을 획득했다.

케인스주의 국가에서 신규제국가로

영국 대처 정부를 필두로, 1980-90년대 세계 전역에서 수천에 이르는 공공기관이 사유화되었다. 대처주의의 하이에크적 철학과는 반대로, 탈규제가 늘 사유화를 동반한 것은 아니었다(Ayres and Braithwaite 1992: 7-12). 오히려, 수많은 학자들이 신규제국가의 부상이라고 논한 현상이 나타났다(Majone 1994; Loughlin and Scott 1997; Parker 1999a). 그리하여 1984년 브리티시전기통신사가 탈규제됐을 때 이를 규제하기 위해 전기통신청Oftel이 창설되었고, 1986년에는 사유화된 가스 산업을 규제하는 가스공급청Ofgas이, 1989년에는 전기를 규제하는 전기규제청OFFER이, 1990년에는 물을 규제하는 수도사업청OfWat이, 1993년에는 철도를 규제하는 철도규제청이 창설되었다(Baldwin et al. 1998). 대처 정부가 요양원 병상 공급을 공공부문에서 민간부문으로 급진적으로 전환했을 때(Day and Klein 1987), 해당 산업에 대한 기존의 요식적 규제 감독을 개선하기 위해 소규모 요양원 조사단 200곳이 지역 보건 당국에 설립되었다. 이를 본 퍼트리샤 데이Patricia Day와 루돌프 클라인Rudolf Klein은 일찍이 1980년대 중반에, 보건과 복지 부문에서 신규제국가가 부상하여 케인스주의 복지국가를 대체한다고 말하였다. 새로운 규제 제도들과 결합한 사유화는 정부가 키는 잡되 노는 젓지 말라는 오즈번과 게블러(Osborne, Gaebler 1992)의 처방을 고전적으로 예시한 것이다.

신규제국가의 부상은 부분적으로는 유럽의 뉴딜 따라잡기였고, 부분적으로는 유럽연합 집행위원회가 규제적 기준들을 회원국에 부과하면서 꼴을 갖춘 새로운 현상이었다(Majone 1994). 국제통화기금과 세계은행이 옛 공산주의 경제와 개발도상국 경제에 '좋은 협치governance' 계획 이행을 융자 조건으로 요구한 것도 신규제국가를 세계화하는 데 중요했다(Braithwaite and Drahos 2000). 하지만 신규제국가는 뉴딜과 질적으로 달랐는데, 직접 명령과 통제를 대체하는 자기규제적 조직(Clarke 1986)과 강제된 자기규제(Braithwaite 1982), 여타 대응적 규제 기술들에 의존한다는 점에서 그렇다. 대응적 규제는 준수 체계, 실행 규약, 여타 자기규제적 전략들을 통해 이미 사적인 제도들을 규제하는 전략들로 흘러들어가기도 한다.

국가의 분권화와 '거리를 둔 통치'는 동시대의 다른 지적 조류들에서 분명한데, 신코퍼러티즘 이론의 '규제된 자기규제'(Streeck and Schmitter 1985)와 어떤 면에서 국가보다 더 중요한 정책 입안자인 '정책 공동체'와 '이슈 연결망'에 관한 마시와 로드(Marsh, Rhode 1992)의 작업이 이에 속한다(Crawford 1997을 보라). 후자는 인식틀을 공유하는 국가, 기업, 비정부기구 간 정책 연결망이라는 '규제 공동체'에 대한 마이딩어(Meidinger 1987)의 분석과 공명한다.

규제학자들이 신규제국가 개념을 발전시킨 시점은 자유주의 통치성에 대한 후기 푸코적 관념이 인기를 얻은 시점보다 앞서지만, 1990년대 들어 푸코(1991)의 통치성 강의는 규제학에 영향을 미치기 시작했다. 말년에 푸코가 비슷한 현상을 포착했다는 점에는 의심의 여지가 없는데, 다만 그 방식은 신규제국가를 연구하는 학자들이나 규율권력을 다루면서 투옥 같은 관행들을 세밀하게 분석한 푸코 자신의 선행 연구가 준거한 구체적 지시 대상을 결여한 것이기는 했다(Garland 1997).

후기 푸코에게서, 성공적인 통치는 스스로의 행실을 규제하는 통치자와 피통치자 모두의 역량을 통해 작동한다. 푸코가 국가의 전진적 통치화로써 의미한 것은 직접적 지배나 법 집행 쪽에서 출발하여, 품행 규제 기술, 곧 개인들이 스스로의 품행을 규제하는 장 노릇을 하는 제도들을 개조하는 기술들의 발명을 거쳐, 간접적 통치 쪽으로 이동하는 흐름이었다(Hindess 1996). 푸코는 우리가 '18세기에 처음 발견된 "통치성"의 시대에 산다'고 믿었다(Foucault 1991: 91). 이 설명은 신규제국가의 연대기와 대략 호환이 가능하다. 이에 따르면 (1) 가령 애덤 스미스의 저작들(1978)에서 나타나는 다원화되고 사유화된 규제라는 의미의 18세기 '경찰/치안'police에서 출발하여, (2) '경찰/치안'의 통일된 국가 독점이라는 필적 기획이 부상하고, (3) 케인스주의의 지배로 절정에 올랐다가, (4) 1980년대부터 신규제국가로 재다원화된다. 두 설명 모두에서 케인스주의적 심성은 18세기와 20세기 후반에 공히 나타나는 현실, 즉 국가가 대행 기관들의 통일된 집합이 아니라는 현실을 흐릿하게 한다. 오늘날 우리가 반드시 연구해야 하는 것은 국가와 비국가 행위자들의 규제 전략들인데, 여기서 국가는 (국제통화기금과 무디스, 안전보장이사회와 국제표준화기구, 국제무역기구 등의 제도들에 의한) 규제의 주체이자 대상이다.

경찰/치안을 다룬 18세기 학자들의 실질적 연구 주제는 오늘날 규제학자들이 연구하는 것과 범위 면에서 거의 일치하는데, 후자의 상당수는 (클리퍼드 시어링과 동료들처럼) 범죄학 기반을 넘어서 활약했다. 18세기 프랑스와 독일에서 '경찰/치안 규제'가 포괄한 주제는 보안, 세관, 거래, 고속도로, 식품, 건강, 근로기준, 화재, 삼림과 수렵, 거리 생활, 이주와 이주자 공동체 등이었다(Pasquino 1991: 110). 수천에 달하던 18세기 경찰/치안학자들(Pasquino 1991: 112)과 수적으로 뒤지지 않는 신규제국가 연구자들이 공유하는 관심사는, 설명적 이론들과 규범적 이론들을 통합하는 것이다(가령 Loader 1998; Crawford 1997). 대다수 경찰/치안학자에게서 규범적 이론은 공리주의 성향을 보였다: '경찰/치안의 대상은 시민의 행복 유지 및 증진에 관련된 모든 것이다'(Von Hohenthal 1776). 신규제학자들의 규범적 틀은 신자유주의적 목표와 케인스주의적 복지 목표를 혼합하는 경향이 있는데, 이는 시어링이 비지배 자유에 대한 신공화주의적 관심에 매력을 느낀다는 사실에서 잘 예증된다(Brogden and Shearing 1993을 보라). 더 넓게 보자면, 신규제학자들은 협치에 관한 경찰/치안적 심성과 자유주의적 심성, 케인스주의적 심성을 혼합한다. 애덤 스미스의 저작(1978)에서 실현된 경찰/치안과 시장의 혼인[1]은 이어 케인스주의의 특정 덕목에 대한 향수와 결합되는데, 이에 관해서는 후술하겠다.

신규제국가는 호주에서 케인스주의 국가의 심장부마저 건드렸다. 실업자 대상 고용 알선 서비스가 사유화되고 애초 고용 서비스 규제 기관이라고 불리던 곳의 규제 기준에 종속되었기 때문이다. 형사사법 체계도 신규제국가의 방향력에 예외가 아니었다. 수많은 나라들에서 그랬듯 호주에서도 1990년대에 사설 감옥 열 곳이 건설되었고, 그에 반해 이들을 규제하는 새로운 제도들은 사뭇 제한적이었다(Harding 1997; 영국에 관해서는 Hood et al. 1998을 보라). 다시 한번, 하이에크적 시장화와 케인스적 시장 규제가 결합한 셈이다.

훨씬 더 극적인 것은 치안의 사유화로, 오늘날 대다수 선진 경제에는 공공 경찰보다 사설 경비가 더 많다(Shearing and Stenning 1981, 1983, 1987). 일찍이 1950년대부터 미국에서는 사설 보안요원의 숫자가 공공 경찰을 능가했다. 그러다 1960년대 들어 공공 경찰에 막대한 세금이 투여되면서 1970년 무렵이 되면 사설 경비와 공공 경찰이 대략 균형을 회복하였지만, 결국 1982년 무렵에는 사설 경비가 110만 명으로 공공 경찰

---

1 공적·사적 독점을 제거하고 거래를 자유화함으로써 경쟁적 시장을 촉진한다는 애덤 스미스의 의제는 신규제국가의 학자 다수가 공유하는 것이다. 양자의 차이는, 신규제국가 연구자들이 스미스가 전혀 좋아하지 않았을 케인스주의적 규제 형태 여럿(가령 은행과 주식시장, 근로기준)에 크게 매료되어 있다는 점이다. 게다가 신규제국가의 학도들은 '보안'에 접근하는 스미스의 반어적으로 국가주의적이고 권위주의적인 태도를 완전히 거부한다. '모든 문명국에서 죽음은 살인(자)에 대한 처벌이었지만, 야만국에서는 금전적 보상이 허용되었는데, 그곳의 정부는 허약해서 중재라고 할 만한 것이 아니라면 개인들의 다툼에 감히 끼어들지 않았기 때문이다…. 모든 나라의 법률에는 이런 고대적인 허약함의 상태가 흔적으로 남아 있다'(Smith 1978: 476). 분권화된 회복적 정의에 사뭇 매력을 느끼는 신규제국가의 이론가들이 보기에 전前중상주의 국가들의 이 같은 '취약함'은 매력적이었다.

을 거의 두 배 수준으로 앞질렀고(Johnston 1992), 1994년에는 200만 명까지 늘어나 공공 경찰을 세 배까지 앞질렀다(Bayley 1994). 남아프리카공화국은 미국이나 유럽보다 공공 경찰에 대한 사설 경비의 우세가 훨씬 더 심하다. 남아공에서는 스포츠 행사, 고층 건물, 부자들을 위한 외부인 출입 제한 주택지에서만 사설 경비가 공공 경찰을 대체한 것이 아니라 도시의 유흥가에서도 나이트클럽과 레스토랑이 고용한 무장한 사설 보안요원이 거리 주차 시 안심할 수 있도록 순찰을 돈다. 점점 정부/통치의 역할은 보안을 공급하는 이들 사설업자의 기준을 규제하는 것이 된다. 남아공보다 범죄 문제가 훨씬 심각할 수도 있는 파푸아뉴기니의 경우, 신규제국가가 경우에 따라 다음과 같은 환상적인 형태를 취하기도 했다. 법무부 장관과 경찰청장이 갱단과 항복 협상에 나섰는데, 그 조건인즉 정부가 래스컬 갱단에게 사설 보안 산업에 취업할 자금을 지원하면 갱단은 그 대신 특히 무기를 넘겨주고 여타 다양한 자기규제 약속을 내놓는다는 것이었다(Dinnen 1996)!

형사사법 분야 신규제국가와 전기통신 분야 신규제국가의 가장 큰 차이는, 예컨대 전기통신에서는 사적 부문의 성장이 공공부문의 쇠퇴와 짝을 이룬데 반해, 형사사법에서는 전혀 그렇지 않았다는 점이다. 1990년대 공공 감옥과 사설 감옥의 건축 규모는 공히 팽창했다. 1970년과 1990년 사이 공공 경찰의 수는 증가했는데, (애초에 [공공 경찰] 1인당 담당 인구가 가장 낮아) 증가율이 가장 낮은 일본이 22퍼센트, 가장 높은 호주가 97퍼센트고, 중간 정도인 영국과 미국은 각각 35퍼센트와 64퍼센트 증가했다. 형사사법에서 공공부문 축소가 일부 발견되기는 하지만, 이는 사회복지사 고용 및 범죄자 대상 여타 복지 전달 유형에 국한된다. 반어적으로 이 시기는 '백약이 무효하다'는 결론을 어떤 증거도 더이상 뒷받침하지 않는다는 게 분명해진 시기였다. 복지국가는 철회된 데 반해, 강벌국가는 그렇지 않았다. 케인스주의 복지국가의 재정 위기가 탈구금으로 이어질 것이라는 앤드류 스컬(Andrew Scull 1977)의 예측은, 정신질환자의 경우에는 맞아떨어졌지만 범죄자의 경우에는 아니었다. 사실 대다수 국가에서 방위 시설에 대한 지출이 최근 삭감됐다는 점을 감안할 때, 케인스주의 강벌국가는 '국가의 내빈화內貧化'(Jessop 1993)의 주된 예외로 홀로 떨어져 있다고 할 수 있다.

1980-90년대 신자유주의 경제 정책들과 연결된 것은, 1950-60년대와 1970년대 초반 케인스주의 세계에서 가능하던 수준보다 훨씬 높은 수준의 실업이었다. 여타 많은 국가가 모방한 부시-레이건과 대처-메이어의 이데올로기 전략 중 일부는 나태한 복지 심성 운운하며 피해자들을 비난하는 것이었지만, 그 대부분은 마약과의 전쟁이었다. 1994년 무렵 미국에서는, 대학에 등록된 흑인보다 더 많은 678,300명의 흑인이 창살 아래 갇혀 있었다(Mortenson 1996: 4). 오늘날 미국이 일부 유럽 나라들보다 실업률이 낮다는 인상을 불식하려면 감옥에 있는 사람들을 더해 실업률을 정정하면 된다. 1980년에 마약 판매나 복용을 이유로 구치소나 교도소에 투옥된 미국인은 31,000명이었으며, 1994년에는 40만 명이었다(이들 중 상당수는 체포 당시 실업 상태였고 흑인이었다)(Reuter 1997: 264).

하지만 사유화된 보안 업무를 감시하는 신규제국가와 강벌국가가 동시에 팽창하면서 재정적 타격이 시작되고 있다. 케인스주의를 철회하는 데 다른 어느 국가보다 멀리 나아간 뉴질랜드는, (형사사법에서 신규제국가를 가장 중요하게 표명하는) '회복적 정의'를 위한 신사회운동 면에서는 가장 멀리 나아간 국가였다. 소년 사법 보호시설의 숫자를 줄이면서 뜻밖에 얻은 재정적 횡재에서 호소력의 일부가 도출되었다. 세계에서 가장 자유주의적인 경제를 놓고 뉴질랜드와 막상막하로 경쟁하는 곳이 싱가포르인데, 이곳은 '회복적 정의'를 (성인은 아니지만) 소년 사법제도의 공인된 모델로 정한 유일한 국가다(Singapore Subordinate Courts 1997). 호주의 하워드 보수 정부는 1995년 선출 당시 회복적 정의 계획을 확대하겠다고 약속하는 사법 정책을 내세웠다. 막상 뚜껑을 열어 보니, 연방경찰 숫자를 상당히 감축하기는 했고 호주의 모든 관할 지역에 회복적 정의 프로그램의 일종을 두기는 했지만, 후자에 대한 지출은 최소 수준이었고 전자의 감축은 역전되고 있다. 미국의 법무부 장관과 영국의 내무부 장관은 아무런 의미 있는 정책적 전환도 실제로 취하지 않은 채 회복적 정의 계획을 강화한다는 연설을 늘어놓고 있다.

위험사회와 신규제국가

내가 보기에 신규제국가 학자의 전형인 클리퍼드 시어링(1995)이 벡(Beck 1992)과 공유하는 믿음은, 우리가 위험사회에 진입해 버렸고 위험사회에서는 (오말리(O'Malley 1992)는 '신중주의'라고 부르고, 필리와 사이먼(Feeley and Simon 1994)은 '보험계리적 논리'라고 부르는) 예방적 협치가 더욱 중요해졌다는 것이다. 이 점에서 시어링은 다양한 규제학자들의 전철을 따르는데, 그중 알버트 라이스(Albert Reiss 1989), 캐럴 하이머(Carol Heimer 1985), 낸시 라이히만(Nancy Reichman 1986), 피터 매닝(Peter Manning 1989), 찰스 페로(Charles Perrow 1984), 엘렌 바르(Ellen Baar 1989), 조지프 샌더스(Joseph Sanders 1989), 수전 샤피로(Susan Shapiro 1989), 다이앤 본(Diane Vaughan 1989), 키스 호킨스(Keith Hawkins 1989)는 1980년대에 위험 연구를 규제사회학의 중심 주제로 만들었다. 시어링은 중앙에서 분권화된 통치(위임된 주권)인 봉건제 통치성과 권위 자체를 위임하는 시장화된 심성 사이에 차이가 있다고 본다. 이때 시어링은 '시장의 보편주의'가 손실 축소의 심성과 위험 위주 전략을 낳는다는 벡(1992: 104)의 착상을 취한다. 이는 20세기 후반에 도래한 극단적인 (그리고 극도로 관리하기 어려운) 특정 위험에 대응해야 한다는 명령과 결합한다. 내가 이해하기에 위험사회와 신규제국가의 핵심 연결고리에 관한 두 가지 예시를 들어 보겠다.

금융시장의 역설 중 하나는, 위험 분산 목적의 신제품(선물先物 같은 파생상품) 제작이 체계적 위험을 증가시켜 버렸다는 점이다. 영국에서 가장 오래된 상업은행이자 한때 '유럽에서 여섯 번째로 강력한 권력'(Ziegler 1988)이라 일컫던 베어링이 싱가포르 소재 종업원 단 한 명의 파생상품 거래로 파산하면서, 국제증권감독기구IOSCO와 바젤은행감독위원회가 조정하는 다양한 위험 축소 전략들이 개발되었다. 하지만 신규제국가의 관점에서 볼 때, 베어링 파산에 대한 가장 계발적인 반응은 제이피모건에서 나왔다. 이곳은 19세기 후반에 베어링과 로스차일드의 뒤를 이어 세계에서 가장 강력한 은행 가문으로 부상한 바 있다. 제이피모건은 1994년 10월, 위험을 관리하는 전매 모델인 리스크메트릭스RiskMetrics를 일반용으로 출시했는데, 이 모델과 함께 사용된 서로 다른 유형의 금융상품의 변동성에 대한 데이터 집합이 부가적으로 제공되었다(Dale 1996: 165). 제이피모건이 깨달은 것은 자신 같은 거물이건 리스크메트릭스보다 덜 정교한 위험 관리 기술을 사용하는 베어링 같은 상대적으로 소규모의 참가자들이건 간에, 모두 운명을 같이 하는 공동체의 일원이라는 것이었다. 파생상품 거래 자체가 실제로 새로운 종류의 위험을 창출하는 것은 아니지만, 제2금융권의 복잡성 때문에 파악하기 어렵고 급속히 수습 범위를 벗어날 수 있는 위험을 창출하는 것은 사실이다. 파생상품 거래의 위험은 중대한 금융 파산이라는 체계적 위험을 막아 내기 위해서 보다 투명해져야 했다.

두 번째 예시는 또 다른 운명 공동체다(Heimer 1985). 조 리스(Joe Rees 1994)는 스리마일섬 사고 이후 미국 핵산업이 과거에는 서로 비밀로 하던 자기규제적인 기술들을 어떤 식으로 공유하였는지 보여주었다. 스리마일섬 같은 사고가 또 발생하면 위험사회의 심성이 그들 모두를 쓸어버릴 것이라고 그들은 믿었다. 그들은 국가만 하는 규제보다는 훨씬 효과적이었던 것으로 보이는 산업 차원의 자기규제적 조직을 설립했는데, 물론 배경에 있는 국가 규제가 성공의 중요 요소이기는 했다. 예컨대 원자로 긴급 정지(비상시 자동 폐쇄)는 1980년 단위당 7회에서 1993년에는 단위당 1회로 줄었다. 체르노빌 참사 이후 이 자기규제적인 프로그램은 세계원전사업자협회WANO의 원조 아래 세계화되었다. WANO는 러시아의 모든 핵발전소와 주로 독일에 있는 자매 발전소를 짝지어 주었는데, 후자는 전자의 위험 관리가 국제 기준으로 상향될 수 있게 도움을 준다.

이 두 사례가 예증하는 것은 무엇인가?

1. 규제에서 위험 관리 심성의 중심성.
2. 세계화하는 위험 관리 논리, 그리고 이 논리가 초국적기업 및 (WANO, IOSCO와 바젤은행감독위원회 같은) 혼종적인 사적/공적 국제 규제자에 견주어 국가의 규제적 역할을 분권화하는 방식.
3. 리스(1994)가 운명 공동체 내 '공동체주의적 규제'라고 부른 것의 가능성.

넷째, 이들 사례는 경찰/치안-법정-감옥이라는 낡은 국가 제도에 초점을 맞추는 범죄학이 우리 모두에게 가장 큰 위험을 제기하는 범죄들에 관해서는 제한적이라는 점을 예증한다. 국가 제도 수준에서조차, 범죄학 학술지를 읽는 것으로는 공공 경찰의 결합된 수적 힘이 사설 경찰에 뒤질 뿐만 아니라, 1984년 무렵 호주에서 정부의 100대 영업 규제 기관의 결합된 힘이 공공 경찰 수에 거의 필적할 수준에 이르렀다는 것을 결코 파악하지 못할 것이다(Grabosky and Braithwaite 1986). 애덤 스미스(1978)의 설명에서처럼, '경찰/치안'의 가장 중대한 분야는 거리에서의 안전 규제가 아니라 영업 규제와 자기규제다. '미래 세대들은 우리 시대를 회고하면서, 경찰/치안의 한 체계가 끝나고 다른 체계가 발생한 때라고 말할 것이다'(Bayley and Shearing 1996: 585). 줄리아니 시장 재임 시 뉴욕 분쟁 구역의 치안을 국가가 확보했다는 식의 성공담은 아마 국가 치안의 부활이라는 다른 이야기일 것이다. 하지만 줄리아니의 이야기 중 이목을 덜 끌었고 신규제국가의 관점에서 흥미를 더하는 것은, 제임스 제이컵스(James Jacobs 1999)가 말한 조직범죄의 손아귀에서 뉴욕이 1990년대에 해방되었다는 점이다. 이 같은 성취는 (보통 투옥된 마피아 단원 한 명을 다른 단원으로 대체하는 것으로 이어진) 형사 집행에 의거하는 쪽에서 (가령 인허가권을 활용하여 조폭이 통제하는 기업에 인허가를 내주지 않는 식의) 규제적 전략에 의거하는 쪽으로 전환한 결과였다.

꾸준히 붕괴된 필적 전망

시어링(1995: 82)은 필의 치안관觀을 '전문직들로 충원된 전문가 체계의 형태로' 국가 안에 치안 장치를 통합하는 것이라고 해석한다. 필은 이 같은 발전이 치안의 초점을 과거의 구제에서 미래의 식민화로 이동시킬 것이라고 희망하였다. 실제로 일어난 일은 사뭇 달랐다. 경찰은 직접적으로 경계할 역량이 자신들에게 없다는 점을, 시민들을 위한 경계 작업을 수행하려면 시민들에게 의존하지 않으면 안 된다는 점을 이내 알게 됐다. 경찰/치안은 탈사유화되기보다 재사유화되었다. 그 결과는 극소수의 예외를 제외하면, 끊임없는 경계가 아니라 평화의 균열을 식별하는 체계였다. 이는 필의 예상과는 정반대 결과였다(Shearing 1995: 82).

영업 규제 기관도 마찬가지였다. 이들 기관은 (이들의 책무를 한때 포괄하던) 경찰보다 더 중요한 법 집행자로 성장했다. 왜냐하면 20세기 동안에 세계에서 기업화가 진행된 결과, 개인보다는 기업이 좋든 나쁘든 업무 대부분을 수행하는 곳으로 세계가 바뀌었기 때문이다(Braithwaite and Drahos 2000). 이 같은 기업화는 가장 큰 규제 역량이 국가보다는 기업에게 있다는 뜻이기도 했다. 1990년대 중반 무렵 처음으로, 세계의 최대 '경제' 대다수를 국가들 대신에 초국적기업들이 점하게 되었다(Anderson and Cavanagh 1996). 그래서 필자가 호주에서 무역관행위원회 위원이던 시절, 위원회의 가장 중요한 업무는 소비자문제기업인전문가협회, 더 일반적으로는 호주준수전문가협회를 설치하는 것이었다(Parker 1999b). 필적인 감시 전문가 기획이기는 하지만, 사유화된 감시인 셈이다(Halliday and

Carruthers 1996).

필적 기획이 실패했다는 것을 깨달았을 때, 범죄학자들은 소규모 공동체의 치안을 공공 경찰/치안이 해야 하는 일로 보는 경향이 있다. 공동체의 도움을 얻어 국가 경찰/치안을 더 효율적으로 만드는 일로 말이다. 시어링이 보기에 대규모 공동체 치안이란 주로 사적인 활동으로, '협치의 거품들(독립체)'과 '사적 통치/정부들'을 느슨하게 짝지어 줄 가능성을 정교히 하는 것이다. 실제로 그 과정은 단순한 가능성에 그치는 것이 아니라 진행형이다.

> [사적 협치의 이 거품(독립체)들은] 도서관 이용자의 공동체, 북미인들이 '외부인 출입 제한 주택지'라고 부르는 주거 공동체, 대형마트 고객 공동체 등의 공간들을 포괄한다. 이들 공동체 또는 협치 무대는 말하자면 부상하는 '신봉건제'를 함께 설립하는 복수의 사적 통치/정부로, 통틀어서 복잡하고 확장적인 군도群島를 이룬다. 이 새로운 봉건제의 특성 중 하나는, 이들 협치 무대를 설립하는 계약/약정들contracts이 부분적으로, 공동체 성원 본연의 기대(권리)와 책임(의무) 같은 것들을 제시하는 계약/약정들이라는 점이다. 흔한 예로 사람들이 도서관 이용자로서 맺는 약정을 들 수 있다. 오늘날 대다수 도서관의 약정에는 서고 출입 시 전자 검색에 동의해야 한다는 요건이 포함되어 있다. 비행 시에도 비슷한 약정이 요구된다…. 현대 세계에서 우리는 약정 공동체 한 곳에서 다른 곳으로 이동하면서 이 흡사 봉건적인 협치의 군도를 돌아다닌다. 이들 거품(독립체) 각각은 나름의 협치 양식과 규칙을 갖고 있다…(Shearing 1997).

시어링은 학교와 교회, 기업 조직과 민족 공동체, 남아공의 진실화해위원회 같은 특별 제도들에 이르는 회복적 정의의 증가를 국지적 위험관리 관행 및 명령의 변화 쪽에 연결시키는데, 이때 후자를 추동하는 것은 과거를 처벌하자는 포스트 필적 호소라기보다 미래를 더 안전하게 만들자는 필적 전망이다. '회복적 정의는 중재에 영향을 미친 논리를 확장하여 기업 분쟁을 해결하는 것뿐만 아니라, 전통적으로 징벌적 패러다임에 따라 다루어진 개인 간 갈등을 해결하는 일에도 이 논리를 적용하고자 한다'(Shearing 1997: 12). 게다가 징벌적 패러다임과 달리 회복적 패러다임은 (기업과 기업 규제자들이 실행하는) '보안에 대한 보험계리적 접근의 목표와 갈등하는 결과를 초래하지 않는다'는 게 시어링의 결론이다(Shearing 1997: 14). 한편으로 영업 규제에서 회복적 정의의 우위, 다른 한편으로 운명을 같이하는 공동체들 내 자기규제에 대한 강한 의존이 결합하여 원자로 긴급 정지 위험 감소에서 거둔 성과가 경찰이 강간 위험 감소에서 거둔 성과보다 좋아 보이기 때문에, 중대한 재평가가 일어나기 시작하고 있다(Braithwaite 1999). 이 재평가는 주류 범죄학뿐만 아니라 페미니스트 범죄학에도 도전을 제기한다. 후자 대부분이 경찰-법정-교정의 근시안에 계속 지배당하고 있기 때문이다.

불의와 하이에크적 전망

프리드리히 하이에크는 마거릿 대처의 영웅이었고, 때로 클리퍼드 시어링의[2] 영웅이기도 하다. 대처와 시어링은 내가 신규제국가라고 불렀던 변동의 형세 같은 것이 하이에크가 명확히 한 이유들 때문에 불가피했다고 여긴다는 점에서 시각을 같이한다. 경제의 규모가 커지고 복잡도가 높아짐에 따라, 중심부의 국가는 효율적으로 개입할 수 있는 국지적 지식을 획득할 수 없었다. 국가는 승자가 되기 위해 노력했지만, 사정에 밝은 현지인들이 실패의 기미를 예견할 수 있는 상황들에서 정기적으로 패자가

2 클리퍼드 시어링과의 개인적 의견 교환. 내가 그의 하이에크주의를 커밍아웃하게 만든 것 때문에 그가 경험했을 수치심을 강화하기 위해 나는 이 절의 모든 발상이 그와 대화하면서 받은 자극 덕이라고 말하고 싶다!

되었다. '우리가 꼭 활용해야 하는 상황 관련 지식은 집중되거나 통합된 형태로는 결코 존재하지 않고, 모든 개인이 각자 보유한 불완전하고 모순적이기 일쑤인 지식의 분산된 조각으로 존재할 따름이다'(Hayek 1949: 77). 국지적 지식에 권한을 부여하자는 하이에크(와 대처)의 처방은 시장이었다. 즉 집계된 국지적 선호들을 반영하고, 국지적 지식의 습득 및 이용에 최적화되 위치를 점한 이들에게 이문을 남겨 주는 가격이었다.

시어링의 처방은 다르다. 시어링이 국지적 지식에 대한 하이에크의 분석을 형사사법 관행의 변동 방향을 이해하는 열쇠로 보긴 하지만,[3] 그는 근시안적인 시장화가 불안정Insecurity으로 가는 길이라고 본다.[4] 이는 시어링이 보기에 부자의 보안을 위해 가장 유망한 것은 빈자의 보안이기 때문이다. 하지만 우리가 경험한 18세기와 19세기 초 보안의 자유시장은 부자들에게만 사적 치안 서비스를 전달하고 빈자들은 보호하지 않는다. (그리고 솔직히 말하면, 규제에서는 제외한다.) 치안이 가장 좋은 '곳은 치안이 가장 필요하지 않은 곳이고, 가장 형편없는 곳은 가장 필요한 곳이다'(Bayley and Shearing 1996: 595). 시어링이 볼 때 시장의 심성은 보안 면에서 심원한 불평등을 유발하고, 그가 친애하는 남아공에서 특히 그렇다. 하지만 그것은 우리의 감성 전부를 식민화한 세계적 심성이다. 이로부터 그가 도달한 결론은, 이들 감성을 대상으로 작업하고 전환적인 방식으로 활용할 길을 찾는 것 이외에 대안이 없다는 것이다. 시어링은 유토피아적 몽상가가 아니라 푸코적 책사인 것이다.

---

3 하이에크와 시어링은 심지어 설명적 이론에서 양적 자료의 한계에 관해서도 비슷한 입장을 공유한다: '내가 관심을 가졌던 부류의 지식은 그 본성상 통계학에 들어갈 수 없고 따라서 통계적 형태로 어떠한 중앙적 권위에도 전달될 수 없다'(Hayek 1949: 83). '상당수의 수리경제학과 연립방정식 같은 접근은 모두, 인민의 지식이 실제로 상황의 객관적 사실과 일치한다는 추정에서 출발하는데, 이런 식의 접근은 우리가 주되게 설명하고자 하는 것을 체계적으로 누락한다'(Hayek 1949: 91).

4 다른 식으로 말하면, 시어링은 중앙 계획자가 가용한 지식의 한계에 관한 하이에크의 설명적 이론은 취하지만, 이 기초 위에 하이에크가 세운 규범적 경제 이론은 기각한다.

> 이상적인 세계에서는 신자유주의 담론의 용어 내부에서 작업하는 것이 적절하지 않을 수 있다는 점, 더 급진적인 비판이 적절할 수 있다는 점을 나는 잘 알고 있다. 그럼에도 나는 이것이 전략적으로 현 시점에 할 수 있는 가장 유용한 일이라고 확신한다. 그렇다고 해서 다른 시점에도 불평등의 원천인 시장 심성에 직접 도전하는 일이 가능하지 않을 것이라는 뜻은 아니다. 그러나 현 시점에서는 아니다(Shearing 1995: 83).

이 논문이 제시한 분석의 함의는, 시어링의 판단이 옳다는 것이다. 그렇다면 무엇을 할 것인가? 남아공의 맥락에서 시어링의 전략은 유관한 세 구성 요소로 이루어진다.

> 첫째, 흑인들에게 구매력을 부여할 수 있는 방식으로 세수 통제가 재배치되게끔 국가에 개입하라. 둘째, 스스로의 보안을 통제할 능력을 갖춘 힘 있는 고객으로 흑인들의 지위를 확립하라. 셋째, 이상을 하되 현 남아공 정치 풍토에서 통용될 방식으로 하라(Shearing 1995: 83).

시장과 공동체에 권한을 부여하라는 심성의 정점에 있는 발상은 경찰 예산 대신 치안 예산이 있어야 한다는 것, 법원 예산 대신 공동체화된 회복적 정의에 여지를 주는 분쟁 예산이 있어야 한다는 것이다(Bayley and Shearing 1996도 참고하라). 남아공에서 이를 가능케 한다는 것은 치안에 대한 중앙집중적인 국가 통제의 법적 틀을 깨뜨린다는 것이었다.

> 우리는 헌법 초안을 작성한 다당제적 포럼을 설득하여 보안의 공급과 경찰의 공급을 구별하는 법적 틀을 수용케 하였다. 그 결과 보안 예산 중 적어도 일부를 지방정부 수준에 교부할 수 있는 법을 제정할 권능을 새 입법부에 부여하는 조항이 헌법에 삽입되었다(Shearing 1995: 84).

그런 다음 시어링은 스웨덴의 대외원조를 활용하여 남아공에 공동체평화재단을 설립하였는데, 이 재단은 지역민들을 고용하고 지역 비정부기구들 및 공동체들과 협력하여 안전위원회들을 설립하였다. 이들 안전위원회는 특정한 종류의 범죄가 각자의 공동체에서 만연한 이유에 관한 나름의 국지적 이론을 발전시키고 그에 대응하는 예방 계획을 설계하고 있다. 하이에크적인 국지적 지식과 국지적 질서 세우기인 셈이다. 평화회의체나 회복적 정의 회의체는 시민 안전에 대한 반복적 위협을 예방하는 국지적 계획 수립에 동기를 부여하는 계기가 되곤 한다.

다음 단계는 보안 예산을 실질적으로 구조조정하도록 로비하여 안전위원회들이 치안과 평화조성기금에 입찰할 수 있게 하는 것이다. 그 이후 단계는 '이들 계획을 광역 지방자치단체 계획의 일부로 합치는 길을 찾는' 것이다(Shearing 1995: 86). 남아공 법무부 장관은, 1996년 7월 28일 〈선데이 타임즈〉에 기고한 "우리 인민 모두를 정의로 이끄는 일"이라는 제목의 기사에서, 공동체평화재단의 강력적 실천에 대한 지지를 공개적으로 표명하였다. 공동체평화재단의 작업은 케이프타운 경찰, 지방정부와 중앙정부의 지원을 받는다. 공동체평화재단 전략의 아르헨티나 판본은 이미 실시 중이다.

필립 스테닝Philip Stenning은 토론토 시의회에 제출할 보고서를 준비했는데(시의회는 이를 승인하였다), 그 내용인즉 시의회에 책임을 지는 시민이사회가 할당하는 치안 예산을 두고 주택단지 안전위원회 및 다른 시민사회 기관들이 토론토 경찰과 경쟁하는 일을 가능케 함으로써 치안의 다원화를 요구하는 것이었다. 멀건(Mulgan 1993)은 영국의 맥락에서 크로퍼드(Crawford 1997: 311)가 사려 깊게 비판한 바 있는 '경쟁 입찰의 민주적 판본'을 발전시키기도 하였다. 이 글을 집필하는 시점에 경찰 예산과 대립하는 치안 예산은 북아일랜드에서도 논의의 대상이 되고 있다.

케인스주의적 미덕을 되찾기

스테닝과 시어링이 발전시킨 보안 예산 착상에 담긴 역설은, 보안 문제를 해결하려면 건실한 세입에 대한 중앙집중적 통제, 하이에크적이라기보다 케인스적 예산이 필요하다는 점이다. 궁극적으로는 강력한 국가가 분명히 필요하다. 규제적 공간에 대한 시어링의 작업(1993)은, 시민사회에 위임된 자기규제를 국가가 간접적으로 통제하는 식의 규제관이 위험하다는 점을 분명히 보여준다.

> 조정과 국가 감독 체계보다는 대화와 경합이 공익에 더 잘 복무하는 것 같다고들 한다. 공익을 국가가 권위주의적으로 결정하기보다 경합에 의해 정하는 관점은, 예컨대 국가의 공익관을 완전히 거부하고 약화시키는 그린피스식 행위를 정당화할 수 있다(Grabosky et al. 1993: 7).

이 정도는 동의가 된다. 다채로운 민주주의는 국가와 국제사회, 기업과 비정부기구 같은 서로 다른 요소들 모두가 상호 규제하는 민주주의다. 그러나 제대로 된 선거 절차가 제공할 수 있는 특별한 정당화를 보유한 궁극적 관리 감독을 어떤 식으로든 특권화하는 일을 피할 도리는 없다. 이런 특권화는 세금으로 조성한 자금의 할당 및 폭력의 사용에 대한 책무성의 견지에서 특히 중요하다. 드물기는 하지만 최악의 경우에는, 사람들을 강제로 저지하고, 의사에 반해서 가두며, 심지어 발포할 필요가 있다. 이들 권력은 아주 위험해서 이들을 두어야 마땅한 유일한 장소는 최대한의 견제와 균형으로 둘러싸인 장소들이다. 공화주의 전통은 정도의 차이는 있지만 국가폭력과 강제적 국가 과세제도들 주위에 견제와 균형의 장치들을 세웠다.

공공 경찰이 단적으로 더 효율적이고 온당하게 제공할 치안 기능이 꽤 있다는 점 역시 의심의 여지가 없다. 토론토-케이프타운 같은 중심지

너머로 영향력을 넓혀 가는 시어링과 스테닝, 둡Doob과 베일리Bayley, 니나Nina와 느드로부Ndlovu의 연구 의제의 강점은, 이상의 내용을 인정하면서도 시장이나 공동체가 공적으로 더 잘 공급하는 것에 관한 경험적 발의 계획에 착수한다는 점이다.

회복적 정의는 이를 뒷받침하는 복지국가가 그곳에 없을 때 좌초한다. 만약 회복적 정의 회의체와 소년 범죄자가 마약 재활 프로그램에 전념해야 한다는 것에 동의하는데도, 프로그램에 쓸 기금이 해당 시점과 장소에서 가용하지 않다면, 회복적 정의는 실패할 공산이 크다. 호주와 뉴질랜드에서 회복적 정의가 실제로 실패하곤 하는 것은 바로 이러한 이유 때문이다. 폴크(Ken Polk 1994)의 작업은, 학교에서 직업으로 이행하는 경로를 마련하는, 그의 용어로는 '발달적 제도들'이 중요하다는 점에 대한 불후의 증언이다. 1960년대 미국에서 벌어진 빈곤과의 전쟁은 이런 제도들을 건설하는 방법을 막 발견하기 시작한 시점에, 케인스주의 국가의 종언으로 말미암아 희생당했다. 1990년대 초 키팅의 노동당 정부가 일자리 협약이라는 노동시장 프로그램을 통해 이 연구 개발 프로그램을 막 재개하기 시작한 시점에, 존 하워드의 더 하이에크적인 정부는 이 프로그램을 일소해 버렸다.

범죄학자들은 일자리 협약에 찬성하는 로비 활동을 벌였는데, 그 근거는 이 협약이 범죄를 감소시킬 가망이 높다는 것이었다(Braithwaite and Chappell 1994). 실업과 불평등 수준이 범죄율 면에서 아무런 차이도 유발하지 않는다는 증거가 있다는 광범위한 믿음만큼 케인스주의 국가에 대한 범죄학자들의 환멸을 잘 포착하는 것은 없다. 그러나 많은 학자가 오랫동안 주장한 바, 사실 증거는 이 믿음과 일치하지 않는다(Braithwaite 1979). 경제가 개선되면, 단기적으로 기회는 증가하고 인신과 재산에 대한 방비는 감소하여 범죄가 늘어나는 동시에 불법적인 취업 기회가 합법적 기회로 대체됨에 따라 범죄가 줄어든다(Cantor and Land 1985; Kapuscinski et al. 1998). 이 단기적 효과는 장기 실업의 장기적 효과에 비하면 사소한데, 장기 실업 속에서 세대를 막론하고 참으로 불우한 사람들이 여러 해 동안 희망 없이 방치되어 자기 자신의 미래를, 그러나 더 중요하게는 (Weatherburn and Lind 2000) 자기 자녀들의 미래를 포기한다. 우리가 여기에서 되찾을 만한 케인스주의 국가의 요소는 장기 실업을 제거할 수 있는 국가다. 키팅 정부의 결론처럼, 모든 장기 실업자를 대상으로 공적 자금이 투여된(또는 보조금이 투여된) 일자리나 훈련장을 제공하는 일에 자금을 지원하는 것은 수지타산이 맞는 일인데, 범죄 및 마약 남용과 싸우는 데 도움이 된다는 점이 그 이유 중 하나다. 장기 실업자들이 이 프로그램을 마친 후, 만일 그들이 장기 실업 상태로 되돌아간다면, 공적자금이 투여된 고용을 즉각 다시 제공받아야 한다. 장기 실업은 선진 경제에서 제거될 수 있다. 하이에크 전통에 과도하게 매혹당한 범죄학자들은 그 이유를 설명하는 데 무능을 노정했다.

따라서 강한 국가가 필요한 이유는 다음과 같다. (1) 시민사회의 회복적 정의 프로그램에 복지 서비스를 제공하기 위해서, (2) 장기 실업을 제거하기 위해서, (3) 경합 가능한 안전과 분쟁 예산에 자금을 지원하기 위해서, (4) 마지막으로 국가 경찰과 법정이 시장이나 공동체보다 더 효율적이고 더 권리를 존중하는 방식으로 작동할 수 있는 곳에서 그들이 존속할 수 있게 자금을 지원하기 위해서이다. 요컨대 노 젓는 역량과 키 잡는 역량이 공히 취약한 고전 자유주의 이론의 야경국가 심성으로 돌아가는 것은 호소력이 없다. 스스로 노를 젓는 데에는 강하지만 시민사회의 키를 잡는 데에는 취약한 국가의 케인스주의 일변도의 심성으로 돌아가는 것도 호소력이 약하다. 키 잡는 일은 다 하지만 노 젓는 일은 다 시장과 시민사회에 내맡기는 신규제국가의 호소력도 제한적이다. 우리가 바랄 만한 국가는, 이 부문에 특화된 케인스주의적 방식으로 노 젓는 일과 키 잡는 일에 강한 국가, 그리고 이때 노 젓는 일과 키 잡는 일 모두에 마찬가지로 강한 시민사회의 강한 시장 및 공동체와 결합된 국가다.

박식한 신규제 학자가 되기 위해 분과들을 섭렵하기

어떤 농담에 따르면 한 경제학자가 지난 두 번의 불황 중에서 여섯 번을 성공적으로 예측했다고 한다. 경제학은 조지 소로스(1994)가 《금융의 연금술》에서 분명하게 설명한 이유들 때문에 예측력이 제한적인 학문이다. 국지적 시장들이 작동하는 방식에 관한 진리를 어떤 이론이 성공적으로 공식화할 때마다, 가장 맥락적으로 풍부하고 시간적으로 국지적인 지식을 보유한 현지인들은 참된 이론을 그릇된 이론으로 전환시키기 위해 행동할 것이다. 만일 이론이 특정 상황이 발생할 때 시장이 부양될 것이라고 말한다면, 사정을 잘 아는 이들은 그런 상황이 막 발생하려는 찰나를 포착할 수 있을 때 사고 상황이 발생한 다음에 파는데, 그렇게 이론의 효과가 그 원인에 선행하게 된다(그리고 예측한 가격 상승이라기보다 가격 하락이 원인을 뒤따른다). 소로스에 따르면 경제 이론은 반드시 재귀적이어야 한다. 그 대상이 물리학의 대상과 같지 않기 때문인데, 경제 이론의 대상인 생각하는 행위자는 이론을 대상으로 만드는 주체성을 발휘할 수 있는 능력이 있다.

내가 제안하고 싶은 것은, 시어링의 작업에서 예증되고 제이피모건의 리스크메트릭스 및 바젤위원회의 규제적 심의 같은 현상에 적용된 규제 제도를 연구하는 식으로 접근하는 것이 불황 방지법을 이해하는 데 신고전파경제학보다 더 유용할 수 있다는 점이다. 내가 1983년부터 1987년까지 4년간 경제계획자문위원회 일원일 당시, 호크 수상과 키팅 재무장관은 자신들이 무슨 이유로 달러에 대한 변동환율제를 채택해야 했고, 금융부문을 탈규제해야 했으며, 콴타스 항공사를 사유화해야 했는지, 결국에는 우리 생애 가장 높은 실업률을 기록한 '우리가 겪어야만 했던 불황'을 선사해야 했는지 우리에게 설명했다. 그 탁자를 둘러싸고, 밀려나는 중이던 케인스와 하이에크적 탈규제 사이의 경합이 맹렬히 계속되었다. 돌이켜보면 우리가 토의했어야 하는 의제는 케인스적 경기 부양책이 더는 작동하지 않는 새로운 종류의 세계에 맞는 규제적 설계의 기초 요소였다.

그 시절 나는 4년간의 월 1회 종일 회의 동안 정책이 범죄에 미치는 효과를 정책 변경의 이유로 거론한 사람이 아무도 없었다는 점도 말하고는 했다. 당시에는 그런 발언이 내 전공의 제한된 중요성을 분별 있게 판단한 것으로 보였다. 하지만 1990년대 초반에 내가 확신하게 된 것은 우리가 장기 실업을 폐지할 수 있다는 점이었다. 그리고 실행에 드는 현저한 경제적 비용에도 불구하고 일자리 협약이 건전한 경제 정책인 이유에는 범죄 및 마약 남용에 미치는 장기적 효과가 중요한 몫을 한다는 점이었다.

경제학이라는 분과 학문은 후자의 논증을 이해할 수 없다. 실업과 범죄에 관한 경제학의 모델은 고용의 비용 및 편익을 기준으로 범죄의 비용 및 편익을 평가할 뿐이기 때문이다. 실업의 의기소침이 희망을 잃어버린 성인들의 사납고 무정한 육아라는 매개를 통해 어떤 식으로 실업자 자녀들의 삶을 망치는가 하는 진짜 본론을 그들은 파악하지 못한다(Weatherburn and Lind 2000). 경제적 행실에 동기가 부여되는 방식과 관련하여 심리학 분과가 발견한 경험적 증거를 경제학의 미시적 기초가 세심하게 들여다봤다면, 경제학은 개혁 가능했을지도 모른다. 그러나 그런 감수성이 대체로 부재할 뿐만 아니라, 이 문제를 직면하는 데 관심을 가진 심리학자들도 대체로 없다.

우리가 신규제국가의 제도들에 대한 훌륭한 학자가 되려면, 경제학과 심리학 같은 분과뿐만 아니라, 앞서 활용한 바 있는 사회학, 범죄학, 정치학 같은 분과의 분석적 강점과 경험적 계발점 역시 활용할 능력을 갖출 필요가 있다. 또한 도덕철학 분과에서 연원한 규범적 이론을 우리의 분석적 이론과 통합시킬 필요도 있다(Braithwaite, 2000). 그렇게 하지 않는다면 우리는, 존재하지 않거나 존재할 수 없는 가능세계들과 관련된 작업을 도덕철학자들이 수행하는 세계에 계속 살게 될 것이다. 그리고 저지와 무력화 같은 주제를 다루는 설명적 이론들은 도덕적으로 수용 가능한 어떤 정책 기획에도 쓸모가 없는 자료들을 계속 생산하게 될 것이다. 파커(Parker 1999: 6)가 규범적 이론과 설명적 이론 사이의 '반복적 조정'이라고 부른 것이 없다면 사회과학은 불모가 되기 십상이다.

신규제가 다루는 위험이 세계적인 경우가 매우 잦다는 점을 감안한다면, 우리는 국제관계 분과에서도 배워야 마땅하다. 이때 우리는, 국가가 중요한 행위자이고, 단일한 행위자로 이해할 수 있는 행위자라는 국제관계 이론가들의 뿌리 깊은 추정들을 피할 수 있다는 희망을 가질 수 있다. 이들 분과 모두는 젊은 정신들을 근시안적인 방법론적 성향 및 사고 회로로 규율하는 이런 류의 추정으로 고통받고 있다.

진전의 열쇠는, 세계의 새로운 현실들에 즉각 반응을 보이는 방식으로 분과들을 섭렵하면서도, 이 현실들이 변동하면 (케인스주의처럼) 희미해지는 새로운 패러다임들을 계속 구축하는 것이다. 사회과학의 분과적 구조는 사회과학의 가장 큰 문제다. 범죄학의 인기가 전성기를 구가함에 따라 범죄학은 이 문제의 일부가 되었다. 그 해법의 일부는, 케이프타운의 공동체평화재단에서 이루어진 작업, 그리고 도덕적 기반 위에서 신규제국가에 대한 이해를 촉진하려는 토론토대학교 범죄학자들의 작업에 있는 것 같다. 말년의 푸코처럼 그들은 자유주의 통치성이 중대한 주제라는 점을 발견하였다. 하이에크처럼 그들은 공공정책에서 관건이 되는 문제는 국지적 지식의 질서 세우기라는 점을 발견하였다. 그들의 방법이 보유한 경험적 정확성은 푸코에게 부족한 것이고, 경험적 이론과 규범적 이론의 반복적 조정에 기초를 둔 실천은 하이에크에게 부족한 것이다. 내가 푸코주의자나 하이에크주의자, 실증경제학자보다 신규제국가 학자들이 더 중요한 방식으로 사회과학을 진전시킬 것이라는 희망을 품는 까닭이 이것이다.

4장

오리엔탈리즘과 옥시덴탈리즘, 그리고 범죄사회학

Orientalism, Occidentalism, and the Sociology of Crime

모린 케인

비서구라고 스스로를 규정하는 사회에서 범죄학 강의가 어려운 이유는 자료가 부족할 뿐 아니라 그 자료들을 이해하기 위한 이론이 부족하기 때문이다. 이러한 어려움은 지속되는 두 가지 문제에서 찾아볼 수 있다. 더 친숙한 문제는 1978년 에드워드 사이드가 지대한 공헌을 한 개념인 **오리엔탈리즘orientalism**이다. 간략히 말하자면, 이 개념은 보통 낭만화되어 있기는 하나 잘 모르고 다루기 까다로운 '타자'에 대한 담론적 구성을 포함한다. (자유주의자들에게는) 사랑스러운 특성일수도 있는 이러한 점 때문에 세계가 그들의 적절한 위치를 찾고 받아들이기 위해서는 '우리'의 지도와 조언이 필요하다. 최근에 이 개념은 보통 규제받지 않는 지구화된 시장에서 상대적으로 종속적인 위치를 의미한다. 여기서 지구화된 시장은 효율적으로 기능하기 위해 생산과 교환과 관련한 모든 영역에서의 장기적 질서, 예측성 및 부의 보장을 필요로 한다.

트리니다드 토바고와 카리브해의 서구 학제뿐 아니라 국제 간접 통치[1]에서 더욱 문제시되는 것은 옥시덴탈리즘이다. 오리엔탈리즘과 상반되는 옥시덴탈리즘은 핵심적인 문화적 범주 및 관습, 제도의 '동일성'을 가정한다. 이로 인해 지속적으로 문제를 오진하거나 간혹 희소 자원을 잘못

1 이 글에서 이 단어는 IMF와 같은 조건부 지원에서부터 ODA/DFID와 같은 Good Governance 프로그램까지 포함하는 국제 원조 협약의 모든 범위를 포함한다.

배분하는 일이 발생한다. 더구나 이전의 오리엔탈리즘과 같이 옥시덴탈리즘 또한 이 담론을 통해 현상을 설명하기 위한 목적으로 수입되었기에, 두 담론 모두 헤게모니적 경향을 가진다. 두 담론 모두가 현대 범죄학의 광범위한 주제에 걸쳐 발견된다는 사실이 우려스럽다.

그러므로 이 장에서 나는 먼저 범죄학 내 오리엔탈리즘의 한 가지 예를 제시한 후, 카리브해의 담론 및 관습의 맥락에서 옥시덴탈리즘 범죄학의 예들을 제시하겠다. 다음으로 카리브해 여성들의 안전에 관한 간략한 논의를 통해 이 두 궤변에서 탈피해야 실천과 이해를 향상시킬 수 있음을 주장할 것이다. 결론적으로 나는 다국적 작업에서의 '비교'보다 더 적절하면서도, 역설적으로 이론적이며, 실제적으로 더 유용한 추상화를 가능케 하는 의제를 제안한다. 이 책의 독자들에게 많은 예시들이 생소할 수 있기 때문에 논점을 따라가는 여정이 다소 험난할 수도 있다. 그러나 후반부 여성과 관련한 영역에 도달하면서 그 여정이 보람되게 느껴질 것이라고 믿는다.

오리엔탈리즘

스미스(Smith 1956) 이후, 카리브해에서의 가족 형성이 문제적이라고 보는 관점은 탈식민화 운동과 저개발 이론이 게으른 토착민 담론에 대한 이데올로기적 기초를 제공하는 것이라는 비판에 직면하였고(Frank 1967; Said 1978), 베스트(Best 1968)와 벡포드(Beckford 1972) 또한 카리브해 정치경제에 대한 전통적 분석과 마르크스주의 분석에 도전하였다. 이후 이 지역은 오리엔탈리스트들의 헤게모니적 경향에 저항할 수 있는 장치를 갖추게 되었다. 내가 보기에 오늘날 서양은 오리엔탈리즘에 의해 스스로 고통받고 있는데, 이는 급성장하고 있는 비공식적 정의와 관련하여 보다 분명하게 드러난다. 이에 대해 설명하겠다.

비공식적 정의는 1973년 댄지그가 미국에 이를 소개하고 1977년 닐스 크리스티가 영국에서 '절도'와 공식적 판결 절차에 관한 전문가들의 논쟁에 대해 다룬 이후 계속 학술적이면서도 정치적인 의제였다(Danzig 1973; Christie 1977). 초기의 열광적 붐이 지나고 브레이스웨이트에 의해 진보적인 의제의 일부로 복귀되기 전까지(Braithwaite 1989; Braithwaite & Mugford 1994) 이 기획은 좌파로부터 다양한 비판을 받았다(Cain 1985, 1989 참조). 오늘날 선호되는 형식인 중재는 절도 및 형사 배상 사례에서와 마찬가지로 이혼이나 가족 분쟁에서도 바람직한 것으로 간주되며, 또한 이웃 간의 분쟁 시에도 선호되는 절차이다(Dignan et al. 1996). 중재가 더 약자인 집단(이혼 절차 및 가정 분쟁 사건에서의 여성, 피해자-가해자 중재 회기에서의 아동과 여성)을 배제시킨다는 페미니즘의 논거들에도 불구하고(Fineman 1988; Schneider 1994: 45; Cobb 1997), 영국 실무자들의 중재에 대한 열망은 수그러들지 않는 것으로 보인다. 그 예로 웨스트 미들랜드에서는 이에 대한 6개의 피해자/가해자 도식이 확인되었다.[2] 오리엔탈리즘은 이와 어떤 관련이 있을까? 그 질문에 답하기 위해서는 비공식주의의 이상향에 대한 초기 계보를 고려할 필요가 있다. 크리스티는 형사사법 체계의 작동에 대해 탄자니아 '아루샤 지방의 햇살이 가득한 언덕'에서 '서커스, 드라마… 재판'이 이루어지는, 사람들로 가득찬 집을 상상해보도록 권유하였다(p. 2). 이는 스칸디나비아와 영국의 법원에서 이루어지는 재판과 비교되는 모습이다. 서구 모델이 아쉽게도 부족한 것으로 판명되면서 탄자니아 또는 '제3세계' 모델이 이를 대체할 만한 것으로 제안되었다. 이 모델은 피해자와 범죄자가 서로의 이익과 지역 공동체의 이익을 대면하여 **그들 자신의 갈등**을 해결하도록 한다. 현재의 형사사법 체계에서 공동체와 피해자의 개입은 너무 적고, 전문가의 개입이 너무 크다는 점을 고려하여(p. 12), 크리스티는 탄자니아 모델이 서구의 정의가 노력해야 할

2 영국 버밍엄대학에서 박사 학위를 한 리스트라 하그제이Lystra HagJey가 이 정보를 제공해 주었다.

이상을 제공한다고 주장한다.

메리(Merry 1982)의 비판은 크리스티의 논의보다 미국 사회 내 형사사법 움직임에 더 초점을 두고 있으며, 이 역시 타당하다. **특히** 그녀는 산업화되지 않은 사회에서는 비공식 협약과 제재가 관련 권력 구조에 의해 뒷받침되기 때문에, 그리고 뒷받침될 때 더 효과적이라는 점을 지적한다. 이러한 동의를 합의에 의한 무형의 산물로만 보는 것은 (나쁜 사회학은 말할 것도 없이) 터무니없는 낭만화이다. 분쟁 당사자들은 분쟁 전후에 상호 의존적인 관계에 있으며, 중재자는 지역 사회에서 **친숙한** 영향력 있는 이들이다. 또한 당사자들은 강요에 순응하는 사람들로부터 정착하라는 강요를 받는다. 이러한 조건 중 어느 것도 서구 산업화된 도시에 적용되기는 쉽지 않다.

더구나 '불평등한 관계에서의 중재된 합의는 불평등하다'(Merry 1982: 32). 즉, 이러한 전략은 특정한 사회적 맥락에서만 작용하며, 심지어 그러한 맥락에서조차 모든 것이 낭만적이고 평등하며, 용서와 기쁨만이 존재하는 것은 아니다. 이러한 모델은 결함이 있으며, 상황적 맥락에 따라 다르다. 브레이스웨이트의 비공식적 합의 절차에서의 재통합적 수치 reintegrative shaming는 본래 완전히 대조적인 환경에서부터 유래되었다. 이는 사실 제약 산업에서 가해 회사와 개인을 다루는 방식으로 고안되었다(Braithwaite 1989). 그러나 소년 사법과 관련하여 최근 재구성된 그의 작업(Braithwaite & Mugford 1994)은 낭만주의로 회귀하였다. 그의 설명에 기술된 관행이나 '재통합 의식'은 뉴질랜드의 마오리 사회(주로 오클랜드)와 그 주변 파케하 지역에서 개발된 것인데, 백인 권위에 의한 재통합 의식의 '수입'은 '불완전함으로 가득했다'(p. 167). 호주에서 그 의식은 주로 하층 백인 청년들에게 적용된다. 10년 전 크리스티처럼, 브레이스웨이트와 머그포드는 새롭거나 백인 사회에 완벽하게 부합하지는 않더라도 비공식적인 과정을 통한 재통합적 수치를 위해 노력하는 것이 올바른 방향이라고 주장한다. 한 가지 짚어야 할 점은 가장 중요하거나 사랑하는 사람들의 영향 아래 있는 미성년 범죄자들의 권리와 보호에 관한 문제이다. 또 다른 문제는 저자들이 말하는 '부적절한 그물망 확장'이다(p. 167).

이에 대해 더 이야기해 보자. 더 최근의 모델은 이론적으로 더 견고한 뿌리를 두고 있으며, 이는 오리엔탈리즘이 가지는 낭만주의를 줄인다. 그러나 중재자로서 아동 친화적인 경찰관을 내세우고, 가해자가 주변인을 변호인단으로 선택하는 것은 맥락의 구조적 차이를 인식하는 것이기는 하지만(메리가 비판한 모델이 그렇지 않았던 것처럼), 담론적이고 문화적인 차이에 대한 인식이 부족하다. 다음 절에서 보겠지만, 연령과 젠더는 문화적 보편성을 가지고 있지 않다. 각각은 맥락적 의미를 가진 담론적 구성이다. 주어진 '사실'을 가지고 이식된 모델을 뒷받침하는 것은 위험하다.

그러므로 서양의 비공식적 정의 운동의 전통적 토대를 타자의 분쟁 해결 과정을 기반으로 하여 낭만적으로 재구성하는 것을 오리엔탈리즘이라 볼 수 있다. 이러한 한계는 이 모델이 생성된 사회에는 거의 해가 없어 보였을 테고,[3] 이를 집행할 권리가 거의 없는 사람들에 의해 이 모델이 수입된 사회에서는 더더욱 해가 없을 것이라고 여겨졌을 것이다.

옥시덴탈리즘 1 : 인생의 두 번째, 세 번째 시기

나는 최근 몇 년 동안 독자들이 보기에 세부적인 통계적 논거에 대한 피상적인 내용이라고 생각할 법한, 연령의 사회적 본질을 알기 위해 많은 노력을 하였다(Cain 1996, 1999). 나는 개인적인 일화로 이 글을 시작하려 한다.[4] 왜냐하면 나 자신을 이해시킬 다른 방법을 알지 못하기 때문이다.

3 이러한 모델의 이상화가 향후 개발을 억제하는 데 사용되지 않는 한에서.

4 트리니다드에서 내가 일부러 '민족학자처럼' 굴지 않았기 때문에 일어난 일화들. 나는 내 짧은 경험을 교사로서, 또 기금 모금자로서 내면에서 유용하게 쓰기 위한 노력이라고 해석했다. 그런 입장에서 나는 내 친구들을 텍스트로 객관화할 수 없었다. 그렇지만 어느 정도는 일화라고 할 수 있는, 내가 기억하는 몇 가지 이야기들이 있다.

지금으로부터 10여 년 전, 막 50세가 된 한 여성이 트리니다드섬 산비탈에 있는 주택으로 이사를 했다. 그 집은 그루터기에 모인 중산층 집 여섯 채 중 하나였다. 그 집들은 나이든 가난한 이들이 사는 언덕 아래쪽의 중하위 계층 마을과 희미한 오솔길을 통해 연결되면서 동시에 격리되어 있었다.

입주 몇 달이 지난 어느 날 한 16세 청년이 오솔길을 가로질러 와 그와 그의 여동생, 친구들이 함께하는 탁구 게임에 참여하지 않겠냐고 물었다. 그녀는 고맙지만 거절한다고 답하였다. 초대를 받아 기뻤지만 그들의 시합을 망치고 싶지 않았기 때문이다. 나중에 그녀의 아들(20대 초반)은 "내가 50세인데 누군가 탁구 시합을 같이하자고 한다면 정말 기분이 좋을 것이며, 이는 그들이 나를 재미있는 사람이라고 생각하고 있음을 뜻한다"고 말하였다.

몇 년이 지난 후 나는 내 반응과 내 아들의 반응이 모두 틀렸다는 것을 깨달았다. 나보다 훨씬 어리거나(한 여성은 26세였다.) 혹은 훨씬 나이가 많은(한 사람은 80대였다.) 사람이 교제나 우정을 청하는 경우가 매우 많았는데, 그제야 나는 그들의 호의를 받아들이는 좋은 자세를 배울 수 있었다.

요점은 나를 제외하고는 그 누구도 그 상황에서 나이를 특별하게 생각하지 않았다는 점이다. 그 사회는 연령으로 계층화되어 있지 않았다. 물론 어린이라고 불리는 광범위한 집단이 성인의 일, 특히 카니발과 관련하여 칼립소 텐트나 연극(성인용)에 참가할 수 없는 것을 제외하면 말이다. 다양한 연령과 가족 단위로 교제하는 이들도 있다. 길모퉁이의 남성 집단조차도 연령으로 계층화되어 있지 않았다. 물론 사람들은 나이와 나이듦에 대해 안다. 즉, 이들은 노인의 기술과 경험에 매우 큰 존경과 감사를 가지고 있으며, 술집이나 클럽에서는 '매끈한 피부'의 중산층 젊은이들을 위한 파티가 열리기도 한다. 그러나 후자의 행사는 10대가 아닌, 20대와 35세 미만을 위한 것이다.

마지막 범주에 속하는 10대는 사람들의 행동 방식에 어떠한 영향도 미치지 않는 것 같다.[5] 사람은 더이상 아이가 아닐 때까지 아이이다. 따라서 나는 나이가 문화를 초월하는 '무엇'이 아니라고 말하려 한다. 나이를 세는 방법은 상당히 광범위하며, 보편적으로 공유되지는 않는다. 심지어 나이를 세는 방식이 같은 한 사회 집단에서조차 각 연령 단계에 적합한 행동의 중요한 기준은 담론적으로 구성되며, 이는 사회적, 정치적 환경이 변화함에 따라 달라지고, 협상되며, 또 재협상된다. 결국 연령은 추상적인 이론 범주가 아니라 지역적이고 특수한 상식의 문제이다.

이러한 이유들 때문에, 이론적인 차원이라고 하더라도 연령과 범죄 사이의 관계를 문화적 보편성으로 간주하는 주장은 대단히 놀랍다. 더욱이 이러한 주장들은 심히 옥시덴탈리즘적인 담론의 표현으로 여겨져야 한다. 브레이스웨이트(1989: 45-6) 또한 재통합적 수치에 대한 논의에서 기초가 되는 '아는' 관계에 대해 정의하면서 이러한 주장을 하였고, 그보다 먼저 같은 가정을 공유한 다른 이들을 인용하였다.[6] 좀 더 최근에 베일리와 시어링(Bayley & Shearing 1996: 598)은 청년 남성들의 범죄 행위에 대해 이러한 확신을 표명하였다.

카리브해 지역에서 나이가 다르게 여겨진다는 점을 알게 되면, 연령과 범죄의 상관 역시 다르다는 점을 알게 되더라도 그리 놀라지 않을 것이다. 실제로 해리오트(Harriott 1996)의 연구에서는 최근 벌어진 카리브 지역 범죄에 대해 가장 잘 알려진 사실이 마약 밀매이며, 이는 성숙한 어른들의 지속적인 참여가 조직적으로 이루어지기 때문이라고 하였다. 카

5 모든 일반화는 예외를 생각해 보도록 유도한다. 나와 로안나 고폴Roanna Gopaul이 인터뷰한 토바고의 호텔리어들은 대경주 주말Great Race Weekend을 위해 섬으로 몰려드는 나이 든 아이들을 10대라고 불렀다.

6 존 브레이스웨이트는 이 장에서 매우 자주 인용된다. 이는 그의 연구가 중요하며, 학문적으로뿐만 아니라 현장에서도 영향력을 행사해 왔고, 내가 그 대부분을 읽었기 때문이다. 그러므로 나는 존경심을 담아 도전한다. 지식 내에서 비판받는 것은 무시당하는 것보다 낫다는 점을 알고 있기 때문이다.

리브해 지역에서 일어나는 가정폭력, 횡령, 사기와 같은 성인의 전형적인 범죄는 다른 곳과 마찬가지로 공식 통계에 등록된 정도보다 훨씬 더 만연해 있다.[7]

이 모든 것이 말하듯이, 서로 다른 세 개의 사회에서 탐구된 전형적인 범죄와 범죄자에 관한 통계는 카리브해 범죄자들의 연령 프로파일이 '서양'과는 다르다는 점을 보여준다. 1981년 존스는 영국과 웨일즈에서 범죄율(1천 명당 비율)은 16-20세 미만 집단에서 가장 높았고, 10-16세 미만이 그 뒤를 이었지만, 가이아나의 16-20세 집단과 20-30세 집단의 범죄율은 이보다 훨씬 낮다고 지적했다(Jones 1981: 39, 표 3.9).

케인(1996)은 트리니다드 토바고에서 보호관찰소에 수용된 이들의 사건에 대한 미가공 데이터를 작업할 기회를 갖게 되었다. '청소년 범죄 및 청년 범죄 증가에 대한 광범위한 우려(모럴 패닉으로 알려진)에도 불구하고(Sampson 1994), 청소년 사건은 모든 기소 사건의 5퍼센트에 머물렀고, 중범죄 범주 기소 사건의 1.9퍼센트에 불과하였다(ibid, p. 100). 이에 대한 한 가지 타당한 설명은 범행의 연령 프로파일이 다르다는 것이다. 또 다른 설명은 당국이 청소년 범죄자들에게 주의를 기울이지 않는다는 것이다. 두 설명 모두 나이가 다르게 구성될 때 연령과 관계된 사회적 행동 또한 다르다는 이 절의 핵심적 주장을 지지한다.

브레이스웨이트(1996)는 이 가설을 가장 설득력 있게 뒷받침하는 자료를 제공하였다. 그는 1993년 바베이도스에서 형을 선고받은 이들에 대한 경찰 자료를 분석하여 최연소 연령 집단이 14세에서 19세 사이임을

7 트리니다드 토바고에서는 1988년과 1997년 사이 10년간(이용 가능한 가장 최근의 통계), 특히 1988년과 1993년을 정점으로, 강력범죄율이 요동쳤다. 그러나 대인 범죄의 경우, 1988년 979건에서 1997년 1,606건으로 뚜렷이 증가하는 추세를 보였다. 이러한 증가는 대부분 불법적 성행위와 관련한 지식(아마도 신고 의지가 높아진 점이 큰 부분을 차지할 것이다)과 자살 시도 등을 포함하는 '그 외 대인 범죄' 범주에 의해 설명된다. 반면, '사소한 범죄' 표에 모여 있는 '횡령, 허위사실 유포, 개조, 2천 달러 미만의 주택침입절도' 범주는 지난 10년간 꾸준히 감소세를 보였다(Annual Statistical Digest 1997, 표 46, p. 45. 검증되지 않은 출판 전 데이터).

밝혔다. 이 범주에 속하는 청소년들은 형을 선고받은 이들의 9.4퍼센트를 차지했다. 더구나 영국 범죄자가 보통 '범죄로부터 탈피한다'(West 1982)는 25세 **이상**의 경우 형을 선고받은 이들의 70퍼센트를 차지하였다. 영국에서보다 재범이나 장기간의 재수감이 많다고 하더라도, 이 논거는 적어도 남부 카리브해의 전형적 범죄는 어른의 문제이며, 아이의 행동이 아니라 성인 범행의 양상이라는 사실을 지지한다. 청년의 '범행'은 비교적 드물게 일어나거나(내가 선호하는 쪽) 혹은 형사사법과 복지 당국이 기록을 하지 않는 것이다. 후자의 설명은 모럴 패닉이 이미 퍼져 있다고 언급된 상황에서는 덜 그럴듯하다. 모럴 패닉은 기록 건수를 낮추기보다는 올리기 때문이다.[8]

그렇다면 카리브 지역이 '우리'와 '진짜' 같은지를 증명하기 위해 애쓰기보다는 차이를 인정하는 것이 나을 것이며, 이를 낭만화하고 오리엔탈화하거나 옥시덴탈리즘 이론으로 평평하게 만들지 않아야 할 것이다. 청년의 범행이 인간 발달의 생물학적 주기에 의해서라기보다는 오히려 그 범죄가 발생하는 사회에 의해 담론적, 구조적으로 구성된다는 점을 알게 된다면(Brown 1998; Carlen 1996) 근거 없는 낙인으로 인해 카리브해 젊은이들이 해를 입는 것을 피할 수 있다. 더 넓은 범위의 다양성이 탐색될 때, 연령 담론과 범죄성 간의 상관에 대한 추상화가 모든 관련자들에게 이로운 방식으로 개선될 수 있다.

---

8 1994년 트리니다드 토바고에서는 '청소년 비행과 범죄'에 대해 보고하는 샘프슨 위원회가 설립되었다. 위원회의 자체 조사 결과, 청소년들이 문제가 아니라 오히려 구조적 조정 프로그램과 그로 인한 경제적 양극화의 결과로 대인관계 폭력이 증가했다고 지적되었음에도 불구하고, 단지 이러한 모럴 패닉으로 인해 설립된 것이었다.

옥시덴탈리즘 2 : 피해와 빈곤

미국과 영국의 범죄 조사 결과에 따르면 저소득층 사람들이 부유한 시민들보다 범죄 피해를 입을 가능성이 높다. 레아와 영의 《이루어져야 할 것》*What to be Done*(1984) 이후, 가난한 사람들이 범죄를 포함한 모든 사회악으로부터 가장 많이 고통받는다는 논거에 따라 범죄 통제에 관한 모든 정치적 프로그램이 실시되었다. 범죄는 더이상 부자들에 대한 가난한 이들의 복수라고 볼 수 없게 되었다. 오히려 우리는 이를 집단적 힘을 빼앗긴 이들의 집합적 자기 학대로 보아야 한다.

서구의 범죄 피해 조사로부터 드러난 이러한 사실은 새로운 옥시덴탈리즘을 낳았다. 클레그와 웨튼(Clegg & Whetton 1999: 3)이 밝힌 바와 같이, 국제개발부가 발간한 백서(DFID 1998)는 "빈곤층과 취약 계층이 범죄와 비효과적인 치안으로 인해 더 많이 고통받고 있다는 인식을 반영한다." 적절한 치안과 관련하여 가난한 여성과 어린이('취약계층')를 '이해관계자'로 구성하고 결과적으로 제안된 정책 기획으로 이들을 상담하려는 움직임(ibid, p. 4)은 환영받아야 하지만, '치안 및 범죄, 빈곤, 발달'(ibid, p. 5) 간의 관계는 보편적인 것이 아니며, 오히려 오진되었을 수도 있다. 실제로 트리니다드 토바고와 브라질의 자료(Birju 1998)는 매우 다른 피해 양상을 시사한다. 범죄적 약탈과 폭력에 대한 가난한 이들의 취약성은 덜 발달된 세계에서 새로운 치안 레짐을 모델링하고 구축하기 위해서는 불안정한 토대라고 판명된다.

직접적인 범죄 피해 경험은 트리니다드 토바고에서는 흔한 일이므로 옥시덴탈리즘 이론은 청소년과 청년의 범죄 사례보다 더 신뢰도가 떨어진다.[9] 반면 상당한 금액을 후원받는 측의 주장은 반대측의 주장을 뒷받침할 만한 지역사회의 권위가 부여된 데이터가 제공되지 않는 한 꽤 그

9 비르주의 조사 결과는 영국이나 미국에서 보고된 것보다 훨씬 더 높은 범죄 피해율을 보고하며, 사회 계층에 의한 피해의 분포 또한 근본적으로 다르다는 점을 보여준다.

럴듯해 보이기도 한다. 분명한 것은 가난한 이들이 범죄 피해에 더 취약하다는 점이 빈곤 계층에 대한 치안력 강화를 정당화하고 합법화하는 데 이용되고 있다는 사실이다. 이 맥락에서 옥시덴탈리즘의 전제를 점검할 필요가 있다.

비르주는 트리니다드의 다민족 및 다계층 지역에서 1992년부터 1994년 사이에 발생한 범죄 피해를 조사하였다(Birju 1998). 피해와 빈곤의 관계는 매우 간략하게 제시될 수 있다. 계급에 대한 통계는 비르주가 말하는 '삶의 질'에 근거한다. 즉 1인 혹은 그 이상의 성인 구성원의 소득이나 직업적 지위가 아닌 가구원당 평균소득을 다루었다. 주요 결과(p. 238, 표 7.1)는 '최저평균소득층이 중간소득층 또는 상위소득층보다 상당히 **적은** 피해를 받는다'는 것이다. 이는 "제1세계"에서 발견되는 [상관]과는 정반대이다. 중간평균소득층의 93.7퍼센트와 상위평균소득층의 87.1퍼센트(n=299)와 비교하여, 최저평균소득층은 62퍼센트가 지난 12개월 동안 적어도 한 번 또는 그 이상 범죄 피해를 입었다. 이러한 양상은 재산 범죄(가구 기준)와 모든 대인 범죄(p. 240)를 별도로 분석했을시에도 마찬가지였으며, 더 놀랍게도 상위 평균소득층이 중간 또는 하위 평균소득층보다 성범죄에 더 취약했다.[10]

비르주가 그러했듯이, 나 역시 이 차이점에 대해 기술을 넘어서는 설명이 어렵다고 생각한다. 그러나 설명해야만 할 것은 '차이'가 아니다. 그것은 '우리'의 정상성과 '그들'의 이상성을 암시하며, 오리엔탈리즘은 또다시, 옥시덴탈리즘을 부정하는 동전의 양면이 된다. 차이를 식별(구축)하는 추상화가 공식화될 수 있도록 이론적으로 타당한 다른 양상을 보여주는 다양한 연구들이 필요하며, 그럼으로써 각각의 구체적인 상황을 조명할 수 있을 것이다. 그러나 우리가 가진 것은 옥시덴탈리즘이며, 서양

10 저자 자신이 이 자료를 전부 출판하기를 원했기 때문에 여기 자세히 제시한다. 그의 논문 238, 238, 240 및 242쪽의 표 7.1, 7.2, 7.3, 7.5에 데이터가 제시되어 있으며, 각각 0.05 수준으로 통계적으로 유의했다.

의 피해 양상을 일반화한 부적절한 가정에 기반을 둔 지역사회 치안 모델을 수출한다. 치안의 확대는 실질적으로 전달되는 것이 무엇인지를 고려하여야 한다. 잘못된 가정에 의해 정당화된 치안의 확장 및 결함 있는 분석의 잠재적 결과에 대해 매우 주의 깊게 살펴야 하며, 이러한 옥시덴탈리즘적 접근의 결과가 더 가난한 지역에 더 많은 경찰력을 투입할 가능성을 높인다면 특히 더 그러해야 한다.

옥시덴탈리즘 3 : 지역사회 안전 및 마을순찰단

청년이 문제화되면서 빈곤층에 대한 경찰의 감시가 필요해졌고, 마을순찰단 프로그램에 대한 서양의 믿음은 '그 심오한 평온을 깨트리는 생각들을 허용하지 않았다'(Said 1978: 107). 경찰이 후원하는 방식과 같은 마을순찰단 모델의 한계에 관한 **데이터**(Bennett 1990)에도 불구하고 이러한 확신은 깨지지 않았다. 트리니다드 토바고에서는 경찰 당국과 지역사회 개발부가 마을순찰단 기획을 열렬히 후원하였고, 지역 상공회의소가 순찰단 설립을 주도하였다.[11] 1994년, 지역사회 행동에 대한 기본 원칙이 합의되었고, 이 법은 모든 종류의 마을 자경 활동을 금지하였다. 지역사회 개발 담당자와 지역 경찰을 포함한 책임 구조에 대해 자세히 적시한 문서에는 마을 순찰 활동 3-4단계의 보고 네트워크가 구축되어 있다. 이는 당국의 조언뿐 아니라 지역 위원회의 승인을 통해 설계된 것이었다. 지역사회 차원의 보고 네트워크의 정점에는 '구역 대장'으로 지정된 사람이 있었는데, 이들의 임무는 현지 경찰에게 연락을 하는 것이었다. 보고에 따르면, 그 기획에 관련하여 다수의 사람보다는 한 사람을 상대하는 것을 경찰이 더 선호할 것이라고 여겨졌기 때문이다. 그러나 1997년 말 내

11 다른 부분에서 경찰은 지역사회 이웃들의 계획에 덜 수용적이었다. (Cain 2000) 참조.

가 남아 있는 기획들을 찾아냈을 때, 경찰과 지역사회개발위원회Ministry of Community Development와의 공식적인 관계는 중단되어 있었다. 그렇지만 위원회와 경찰 지역사회 관계 부서Police Community Relations Branch 모두에서 내 연구의 응답자들과 연계된 사람을 한 명 추천받을 수 있었다.[12]

지역 주도적 기획의 결과로 1994년 지역사회에서 권위 있는 사람들로 구성된 상부 집단이 설립되었다. 은퇴한 수석 교사, 지역 사업가, 은퇴한 보안군, 목사 등이 구성원에 포함되었다. 그 상부 집단의 기능은 경찰 및 위원회와 협력하여 실질적으로 마을순찰단이 설립되는 것을 돕는 것이었다. 마을 순찰, 경찰과의 적절한 관계 맺기, 체계 잡기, 일이 진행되는 일반적 기간에 대한 노하우는 비공식적 경로나 지역 내 창설 회의에 연사를 통해 얻을 수 있었다. 주변 지역에서 활발히 활동하는 몇몇 단체의 회원들을 인터뷰하고 다른 사람들의 이야기를 들어본 바, 이들의 순찰단에 대한 지지는 효과적이었던 것 같다. 연구를 위한 주요 지역의 순찰단과 상부 집단은 원래 관할 경찰 본부에서 지명된 경찰관에 의해 지원을 받는다. 초기에 진행되었던 여러 인터뷰에서 이 경찰관의 이름을 몇 분간 변함없이 들을 수 있었는데, 내가 이야기를 나눴던 모든 사람들이 그를 만난 적이 있었다. 회의가 진행되는 동안 그가 도움을 준 일, 헌법 초안을 작성할 때 조언을 해 준 일, 그리고 연락 기술 등 그의 열정과 헌신은 많은 이들의 칭찬을 받았다.

마을순찰단 프로그램은 1년간의 준비 끝에 1994년 말 성대하게 개시되었다. 수상과 경찰청장이 참석했고, 모든 것이 괜찮아 보였다. 하지만, 이후 이 상부 집단을 다시는 만날 수 없었다. 일부 응답자들은 당황하며

---

12 다른 응답자들은 그 지역에 거주하는 개인적 관계의 친분을 통해서 또는 우연히 호텔 및 게스트하우스 주인이나 예비 경찰관 또는 순찰 중인 안전 요원을 마주치게 되어 인터뷰가 가능했다. 그러나 시간이 부족하여 모든 응답자들을 만날 수는 없었는데, 특히 보안 업체에 고용되어 순찰하는 이들이 이에 해당한다. 광범위한 조사의 명백한 이점과는 별도로, 시간이 부족하여 보안 회사를 고용하는 경로를 택한 지역 주민들이 충분히 설명되지 못했다. 그러한 지역 주민 중 한 명만이 정식으로 인터뷰에 포함되었다.

왜 그랬는지 모른다고 하거나, '아마도 경찰이 흥미를 잃었을 것이다.' 또는 '누가 말하지 않았나?'라고 말했다. 다른 이들은 더욱 분명한 태도를 취하며 경찰의 적개심과 무관심함에 대해 설명하였다. 이 기획이 뿌리내리는 과정에서 많은 찬사를 받은 책임감 있는 경찰관은 전출되었고, 그의 책임을 대신할 이는 임명되지 않았다. 데이터는 이러했다. 이 문제에 대해 언급되지 않은 진실이 나의 직감만으로 설명되지는 않는다.[13]

어떤 정부기관과도 공식적인 관계가 없는 마을순찰단을 조사할 기회가 우연히 생기면서, 더이상 그 문제에 신경쓰지 못하게 되었다. 1994년 초기 기획에 따라 설립된 많은 지역 단체가 경찰과 지역사회 개발위원회와의 관계를 끊고 정기적으로 모임을 가졌으며, 마을순찰단에 합류한 기존의 주민 단체들 또한 그러했다. 따라서 우리는 트리니다드와 세인트루시아[14]에서 비록 간접적이지만, 옥시덴탈리즘 담론을 내재한 구조로부터 분리된 옥시덴탈리즘적 기획의 몇몇 사례를 접할 수 있었다.

하나를 제외한 모든 사례에서 범죄 및 보안과 관련된 활동은 이 목적을 위해 특별히 만들어진 단체들에서조차 중요하지 않게 되었다. 유일한 예외는 판자 형태의 구역이었다. 이곳은 마을순찰단 방식으로 작동**했던** 청년 단체가 지역사회 스스로를 보호하고 있었는데, 주민들에게는 '문제 없음'을 부여하고, 마을을 어지럽히는 이방인을 감시하는 방식이었다. 이들에게서는 지역사회 활동에 대한 정보를 받을 수 없었는데, 가장 초기 인터뷰 중 하나였기 때문에 나는 재치 있게 이에 대해 물어보지 못했다.

주민 협회 헌법에 따르면, 협회들은 '공동체 정신'을 촉진하기 위해 설립되며,[15] 이 목적을 달성하기 위한 몇몇 기능들이 명시적으로 언급되어

13 지역 단체들이 그랬듯이, 경찰의 지지 없이 상부 집단이 회의를 진행하지 않은 이유에 대한 적절한 설명이 있었어야 했다.

14 1993년부터 3년간 왕립 세인트루시아 경찰청에서 파견 근무를 했던 '영국 위원' A. W. F. 헤밍웨이가 마을순찰단을 주창했다. 경찰이 조직적인 조치를 취하지 않았음에도 불구하고, 이 생각은 내가 인터뷰한 몇몇 주민 단체들 사이에서 인기를 끌었다.

15 1980년대에 설립된 단체의 헌법에서 인용한 것이다.

있다. 개방된 공간, 수도, 쓰레기 처리 등과 같이 공공 시설의 보존과 개선에 대해서 주로 언급된다. 일부 주민 협회 구성원들이 1994년 헌법 개정에 의해 보안이 증진되었다고 말한 반면, 다른 이들은 보안은 항상 그대로였으며, 다른 기능들보다 우선된 적이 **한번도** 없었다고 말했다.

1994년 신설된 마을 순찰 단체들에게 표면적인 존재 이유는 공동체의 안전이었다. 그러나 3년 후, 내가 그들에게 무엇을 했느냐고 물었을 때 그들은 역시 훨씬 더 광범위한 기능에 대해 열정적으로 묘사했다. 한 단체는 보안의 정의를 범죄 감시에서 화재 감시, 가격 감시, 환경 감시로 확대했다. 더 흔한 경우는 사회적 행사로의 확대이다. 이 행사에는 카니발, 크리스마스, 디발리 '축제', 스포츠데이나 어린이 행사 등이 포함된다. 잡초를 제거하고, 놀이터 또는 스포츠 구역을 만들고, 외부 수리를 돕고, 장식을 돕거나 통행이 많은 곳에 정자를 건설하는 등 '미화' 및 시설 조성이 일반적이다.[16] 더 직접적으로 해결되는 보안은 '배수구'(거센 물결이 흐르는 매우 깊은 지하 배수로)에 울타리를 쳐서 이를 통해 들어올지 모르는 도둑을 막고, 노인에게 조심하도록 경고하는 것이었으며, 더 중요하게는 사회활동과 만남을 통해 상호 인지 및 의사소통을 촉진하는 것이었다. 한 구역에서는 주요 구성원이 자주 이탈하여 중간 보고 단계에 있는 구역 대장 구조가 무너졌지만, 비공식 네트워크가 매우 강화되어 있었기 때문에 이것이 큰 문제가 되지는 않았다고 보고했다.

여기서 한두 가지 좀 더 자세한 설명이 필요할 듯하다.

(i) **경찰과의 접촉**. 일반적인 활동이나 관계에 대해 질문을 받았을 때 또는 관계에 대해 직접적으로 질문을 받았을 때 경찰에게 정보를 제공하거나 경찰로부터 정보를 받는 것에 대해서 언급한 사람은 아무도 없었다. 그들은 초창기 경찰관에 대해 높이 평가하였고, 몇몇 경우를 제외하고는 경

16 자세한 내용은 케인(Cain 2000)을 참조하라.

찰과의 관계를 (경찰의 결함을 자원의 부족으로 묘사하며) 좋은 관계라고 설명했지만, 공식적이거나 일상적인 접촉은 없었다. 트리니다드에서 그들은 경관들이 가끔씩 지나가다가 어떻게 일이 진행되고 있는지 부담없이 질문했다고 말했다. 주민들이 무언가를 범죄로 지목하면, 경찰관들은 범죄자를 잡기 위해 기꺼이 차를 보내주었을 것이라고 하였다. 초창기 경찰의 적대감에 대해 보고한 두 단체가 있기는 했다. 그러나 불평이 있기는 했지만 지속적인 관계에서 긴장은 없었다. 결정적으로, 그들이 계획을 세우거나 심의하는 곳에는 경찰이 없었다.

(ii) **참여**. 마을들은 50-500가구에 달했다. 공개 모임에서 알게 된 바로는 한 가구는 5-17명이었다. 대부분의 사람들은 일부 구성원들이 다른 이들보다 더 열심히 활동한다는, 통상적인 문제를 이야기하였다. 모두 그들이 공식적인 사회 행사에 매우 잘 참석한다고 말했다. 물론 내가 단체의 중심에서 헌신하는 사람들과 이야기를 나눈 것은 사실이다(한 응답자가 최근 주민 단체의 활동이 둔화되고 있음을 시사하긴 했지만). 그러나 이들의 이야기는 이 3년 이상 된 단체들이 마치 필요한 소금 한 줌만으로 마을을 대표하고 이웃을 번창시키고 있는 것처럼 들린다.

(iii) **보안 문제**. 한 단체는 처음부터 문제가 거의 없다고 말했다. 또 다른 단체는 그 지역을 지나는 낯선 이들에 의한 '소매치기'를 우려하였다. 이 두 단체 모두 세인트루시아에 있었다. 트리니다드에서는 응답자들은 가택 침입에 대해 걱정했지만, 마당이나 현관에서 과일, 가구, 호스, 장비, 장난감과 같은 개인적인 물건들을 훔치는 것에 대해서도 점점 더 우려하게 되었다. 자동차 절도 또한 문제였다. 외부인들이 떠들거나 소란을 피우고 공공장소를 이용하는 문제에서 마찰이 있었던 경험도 있었다. 응답자들은 비록 자동차 절도가 여전히 드물게 발생하기는 하지만, 사소한 절도나 자동차 절도가 극적으로 줄었다고 말했다. 외부인과의 불협화음은 이제는 매우 드물게 발생하는데, 이는 젊은 외부인들이 모여들기 시작한 공터를 테니스 코트로 바꾸는 등 극단적이기는 하지만 공동체적인 예방 조치

로 처리되었기 때문이다!

이 사건을 통해 건설적인 교훈 한 가지와 주의해야 할 점 한 가지를 도출할 수 있다. 긍정적인 교훈은, 만약 그들 스스로 자신들의 의제를 개발하도록 허락된다면, 마을순찰단 기획은 공동체의 삶의 질을 향상시키는데 효과적일 수 있다는 것이다. 이는 그들 자신의 마을 활동에 대한 위계와 우선 순위 내에 범죄 문제를 확고하게 위치시켰기 때문에 가능했다. 그들은 정보 교환이나 범죄 통제라는 경찰의 의제에는 함께하지 않았는데, 그럼으로써 결과적으로 더 효과적이었다.

반면에 비공식적인 정의나 비공식적인 치안에 적용되는 잘 알려진 문제들이 있다. (a) 공동체의 연대 의식은 타자에 대한 배척을 포함하기도 한다. 테니스 코트에서 쫓겨난 젊은이들은 아마도 갈 곳이 없을 것이다. (b) 지역사회는 자원을 생성하고 동원할 수 있을 때 가장 효과적이다. 한 군데를 제외하고 내가 연구한 지역사회들은 부유하지 않았으며, 대부분 중간 계층이었다. 그들은 기술과 네트워크를 가지고 있었다. 그래서 그들은 자원을 창조할 수 있었다. (c) 지역사회 치안은 그 지역사회의 가치를 통합하는 것을 의미한다. 이러한 가치는 국가나 사회 전체가 지지하고 바라는 가치와 상충되기도 한다. 때로는 인터뷰 대화에서 언급되지 **않은** 것이 언급된 것만큼 중요하다. 이웃의 보안에 대해 언급한 그 누구도 자신의 지역사회를 구성하는 가구 **내**의 보안에 대해서는 언급하지 않았다는 점을 주목할 만하다. 한 구역을 제외한 모든 구역의 지역사회 대변인은 남자였다. 나는 가족 내에서 범죄 피해를 입은 사람들이 좀 더 안전할 수 있도록 친구 네트워크를 운영하거나 안전가옥을 제공한다는 등의 이야기를 듣기 위해 헛되이 기다렸다. 물론 지역 네트워크를 통해 사회성을 향상하는 것이 여성들에게도 도움이 될 수도 있다. 그러나 이러한 이웃 집단이 그들 스스로 구축한 의제에 가정 내 폭력이 확실히 자리를 잡은 것으로는 보이지 않는다.

다음 절에서 밝히겠지만, 그런 점에서 주정부 경찰은 비공식적인 마을순찰단들보다 일을 더 잘하고 있다. 이 부분에 대하여 옥시덴탈리즘이라는 주제로 회귀하여 결론짓도록 하겠다. 마을순찰단이 활동하는 동안 옥시덴탈리즘적 생각은 트리니다드와 세인트루시아 내 많은 사람들의 상상력을 분명히 사로잡았다. 비르주의 자료(1998)에서 드러난 바와 같이, 반복되는 사소한 절도는 심각한 문제가 되었다. 이웃을 조직하고 운영하는 데 경찰의 개인화된 지지는 결정적이었다. 사람들이 그들 자신의 의제를 세우는 데 경찰의 잇따른 철수 또한 핵심적인 요인이었다. 그러나 가구 내 보안의 문제를 집단의 관심으로 이끄는 세 번째 중요한 결단은 그 누구도 하지 않았다. 다음 절에서 나는 이와 관련한 변화의 가능성을 살펴보겠다.

트리니다드 토바고의 마을순찰단 활동은 내가 여기서 정의했듯이 옥시덴탈리즘의 한 형태이다. 이는 영국에서부터 수입된 생각이며, 현 위원(1994년 이후 세 번째)인 브람실Bramshill이 연계하였다. 지역 경찰서장은 나에게 '우리가 지금 하려는 것은 마을순찰단을 조직하는 것'이라고 말했다.[17] 통합적 프로그램으로 보이는 이것의 목표는 '지역 사회의 향상'이며, 마을순찰단으로 하여금 지역 문제를 확인하고, 지역 사회와 경찰 네트워크의 협력적 동원을 통해 자원이 문제 해결에 집중될 수 있도록 하는 것이다.

지역사회 향상이란 이미 존재했던 '경찰이 버린' 기획들이 잘 진행되고 있는지, 그래서 괜찮아 보이는지를 뜻한다. 그 경찰서장은 심지어 내가 그에게 말해 준, 마을순찰단이란 이름으로 행해지는 광범위한 활동들을 환영했다. 문제를 식별하는 것은 더 큰 어려움이 따른다. 왜냐하면 사람들은 기관이 제공할 수 있을 것 같은 것들을 기관에 요구하지만, 기관은 그 자체로 의지를 가지며, 그들 조직의 선입관에 따라 문제를 바라보

17 1999년 7월 9일 자 인터뷰.

거나, 구성하기 때문이다.[18] 이것이 실제로 어떻게 작동하는지에 대한 경험적 증거가 나에게는 없다. 그러나 나중에 그 서장이 한 말이 나를 멈추게 했다.

> 보다시피… 지역 치안의 모든 철학은 범죄를 줄이기 위해 경찰과 지역사회가 함께 일하는 것이고, 이는 당신이 수량화할 수 없는 범죄, 무질서, 두려움을 감소시키는 것을 목표로 해요. 그러니까 당신도 알다시피 우리는 그것을 줄이기 위해 함께 일합니다.

이 목표들은 굉장히 훌륭하게 들린다. 그러나 내 데이터가 전달하려는 메시지는 역설적으로 범죄, 무질서 및 두려움의 감소가 반드시 마을순찰단이 하는 활동의 우선 순위에 해당하지는 않는다는 점이다. 그 효과가 의도치 않게, 서로 가까이 사는 사람들끼리 더 자주 그리고 더 친근한 만남이 이루어지는 등 삶의 질을 개선시키는 결과를 가져올 수는 있다. 그러나 한 응답자가 말했듯이, 그리고 영국의 경험이 증명하듯이, 이 기획이 범죄와 관련된 문제에 초점을 맞춘다면, 사람들은 오히려 빨리 흥미를 잃고, 회의에 참석하지 않을 것이다. 명백히, 트리니다드 기획은 범죄를 **분산**시키고, 다목적 주민 협회와 비슷해짐으로써 성공을 거두었다. 이 때문에 나는 마을순찰단 기획 내 경찰의 역할이 옥시덴탈리즘 모델의 의제 설정 중 하나가 되어서는 안 된다고 제안한다. 개시, 촉진 및 법적, 절차적 조언(경계심 없이)은 유용하다. 실제로 사람들이 전문 지식을 갖게 되면 경찰은 교통, 오염에서부터 가정폭력에 이르기까지 주의를 기울여야 할 곳에 대해 제언을 해 줄 수도 있다. 그들이 다른 지역 구성원들보다 이 글과 같은 논문을 읽을 가능성이 더 높기 때문에, 최근의 범죄 감시 활

---

18 이러한 미국 치안 모델을 다른 사회의 문화, 경제 및 정치적 맥락으로 전환하고자 할 때 명확해지는 문제 해결 중심적 치안에 대한 기능주의적 추가 논의는 브로그덴(Brogden 1999)을 참조하라.

동 이상으로 그들의 활동 범위를 넓힐 것을 제안할 수도 있다. 그러나 실행 가능한 문제들에 대한 즉각적인 공식화는 너무 큰 압박이 될 것이며, 이는 역효과를 낳을 수도 있다. 반드시 피해야 할 것, 그리고 성공을 실패로 바꾸는 경계가 되는 지점은 범죄 및 범죄 두려움, 무질서의 감소가 그 활동의 유일한 혹은 핵심이라는 옥시덴탈리스트의 관점을 퍼뜨리는 것이다. 트리니다드섬의 새로운 기획은 저 경계에서 흔들린다.

경찰서장과 경찰에게 희소식은 지역사회 주민들을 위해 자생과 수입 사이의 제로섬 선택이 요구되지는 않는다는 점이다. 오히려 다른 분야와 마찬가지로, 이곳에서도[19] 가능성이 있고 필요한 것은 **상호적인 세계화**이다. 경험과 조화를 이루는 새로운 아이디어는 어디에서나 추동될 수 있다. 그 궤적은 대개 더 강력한 것에서부터 덜 강력한 것까지 구성되지만, 이를 받아들이는 집단에서 만약 그들이 이를 선택하거나, 충분히 강하거나, 그 생각과 상호작용하거나, 그들의 담론과 관습을 옥시덴탈리즘 내에 재위치시키거나, 이를 수정하거나, 그들 자신의 것으로 만드는 등 대안적 모델을 만든다면 그들은 이 모든 광대한 가능성들 속에서 자신의 자리를 찾게 될 것이다.

상호적 세계화: 여성과 아동에 대한 폭력 사례

이 절의 목적은 오리엔탈리스트와 옥시덴탈리스트의 접근 방식이 오해를 불러일으킨다는 점을 드러내고, 상호적이고 순환적인 배움이 일어날 가능성을 증명하는 것이다. 이를 위해서는 '덤불을 치우는 일'이나 더 '진보적'인 옥시덴탈리즘적 아이디어 그 이상이 필요하다. 그 다음, 나는 트리니다드 토바고와 세인트루시아에서 여성과 아동에 대한 폭력을 방

19 케인(M. Cain 1996) Report to the Leverhulme Foundation on Phase 1 of the Project, *Private Policing in the Caribbean*, Grant no. RGF/96. 참조.

지하고자 애쓰고 있는 여성과 몇몇 여성 단체들의 실천을 아주 간략하게 이야기하려고 한다. 이 절은 전체적으로, 서구 범죄학이 옥시덴탈리즘 또는 옥시덴탈리즘 패러다임에 갇혀 보다 광범위한 사회적 질서에 친숙하게 나타나는 이론적이고 정치적인 기회를 얼마나 많이 놓치고 있는지를 보여줄 것이다.

트리니다드 토바고와 세인트루시아의 여성과 아이들을 위해, 제1세계 페미니스트 사상과 실천을 이곳의 일하는 여성들에게 적용시키는 일은 꽤 쉽다. 그러나 주요 철학과 실용적 접근이 토착적이지 않다면, 이러한 여성운동은 아무 의미가 없다. 그렇기 때문에 여성과 아동에 대한 폭력에 대한 투쟁은 헤게모니 및 지구화와 관련한 개념과 저항 간의 관계가 선형적인 방향성을 지니지 않음을 분명히 보여준다(예: Robinson 1996a, 1996b).[20] 물론 구조적 권력은 항시 작동하고 있지만, 여기에서는 구조적 권력뿐 아니라 철학, 전략, 기술적 기회, 개인적 경험, 민족적 인식, 조직적 역량, 진로의 경로 등이 작동한다. 이것들은 긍정적인 선택의 근거를 형성하여 긍정적인 결과를 가져온다.[21] 예상되는 서구적 지배 모델에 대한 대항이 그 선택인 경우, 이는 전형적으로 저항으로 간주된다. 그러한 것이 저항이라면 트리니바고와 세인트루시아의 여성들은 계속 방어적인 자세를 취하고 있었을 것이다. 그러나 이러한 생각은 그들이 나에게 설명했던 것처럼, 그리고 그들과 함께 일했을 때에 나 또한 살짝 보았던 것처럼 그들의 경험과 맞지 않는다. 더구나 모든 비서구적 자율적 사고와 행동을 저항으로 생각하는 것(관습이 아닐 경우)은 가장 창의적인 사람들

20 나는 선택이란 종종 개방되어 있지 않으며, 경제적 지구화가 작은 섬의 경제를 육성하고 보호할 수 있는 가능성을 배제한다는 점에서 이를 지적하는 바이다. 나는 나와 내 학생들이 로빈슨으로부터 도덕불요론적 포스트모던 정통주의에 대한 저항을 배웠음에 감사한다. 그러나 대개 사람들이 자신의 환경에서 권력을 행사하는 방식에는 방어적인 반응(저항) 이상의 것이 있다.

21 그러한 구 마르크스주의 표현들 중, 여기서 내 주장의 '맛'을 가장 잘 포착하는 것은 헵디지(Hebdige 1996)의 것이다.

의 창조성을 부정하는 것이다. 이러한 저항 담론은 서구적 관점으로 타자의 행동을 특징짓는다. 그러나 내가 알고 있는, 그리고 이야기해 본 여성들은 서구가 했던 일이 무엇인지를 보기보다는 그들 자신의 일로 바라보는 데 더 흥미를 가지고 있었다. 그럼으로써 그들은 모든 잠재적 자원을 통해 집단적인 동시에 지역적인 의제를 어떻게 더 발전시킬 수 있을지에 대한 논의에서 서구의 생각, 동료, 자금을 자유롭게 평가할 수 있었다. 일방적인 변화, 상호 변화 또는 무無의 상태를 야기할 수 있던 상황에서 잠재적 자원들에 대한 그들의 참여는 상호적이었다.

최근의 트리니다드 토바고의 페미니스트들의 공헌은 이 견해를 더욱 뒷받침해준다. 모하메드(Mohammed 1998)는 트리니다드섬과 토바고의 여성들이 남성들과 연대하여 식민주의에 대항하는 문화적, 정치적 투쟁을 벌였기 때문에 여성이 성평등을 위해 투쟁하면서도 남성이라는 **자격** 반대편에 있다고 간주되지는 않았다고 지적한다. 다시 한번 일화를 통해 말하면, 나는 UWI 여성 집단에 합류하게 되면서 카리브해의 다른 여성 단체들처럼 이 단체 또한 남성을 배제하지 않는다는 것을 확실히 알게 되었는데, 이는 영미 페미니즘과는 분명히 대조되는 지점이었다. 실제로 흑인 남성의 '주변화'는 사회의 심각한 문제로 여겨졌는데(Miller 1991), 강한 흑인 여성들의 탓으로 잘못 귀인하였기 때문에 이에 대한 신중한 페미니즘 분석이 필요했다(p. 25).

카리브해 페미니스트 이론과 조직의 토착적이면서도 전 지구적인 인식은 트리니다드 토바고 운동의 조직적 발전을 설명한 레드독(Reddock 1998)에 의해 더욱 입증된다. 여성들을 조직하는 초기의 일관된 노력은 교회에서 이루어진 반면, 1970년대의 '신여성 운동'은 정당에 깊은 뿌리를 두고 조직되었다. 강조할 점은 이 운동이 1930년대의 범카리브해 노동 위기에 대응하여 '책임 있는' 노동조합주의가 식민지 강국에 의해 도입될 때까지 여성들이 지도자 자리를 차지했던 노동운동이라는 점이다. 이 시기에 사회주의 및 반제국주의 조직의 여성 회원들 역시 조직 내부

민주주의의 결여에 도전하면서 함께 투쟁하였다.

범카리브해적 방식은 오랜 역사를 가지고 있다(Reddock 1998). 1936년 초 영국 서인도제도와 영국 가이아나 여성 사회복지사의 제1차 회의First Conference of British West Indies and British Guyanese Women Social Workers가 지금도 존재하는 사회복지사 단체Coterie of Social Workers에 의해 트리니다드섬에서 개최되었다. 20년 후 영국서인도연맹British West Indies Federation이 설립되면서, 카리브해여성연합이 설립되었다. 1977년에는 여러 국가별 단체들이 모여 UN 여성 10년UN Decade of Women에서 자리를 차지하게 되었고, 1985년에는 진보적 단체(페미니스트 연구 및 활동을 위한 카리브해 연합the Caribbean Association for Feminist Research and Action, CAFRA)를 위한 상부조직 결성으로 발전했다(Reddock 1998: 63; Nicholas 1990). 그러면서 인종, 계급, 국가의 다른 종속 체계와 여성의 종속을 연결시키는 카리브해 페미니즘을 정의하려는 시도가 꾸준히 지속되었다(Reddock 1998: 63). 이러한 방식으로 카리브해 여성들은 지역 투쟁(예: 수출가공공단에 대한 반대)에서든 전 지구적으로 여성들이 관여해 온 투쟁(예: 가정폭력에 대한 반대)에서든 서로, 그리고 서구로부터 더 많은 것을 배웠을 것이다. 서구의 성평등을 향한 '제2물결' 운동의 영향력과 지지는 중요했지만, 다루어야 할 문제나 의제 및 전략의 수립을 형성하는 이론이 절대적인 방식으로 규정되지는 않았다.

여성운동의 맥락에서 이러한 지구화 관점에 대한 나의 지지는, 패권적 과정이 아니라 대화적 과정으로서, 여성과 아이들에 대한 폭력 방지에 어떤 식으로든 관여하는 여성들과 했던 13회의 인터뷰에 근거한다.[22] 7명은 여성운동 NGO와 연계된 이들이며, 3명은 공직을 수행했거나 수행하면서 NGO와 연계되어 있었고, 3명은 순전히 공식적인 자격으로 폭력 예

22 한 인터뷰에는 여성 2명, 또 다른 인터뷰에는 여성 2명과 남성 1명이 참여했다. 그 외 11개 사례는 여성 한 명과의 단독 인터뷰였으며, 보통 그들의 직장에서 차를 마시며 두 번, 여성단체 본부에서 한 번 인터뷰하는 형식으로 이루어졌다.

방에 관여했다.[23] 이들은 단일 주제 폭력 방지 단체의 설립자에서부터 여성이 처한 조건에 대한 보다 일반적인 개선과 관련된 조직에 이르기까지, 임시 대응 단체에서부터 고용된 직원을 둔 정부 지원 NGO에 이르기까지, 노동운동 출신 여성들로부터 정부 관료, 공무원, 판사들에 이르기까지 다양하다. 이들은 단지 여성을 위해 스스로 활동했고, 운동으로부터 도움을 받으면서 놀라움과 자부심을 느꼈으며, 종종 성취감을 가질 수 있었다.

먼저 '외국' 사상으로 돌아선 이들은 13명 중 8명으로, 이들은 외국에서 살았거나 일한 적이 있었다. 이 중 2명은 서인도 밖에서 태어났다. 이 8명 중 다른 2명은 서양에 가기 전부터 적극적인 활동가였고, 돌아온 후 활동을 재개했다. 외국에서 태어난 여성 중 1명은 서인도에 온 후 활동을 시작하였다. 그녀는 유사한 목표를 가지고 있으면서 보호소 설립에 관한 동등한 노하우가 부족한 지역 동료를 위한 도움, 지원, 우정을 추구했다. 국제적인 접촉도 해 보았지만 국제적인 청사진은 없었다. 공교육에 기반을 둔 아동학대 예방 단체를 만들기 위해 해외 연수와 경험을 직접 활용하는 여성은 단 1명뿐이었다. 또한 그녀는 지역 비정부 기구와 단체 두 곳과 동맹을 맺었다. 지역 지식인뿐만 아니라 언론, 그 분야의 다른 노동자들과의 관계는 해외에서 쌓은 그녀의 전문성과 캠페인 경험 만큼 강력한 조직을 형성하였다.

그러나 이는 많은 부분이 서구의 관점과 접한다. 이 조직에서 이용 가능했던 자원에 대해 좀 더 살펴본 후, 옥시덴탈리즘을 통해 차이를 부정하는 헤게모니나 수용이 아니라 상호적 지구화의 사례가 있음을 논증하겠다.

세인트루시아에서 나는 그들의 NGO 업무와 관련하여 여성 3명을 만

23 이 구분의 범주는 중첩된다. 예를 들면, 이들은 CAFRA와 연계가 있는 국무장관, 페미니스트 NGO의 열정적인 구성원이자 공무원, 페미니스트 NGO 직원이자 전문 사회복지사이다. 오직 여성 3명만이 페미니스트 네트워크와의 연관성을 보이지 않았다. 이 중 두 사례는 활동가들을 통해 소개받았다.

났다. 이 중 가장 덜 공식적인 단체는 여성을 더 취약하게 하는 주요 문제가 발생했을 때 나에게 전화를 걸어 왔다. 그중 한 번은 여자아이를 강간하고 살해한 남자가 증거불충분이라는 이유로 살인이 아닌 치사죄로 유죄 판결을 받았을 때였다. 나는 최근에 이 단체와 위기 센터의 도움을 받은 희생자를 위한 추모 행진에 참여하기도 했다. 이러한 동맹은 흔하다. 정의를 위한 외침Cry for Justice라는 단체는 임시 자금과 자원봉사에 의존하고 있다. 지금까지 이 단체의 유일한 활동은 캠페인이다.

아동학대에 대해 "'노'라고 말하기"Say No To Child Abuse라는 새로운 캠페인 단체의 설립에도 동맹이 결성되었다. 잘 확립된 NGO 단체 두 곳의 리더들이 관련 사회 사업가와 제휴하여 이 조직을 설립했다. 이 단체는 아동학대에 대한 대중의 인식을 향상시키고 지역사회 교육을 통해 아동학대를 줄이고자 한다. 특히 더 취약하다고 알려진 장애아동, 소녀뿐 아니라 소년 또한 관심 대상이다. 지도자 3명 중 1명이 남자인데, 이 단체는 임시적인 방식으로 자금을 조달하고 있으며(그들은 트리니다드섬에서처럼 이를 '구걸'이라 부르지 않는다), 기성 NGO들은 회의나 전화 상의 미팅에서 이 단체에게 적절한 권위를 부여한다.

세인트루시아에 조직적으로 더 확고히 자리 잡은 곳은 흔히 '강간 위기'Rape Crisis로 알려진 위기 센터다. 이 단체는 가톨릭 사회활동을 통해 외국 자금에 접근할 수 있으며, 정부는 보호시설을 지을 땅과 사무 시설을 제공해 왔다. 기금 모금과 관련하여서 한 가지 문제는 주요 기부 단체 대부분이 남성 지배적 단체라는 점이다. 설립자는 이 센터가 여성이 아닌 '가족'을 대상으로 하며 방문 서비스, 핫라인, 상담 서비스를 제공한다고 말했다. 1997년 가정법원이 설립된 이래 이 센터는 처음으로 연락을 받는 곳으로서 도움 제공처와 관련한 상세한 조언을 제공한다. 이미 지적한 바와 같이, 이 센터는 특정 이슈에 초점을 둔 캠페인을 진행하기도 한다. 데이터베이스를 정비하며 국가 통치에 대해 지속적으로 영향을 미치는 압력단체 역할을 한다. 주목할 점은, 세인트루시아의 단체들 중 오직

한 단체만이 페미니스트(Cry for Justice)로 묘사될 수 있다는 점이다. 아동학대 단체는 그 실천은 페미니스트라고 볼 수 있지만 이에 대해 아무 말도 하지 않았다. 위기 센터 설립자는 특정한 여성의 곤궁에 대해 매우 집중하면서도 자신을 페미니즘과는 분명하게 거리를 두었다.

트리니다드의 상황은 매우 다르다. 여기서 나는 NGO 단체 구성원 4명을 인터뷰했는데, 그들 중 2명은 같은 단체에서 일했다. 한 단체는 과거 노동운동과 연관이 있으며, 세 단체 모두 페미니즘 관점을 지니고 있었다. 그들의 전략은 1930년대 노동운동(Reddock 1988, 1998)부터 1975년(Nicholas 1990)에 (유엔 여성 10년에 의해 권장된) '새 물결' 페미니스트 단체들이 등장하기까지 트리니다드섬에서의 훨씬 깊은 페미니즘 역사를 입증한다.

이 세 단체는 이 연구를 위해 특별히 섭외되었으며, 이때 내가 알고 있었거나 속했던 적이 있는 많은 기관들은 제외되었다. 이 단체들은 보호소(북부)와 가정폭력반대전국연합the National Coalition Against Domestic Violence(북부 보호소의 설립자가 현재 이 단체의 회장임), 강간위기센터the Rape Crisis Centre(강간위기협회Rape Crisis Society에 의해 설립되고 운영됨), 그리고 사회 진보를 위해 일하는 여성들Working Women for Social Progress 혹은 '일하는 여성들'이다. 이 사례들로 인해 트리니다드섬에 대한 내 자료는 인디언 혈통보다는 아프리카계, 남부보다는 북부에 더 치우쳐 인종적, 지리적 편향을 내포한다.

1986년에 설립된 '북부' 보호소는 초기 몇 년간은 구걸, 간헐적 기부, 정부의 토지 기부를 통해 살아남았다. 거의 15년이 지난 지금, 이 기구는 직원 3명을 고용하고 있으며, 국가 정부의 보조금과 외국 정부의 개별적 사업 투자를 받고 있다. 프로젝트는 대개 자본의 지출을 수반하기에, 이 조직은 '여전히 구걸 중'이다. 이를 통해 그들은 쉼터, 거주자들을 위한 상담 서비스를 제공하며, 주민들을 위한 적극적 교육 봉사활동을 진행한다. 이 단체는 가정폭력반대전국연합 및 지역 경찰과 동맹을 맺었다. 경찰이 훈련 프로그램에 대한 모든 자금을 지원함에 따라 1998년에 경찰관 400명이 가정폭력 인식 교육을 받았다.

1986년 강간 위기 협회가 된 강간 위기 센터 위원회는 처음에 가톨릭과 성공회 교회의 지원을 받았으며, 이들이 사무 시설을 제공했다. 이 사무실은 강간 위기 센터로 알려져 있다. 두 번째 국면에서 자원의 지원은 주로 UNIFEM에서 나왔다. 현재 이 단체는 국가 정부로부터 운영 보조금을 지원받고, 외국의 3개국으로부터 개별 프로젝트 기금을 받는다. 상담 외에도, 그 조직은 학교, 단체, 그리고 새로운 사업에서 특별 그룹이나 정식 그룹을 구성하여 남성들에게 홍보 프로그램을 운영한다. 또한 관련 법안에 대한 선거운동도 하고 있지만, 이러한 종류의 업무는 더디게 진행되고 있다고 한다(Babb, 1996 및 인터뷰).

트리니다드에서 내가 접촉한 세 번째 NGO는, 폭력을 너무 좁게 인식하는 한 단체로부터 이탈하면서 결성되었다. 그 초기 단체는 해산되었지만, 이들과의 관계 회복을 위한 움직임이 보이기도 한다. 기존 단체의 이전 구성원은 1990년 지역 페미니스트 신문에서 가정폭력이란 각각의 사건의 맥락을 더 중요시 여기지 않으면 이해될 수 없다고 주장했다(Mohammed 1990).

사회 진보를 위해 일하는 여성들(전향 단체)은 가난한 여성들에게 다가가기 위해 직접적인 지역사회 참여와 캠페인, 공교육을 통한 특별한 노력을 기울이면서, 여성들의 조건을 개선시키려 한다. 초기 행사였던 학교 내 채소밭 조성, 언어 역량강화 프로그램으로서의 성인 문맹 예방 교육, 여성 폭력에 관한 지역사회 워크숍에 이르기까지 다양한 활동을 하고 있다. 캠페인이나 공교육 사업과 같이 이 단체만의 특수한 사업이 아닌 경우는 세계 여성의 날 및 가정폭력 반대의 날에 열리는 정기적인 축하와 시위가 있다. 보다 구체적인 캠페인은 광범위한 이슈들과 관련하여 조직된다. 여성들이 조합의 보호 없이 저임금으로 고용될 것으로 우려되는 자유무역(또는 수출 가공)에 대한 정부의 계획에 반대하는 캠페인, 성범죄 법안을 지지하는 캠페인, 특히 최종 법안에서 누락된 부부 간 강간 조항 부활 캠페인과 반아파르트헤이트 운동에서의 여성 역할의 강조 캠페인이 이에 포함된다.[24] 새로운 캠페인은 일하는 여성 학교Working Women School for Alternative Education를 통해 대안적 교육을 위해 조직되었다. 이 캠페인은 학교에서 아이들을 체벌하는 대중적 문화 조류에 반대하며, 아이들 훈육을 위한 비폭력적인 방법의 개발과 채택에 대해 논의한다. 교사를 포함하여 이 공동체에 속한 사람들은 전국적으로 여러 워크샵을 개최하여 해당 문제에 대해 관심을 기울이며, 캠페인 설립을 위한 풀뿌리 설립을 위해 애쓴다. 이 조직은 지역 기금으로 운영되며, 조직 본부를 설치하여 그 지위를 확고히 하였다.

이러한 데이터로 무엇을 이야기할 수 있을까? 우선 지역 기금이 프로젝트별 국제 기금보다 더 안정적인 자금 출처임이 입증된다. 그러나 국가 정부는 그들이 이미 인지하고 있는 '강간 위기' 단체와 보호소 두 군데의 필요를 충족시키기 위한 서비스만을 제공할 것이다. 당연하게도, 정부는 정부의 정책을 대상으로 하는 캠페인에 자원을 제공하려 하지 않는다. 이는 국가 기관이 단체가 시행하는 캠페인이나 시민교육 업무를 인지하고 자금을 지원할 수 있도록 해당 단체가 프로젝트를 재구성하거나(예: 컨퍼런스, 워크숍, 특정 집단 교육), 그렇지 않으면 임시로 지역에서 조달해야 함을 의미한다. 프로젝트를 통해 확보된 자금으로 지역 자금을 조달할 수 있도록 사무 공간을 제공하는 등의 창의성을 발휘할 수도 있지만, 일반 운영비를 지원하기 위해 프로젝트 자금에서 너무 많은 돈을 사용하는 것은 그 단체를 곤경에 빠뜨릴 수 있다(Babb 1996). 목표를 추구하기 위해 이 여성들에게는 풍부한 상상력이 요구된다. 그러나 이 여성들은 가난한 사람들과 취약한 사람들에게 힘을 실어 줘야 한다는 필요성을 명확히 이해함으로써 중요한 것이 무엇인지에 대한 그들의 관점을 지켜 왔다. 이들

---

24 이 법안의 결과로 생긴 조항은 1999년 현재 새로운 협의에 따른 추가 개정의 대상이다 (1999. 07. 09. 인터뷰, Reddock 1998 참조).

은 가능한 프로젝트 기금에 따라 원래의 목표를 수정하거나 상실하지 않았다. 사실, 국가 정부로부터 받는 보조금은 국제적인 기금보다 단체가 더 많은 '좋은 행동'을 하도록 제약을 가한다고 주장할 수도 있다. 내가 설명하고자 하는 두 나라 모두, 보조금이 없는 운동에 일부분 힘입어 심각한 제약을 피한다. 이들은 새로운 담론적 토대를 깨고, 정부와 준의존적 단체 모두를 위한 의제를 효과적으로 정의하는 단체들이다.

이 두 나라에서 여성들의 자기 보호는 의존적인 세계화가 아닌 상호작용적 세계화의 본보기가 된다. 이는 오리엔탈리즘에 대한 나의 논의에서 시사한 바와 같이 그 지역에서의 대안적 이론화라는 깊은 전통이 있기 때문이며, 또한 이러한 전통이 여성운동 내에서 더욱 발전되었기 때문이다. 역설적이게도, 여성과 개발 연구 단체Development Studies Groups에 지원을 했던 것은 서양 조직(헤이그사회연구소the Institute of Social Studies in The Hague)이었다. 이 조직은 1982년 서인도대학교University of the West Indies 캠퍼스 세 곳에서 카리브해 여성에 관한 연구 및 교육, 홍보 강화를 위해 설립되었다. 이들 주최로 여러 지역에서 이론 개발을 위한 일련의 세미나가 개최되었으며, 이러한 발전은 (대학이 제공하는) 학문적 가르침의 발달과 병행되었다. 현재 각 캠퍼스의 젠더연구센터Centre for Gender Studies 직원들은 학부 과목과 대학원 프로그램, 커리큘럼 개발을 지원하며, 페미니스트 방문 연구자를 위한 숙박을 제공한다.

카리브해 페미니스트들이 글로벌 페미니즘의 입장에 경의를 표하는 대신 다른 수단을 택할 수 있었던 두 번째 이유는 운동의 조직적 깊이 때문이라고 할 수 있다. 이 단체는 전통적 남성 정치에 이미 정통하고, 종교단체와 노동운동 모두와 역사적, 현대적 유대 관계를 맺으며, 조직의 역량과 운동 방식의 창의성을 모두 보여준다. 후자의 예 중 하나는 1993년 머리부터 발끝까지 검정색 옷을 입고 트리니다드 토바고 상원위원회의 홀에 앉아 성범죄 법안에 대한 토론을 들었던 것이다.

세 번째로, 그 운동은 어떤 제한적인 의미에서는, 여성이 더 오랫동안 강했던 사회에 위치한다고 볼 수 있다. 즉, 야심찬 서구 여성들이 관여하여 타파하려고 노력해 온, 침묵하고 부수적인 여성의 모습은 적어도 아프리카계 카리브해 여성들에게는 요구되지 않는 것이다. 이 글은 그러나 서로 다른 상황을 야기하는 복합성에 대해서는 논의하지 않는다. 분명한 것은 나와 이야기를 나눴던 여성 4명이 정부나 공직에서 고위직을 차지하고 있다는 점이며, 그중 2명은 그 운동과 긴밀한 관계를 유지하는 직원 업무를 담당하면서 장관들(남성 혹은 여성)에게 데이터와 논쟁거리를 제공하였다. 법무장관이었던 1명은 그녀의 재임 기간 동안 부처 내 여성국 Women's Desk으로부터 압력을 받은 많은 법안의 통과를 추진하면서, 정부와 페미니스트 여성들 간의 의견차를 조율했다. 현재도 국무장관인 1명은 가정폭력 및 성폭력 범죄법을 개정하기 전에 NGO뿐 아니라 전문가 집단들과 협의를 하였다.[25] 지역 정보에 입각한 논쟁을 입법으로 구체화하려면 전략적 위치에 동맹을 두는 것이 중요하다.

마지막으로, 조직력과 캠페인 능력이 결합된 운동의 이론적 강점은 더 많은 취약 집단들이 도움을 받을 수 있다는 점이다. 여기서도 범캐리브해적 관점과 CAFRA의 역할은 핵심적이었다. 페미니스트 활동의 이론적, 조직적 전통이 점점 약해지고 있는 세인트루시아에서는 세계화의 목소리가 더 클지 모르지만, CAFRA의 목소리는 대화의 기회를 창출한다. 세인트루시아의 응답자 중 2명이 CAFRA와 연결되어 있다고 이야기했으며, 세 번째 응답자 또한 CAFRA와 연계되어 있다는 것을 나중에 알게 되었다. 일부 단체들은 국가 정부의 보조로 상대적으로 전통적인 방향으로 끌려가기도 하지만, 여성을 위한 모든 활동가들 간의 긴밀한 네트워크, 전체적인 리더십의 강인함과 경험, 그리고 비대립과 포괄성의 문화는 이들로 하여금 정부가 보조하는 것에 대한 서비스를 제공하면서도 캠페인을 지속할 수 있도록 한다.

25 가정폭력 법안은 1999년 7월 내가 방문했을 당시 초안이었다가 이후 개정 중이었다. 성폭력 범죄 법안은 협의 중인 초기 단계였다.

이 확장된 예는 옥시덴탈리즘이 차이를 오직 저항으로만 인식하는 것을 포함하여 옥시덴탈리즘과 오리엔탈리즘이 다른 방식으로 모두 부족하다는 점을 드러내기 위한 것이다. 이 여성들은 스스로에 근거하여 스스로의 위치로부터 출발하고 있다. 그들은 카리브 사람들, 그리고 특히 카리브 여성들의 평등과 충만한 삶을 성취하고자 한다. 그들은 자신만의 역사적 경험, 자신만의 이론적 틀, 그리고 자신만의 우선 순위를 가지고 있을 뿐만 아니라 국제적 지식과 자원에 대한 그들 자신만의 네트워크를 가지고 있다. 물론 그들도 잘못 판단한 적이 있으며, 여전히 가야 할 길은 멀다.

연구 방법으로서의 **비교**는 정적이고 양극적인 반면, 글로벌 네트워크와 지역 네트워크는 서로 대화하며 상호작용하는 중이기 때문에, 영국이나 다른 서부 페미니스트들과 그들을 비교하는 것은 이해를 증진시키지 못할 것이다. 비교 또한 경험적인 일반화 및 동일성과 차이에 대한 '인식'에 기반을 두는 경향이 있다. 반면, 카리브해에서의 경험을 활용하거나 카리브해로 경험을 들여올 경우 우리에게 필요한 것은 일반화가 아닌 추출이다. 예를 들어, 서구로부터 우리는 방향을 잃지 않고 포괄성을 달성하는 방법, 실천을 지탱하기 위한 이론의 중심적 역할, 여성의 정치를 이해하는 유용한 모델로서 지배와 복종으로부터의 탈피에 대한 교훈을 얻을 수 있었다.

특히 범죄학에 주는 교훈은 무엇일까? 우리가 시민의 자기 보호에 대해 연구한다면, '이웃'과 '공동체'라는 개념에 집착해서는 안 된다는 점이 매우 중요하다. 이 개념의 계보는 이동 순찰이 지배적이기 이전 시대의 경찰 순찰 방식에 대한 감상적인 애착을 토대로 한다.[26] 비록 과거가 정말 찬란했다고 하더라도, **자기** 보호와 **경찰**의 보호가 지역적으로 나뉘어야 하거나 같은 방식으로 이루어져야한다고 생각할 만한 충분한 이유는

26 치안에 관한 나의 1962년 및 1963년 연구(Cain 1973)와 1930년대 경찰 순찰에 관한 논의(Brogden 1991)는 치안에 황금기는 없었음을 보여준다.

없다. 간단히 말해서, 만약 우리가 오리엔탈리즘과 옥시덴탈리즘을 모두 피할 수 있다면, 우리는 공동체보다 더 의미 있는 집합체로서 시민들의 자기 보호를 목도할 수 있을 것이다.

결론: 성찰적 각주

위의 단락은 이 글의 가장 중요한 결론을 구체화한다. 그러나 헤게모니적 형식 때문에 그 문제적 방법론에 대한 대안에 대해 더 깊이 성찰할 필요가 있다. 최근 중요한 두 개의 연구에서 비교 작업의 장점과 어려움, 즉 국제적 작업에 대해 다루었다(Mawby 1999; Bayley 1999). 확실히 근시안적 지식의 구축, 또는 베일리(Bayley p. 5)가 '과학적 원리에 대한 편협주의의 고도화'라고 부르는 것에 대해서는 두말할 필요없이 동의하는 바이다. 이 글은 또한 오리엔탈리즘이나 옥시덴탈리즘의 관점으로 이루어지는 비교가 득보다 실이 될 수 있다고 주장하였다. 오리엔탈리즘은 최근 그 오리엔탈리스트들에게 아마도 가장 해를 끼치는 것인데, 이제 그 '타자'들이 '타자화되었다'며 농담을 한다. 옥시덴탈리즘은 원조와 내부 자원 모두의 오용으로 이어질 수 있다. 존재하지 않는 청소년 범죄 문제와 싸우며 무언가를 창조해 내는 과정, 가난한 사람들이 범죄에 더 취약하다는 거짓된 근거를 토대로 빈곤층에 대한 과잉 치안의 합법화. (아마도, 내가 여기서 희망적이라고 보고 있는) 지역사회 자기 보호에서 나타나는 일부 전망이 기대되는 발전을 백인의 지역사회 치안 모델로 왜곡하는 것들이 그것이다. 나는 왜 마지막 경우를 희망적이라고 보는가? 왜냐하면, 더더욱 이론적으로 확고해진(Mohammed 1998) 카리브해 페미니스트들이 가족 영역에서 여성과 아동을 보호해야 할 명백한 필요성에 대해 카리브해 남성들(이 경우에는 경찰)을 포함한 동맹으로서 대응할 수 있는 역량을 지녔기 때문이다. 가정폭력에 반대하는 전국 연합 대표의 말을 들어보자.

나는 그들[경찰]이 매우 **적대적**이었다고 말할 수 있어요[27]…. 하지만 지금 지역 경찰들은 우리 쪽이고, 내부로부터 변화하기 시작했습니다…. [서장]은 가정폭력에 관심을 가져 온 사람이에요. 관심이 있는 사람이 거의 없었기 때문에, 맞아요. 그렇기 때문에 그는 지원을 받지 못했지요. 하지만 가정폭력은 이 나라에서 가장 피해가 많고 범죄 비용이 큰 영역으로 나중에 밝혀졌어요. 그는 항상 그곳에 있었지요.

현재 지역 경찰은 '폭력적인 남자를 함께 잡기 위해…' 그들의 지역에서 상담을 시도하고 있다. 단체들은 자료를 제공한다.

들어봐요. 나는 정말 신이 우리에게 온 것 같았어요…. 당신은 상상도 못할 거예요…. 어느날 내가 집을 청소하고 있었는데 [남편이] '정신이 빠져서 대충 하잖아!'라고 했어요…. 그날 처음으로 [지역 경찰]이 와서 나에게 그들이 도울 수 있게 자료를 줄 수 있겠냐고 물었어요. …그들은 정말 변화를 일으키고 있어요….

그 경찰서장은 매번 연합 단체들로부터 자신이 상당한 도움을 받았다면서, 신임 경찰 공식 훈련 프로그램을 위한 직원을 찾고 있다고 말했다.

서장: [그 연합단체장]은 우리를 위해 엄청나게 많은 일을 해 주고 있어요.

모린: 당신들을 위해서요!

서장: 네.

모린: 그녀는 당신들이 그녀를 위해 엄청난 일을 한다고 하던데요.

서장: 음, 그러면 양방향이라고 하죠.

---

27 공정하게 말하면, NCADV 의장은 북부 보호소가 설립되었을 때 보호소 직원들과 지역 경찰서가 좋은 관계를 유지하며 보호소 거주민과 노동자의 안전을 보장했다고 말했다.

만약 이 같은 상황이 영국과 다르게 들린다면, 그렇다. 이곳에는 엄청난 잠재력이 있다. 그렇기에 나는 표준 POP(문제 해결 중심적 치안problem oriented policing)에 악영향을 미치지는 않을까 우려된다. 그러나 범죄 관련 영역에서 경찰 업무의 채워지지 않은 틈새를 찾아내고 여성들의 NGO로 대표되는 지역사회와의 협력 관계를 구축한 점에서 새로이 발견된 전문성이라는 강점 또한 존재한다.

나는 솔직히 처음에 옥시덴탈리즘적으로 대응했다. '지역 경찰과 POP의 유혹적 전략에 주의하라'는 말도 안 되는 소리를 했다. '공동체'가 다르게 해석되고, 진보적 집합성이 강한 사회에서 지역사회 치안은, 피해자 집단에서 문제를 공식화하면서, 역설적으로 POP 지침서가 규정하는 대로 정확하게 일할 수 있는 가능성을 가진다.

이것이 내가 앞 절에서 트리니다드 토바고라는 특수한 환경에서 지역 주민들에게 해결하고자 하는 문제 중 하나로서 가정폭력을 제안하는 이가 지역 경찰관 한 명이 될 수 있다고 암시한 이유이다. 물론 모든 것이 장밋빛은 아니다. 이곳은 조직 개편이 잦다. 또한 내가 이 문제에 대해 토론한 경찰청의 고위 간부 2명은 남아 있는 소위 '주류' 경찰관들에 의해 이 표준이 주변화될 가능성을 시사했다. 하지만 기회는 만들어졌다.

새 천년, 범죄학에게 주는 교훈은 다음과 같다.

(i) 오리엔탈리즘은 그것의 부정적인 그리고 낭만적인 면 모두를 피해야 한다. 이는 '이곳'을 위한 거짓된 정책으로 이어질 것이다.
(ii) 차이를 거부하는 옥시덴탈리즘, 자신의 관점에서 모든 차이를 저항으로 해석하는 옥시덴탈리즘 모두를 피해야 한다. 이론과 자원의 쓸모없는, 어쩌면 유해한 수출을 야기하기 때문이다.
(iii) 비교를 피하라. 이는 교묘히 숨어 있는 옥시덴탈리즘 기준을 이용한다. 또한 역동적이고 복잡한 관계보다는 정적이고 이분법적인 관계에 초점을 맞춘다.

(iv) 타자를 자기 주체적인 존재로서 보는 능력을 장려하라. 개선된 추상화를 위해 그들의 상황에 관한 다른 사람들의 글을 이용하라. 만약 그러한 글들이 충분하지 않다면, 당신의 동맹을 신중하게 선택하라. 다른 사회들은 더이상 우리보다 순수하지 않으며, 모든 사람들로부터 배울 수도 없다. 당신이 다른 이들의 도움이 필요한 만큼 다른 이들이 당신의 도움을 필요로 하지는 않는다는 점을 기억하라. 만약 그 작업으로 이론이 구축된다면, 모든 경험은 단 하나로 간주된다.

5장

위해화와 일탈의 종말: 제도적 환경

Dangerization and the End of Deviance: the Institutional Environment

미할리스 리아노스, 메리 더글러스

현대 자본주의사회에 관한 이론 논의에서 근래 위험risk과 위해danger는 더욱 중요해졌다. 자연 세계와 사회 세계 모두 그 어느 때보다 더욱 위협적인 장소가 되어 버린 것처럼 보인다. 이것은 아마도 잠재적으로 위협적인 다른 사람에 대한 이전에 없던 높은 수준의 위험에 관한 인식 때문일 것이다. 이 장은 위해에 관한 대중의 인식이 어떻게 강해지고 어떤 방향으로 이동하는지에 대해 다룬다. 그리고 특히 사회적 위협들에 대한 요구에 초점을 맞춘다. 최근의 흐름은 타자성에 대한 원초적 공포를 우리가 극복하도록 돕는 대신에 타자를 재정의하고 두려워하도록 부추긴다. 일탈에 대한 이러한 새로운 태도는 새로운 형태의 사회 규제에서 발생한 부작용이라는 것이 이 장의 주장이다.

다수의 범죄학자는 일반적으로 사회적 영향에 대한 두 가지 모델 중 하나를 사용한다. 하지만 두 모델 모두 일탈의 사회적 구성에 초점을 맞춘다. 첫째, 자기 통제 이론들(Hirchi 1969; Gottfredson and Hirschi 1990)은 사회화의 정도와 내용의 차이를 설명하는 대신 사회화의 대상으로서 개인에 깃든 악의 존재에 더욱 초점을 맞춘다(Bernard 1995: 81). 이러한 이론들을 지지하는 경험 연구들(예를 들어 Farrington 등 1988a, 1998b)은 범죄의 개연성을 만족감을 참지 못하는 자기 통제력 및 능력과 연관짓는다. 그리고 낮은 자기 통제력과 능력을 유아기와 청소년기에 가족과 다른 제도들이 휘두르는 통제 때문이라고 본다. 사회화 과정 중의 실패들이 일탈 행위의 근본 원인이라고 주장하는 것은 적절하고 유용한 말이지만, 동시에 동어반복이다.

둘째 모델은 일탈에 대한 정의들이 어떻게 구성되는지 그리고 집단의 특성에 따라 어떻게 변화되는지에 집중한다.[1] 모든 공동체는 자신의 규범을 어떻게 설정하느냐에 맞춰 일탈이 무엇이냐에 관한 생각을 수립한다. 규칙을 생산하는 과정을 고려하지 않고 규칙의 위반에 관해 분석하는 것은 헛된 일이다. 실제로 예방 입법의 도입은 비공식적인 처방이 실패했음을 시인하는 것이다. 이 모델에서 일탈은 사회적 관계들의 배치에 위해한 것으로 보이는 행위이다. 그리고 일탈은 필연적으로 위해하지 않더라도 **위해하게 보일 수 있다는 것**에 주목해야 한다.

하지만 이 두 모델 중 하나를 받아들인다고 해서 우리가 반드시 다시 물어야 할 범죄학의 핵심 질문인 '오늘날 누가 일탈자들인가?'에 대한 대답을 얻을 수 있는 것은 아니다. 일탈자들은 과거 도덕적으로 구제불능인 자들이 아니라, 사회적 혜택을 받지 못했다고 알려진 자들이다. 이들은 도덕적으로 비난받아서는 안 되지만 억제되어야 한다. 이들을 함부로 '취급'해서는 안 되겠지만, 이들은 심지어 가치 판단 없이 피해야 할 자들이다. 이들은 혐오스럽지는 않지만 버려질 수 있는 자들인 것이다. 이들은 단순히 '위해'하고, '의심스러우'며, '공격적'이고, '위협적'이며, '위태롭'다. 이들은 배제되기 위하여 규칙을 어길 필요가 없다. 그들이 저지른 위법 행위는 일탈을 규정하는 쪽에서 중요한 문제가 아니라, 그러한 일탈들이 집중된 사회적이고 지리적 공간들 안에서 처리해야 할 문제이다. 중요한 것은 인식된 일탈자의 위험 가능성이며, 이러한 가능성은 심지어 청소

---

1 이러한 종류의 주요 저작에는 루셰와 키르히하이머(Rusche and Kirchheimer 1939), 멜로시와 파바리니(Melossi and Pavarini 1981) 그리고 푸코(Foucault 1977)가 있다. 처벌에 관한 우리의 이해에 대한 갈런드의 비판적 고찰(1990)은 이러한 접근의 전제들을 재구성한다. 멜로시(Melossi 1998)는 이러한 접근법에 내재한 마르크스주의적 일관성을 논한다.

년들이 자신이 사는 건물 입구에 함께 모여 있는 것과 같은 완전히 합법적인 행위와도 관련해 생각할 수 있다. 청소년들이 모여 있는 것과 같은 행위는 공개되어 있다 할지라도 범죄에 대한 공포를 불러일으키는 주된 원인이다. 이것은 흡사 가난한 청년이 아침에 그들을 기다리는 일거리가 있는 것처럼 행세해야만 하고, 주택 개발 단지의 아이들이 해외 언어 교환 프로그램에 간 것처럼 꾸미고 집 안에 머물러 '곤경에서 벗어나 있어야'만 하는 것과 같다.

도덕과는 관련없는 타자에 대한 이러한 새로운 평가를 좌우하는 규범들은 무엇일까? 이러한 규범들은 어떻게 만들어지고 강화되는가? 우리는 오늘날 오직 전근대 사회에서만 규범들이 즉각적이고 밀접한 상호작용을 통하여 즉흥적이고 비공식적으로 만들어졌다고 생각한다. 근대성은 이러한 밀접한 규범의 기반 위에서 거대하면서도 세밀한 법이라는 가공할 만한 도구를 만들어 냈다. 오늘날 이 법은 우리에게 자신의 조직적 영향력을 알려 주기 충분할 정도로 존재하고 있다. 하지만 이 법의 사회적 기반이라는 게 있다면, 그것은 무엇인가? 먼저 이러한 사회적 기반은 중산층에 속해 있는 사람이 주택 개발 단지를 보고 운전을 빨리 하게 하는 일탈을 법적으로 이해하는 것은 아니다.[2] 그래서 이러한 사회적 기반이 사람들 사이의 밀접함에 근거한 규범이 아니라 사람들 사이에 거리를 두는 종류의 규범이라고 할 수 있는가? 아니면 평가하는 규범이 쇠퇴한 후에 아무 것도 남지 않은 상태인가? 우리는 근대성이 부상하던 시기의 사회통제 형태의 변화에 대한 재조정된 푸코적 주장들을 통해서도 해결되지 않는 현대 사회 규제의 기원과 내용 뒤에는 커다란 물음표가 있다고 생각한다.

2 미국과 영국에서 주택 개발 단지housing state는 일반적으로 저소득 계층이나 일인 가구들이 정부 보조금 등에 의존하여 밀집하여 거주하는 형태의 주거 지역이다. 이 지역은 범죄율이 높다고 알려져 있기에 중산층은 이 지역을 위험하다고 인식하고 접근을 피할 수 있다. [옮긴이]

오늘날에는 저절로 만들어진 규범들이 이전의 사회 기술적 환경의 변화에 대하여, 그리고 이러한 환경을 유지하는 법에 대하여 대응한다. 전자 정보 기술은 조직하는 방식들을 설계한다. 이러한 방식들은 상점에서 사용하는 마그네틱 게이트와 컴퓨터 네트워크를 보호하기 위한 비밀번호로부터 자동문과 이미지 분석 시스템까지 무엇이든 될 수 있다. 푸코의 분석과 뒤이은 통제의 분산에 관한 논의들(Mathiesen 1983; Cohen 1985; Marx 1987) 그리고 '전자 파놉티콘'(Lyon 1994; Sewell and Wilkinson 1992)에 대해 익숙한 사람은 아마도 얼굴을 찌푸릴 것이다. 이것은 모두 이전에 언급된 것이다. 이러한 논의들은 통제의 기술들이 지난 수십 년 동안에 고안된 것이 아니라고 말할 것이다. 기본적으로 모든 기술은 세계를 질서 짓고 그것을 재생산하기 위하여 만들어졌다. 근대성은 일반적 규율의 범주 아래에서 이러한 질서 짓는 기술들을 인간에게 적용해 왔다. 근대성은 개인적, 사회적 그리고 정치적으로 근대적인 합리적 주체라는 자신의 걸작을 만들어 왔다. 그렇다면 무엇이 새로운가? 기본적으로 많은 것들이 새롭다.

자동화된 통제

인간관계에 대해 지속적으로 증가하는 기술적 개입은 경찰에 의한 것은 아니다. 이러한 기술적 개입은 경제에 의하여 만들어지고 국가에 의하여 촉진됐다. 이 과정에서 이러한 기술적 개입은 자본주의적 경쟁을 위한 제한 없는 장으로서, 그리고 1세계의 기존 사회구조와 우월성을 영속화하는 수단이었다. 규율 장치들에 대한 현대의 기술들을 감소시키려 하는 것은 첫째 인간 사회들에서 기술적 개입의 광범위한 중요성과 관련하여, 둘째 현대적 형태의 사회통제의 특성과 관련한 요점을 두 번 놓치는 것이다. 우리는 사회통제 연구에서 기술 적용의 중요성에 관한 대안적 주장을 위하여 네 가지 제안을 할 것이다. 우리는 개인 및 집단과 몇 가지 기술적 시스템의 접촉에 관하여 (특별히 더 나은 용어가 없으므로) 우리가 자동화된 '사회-기술 환경'Automated Socio-Technical Environments, ASTEs이라고 부르는 것을 논할 것이다. 자동화된 사회–기술 환경은 모든 주체에게 재생산이 기대되는 '정상성' 또는 '규칙성'의 개념 위에 만들어진 미리 계획된 환경에 인간 행위를 통합시킴으로써 인간 행위를 규제, 조직 또는 감시하는 기술에 기반한 상호작용 환경이다. 앞에서 여러 번 지적했듯이 오늘날 우리는 집 바깥에서 벌어지는 대개의 접촉에서 이러한 자동화된 환경과 마주친다.

1. 자동화된 사회-기술 환경은 한번 만들어지면 인간의 활발한 참여를 배제한다. 자동화된 사회-기술 환경의 내부 작업에 사용자는 단순히 응답만 받을 수 있고 이에 침투할 수는 없다. 지하철의 마그네틱 밴드, 은행 카드의 비밀번호 또는 이메일을 읽는 데 필요한 비밀번호에 어떠한 문제가 발생했는지 알려고 하는 것은 의미 없는 일이다. 실제로 접근이 거절당했을 때, 우리는 시스템이 정확하고 신뢰할 수 있으며, 자동화된 사회-기술 환경이 우리를 위하여 만들어 둔 기준들을 우리가 지키지 않았음을 (예를 들어 비밀번호를 대문자로 쳤다거나 승차권의 앞뒤를 바꾸어 넣었다거나) 충분히 알 정도로 지금까지 훈련받았다. 자동화된 사회-기술 환경이 접속을 거부할 때 사용자는 기본적으로 세 가지를 할 수 있다. 자신이 무엇을 잘못했는지 찾아 그것을 바로잡거나 또는 인간의 접촉이 가능한 곳에서 문제를 제기하거나 아니면 시도를 포기할 수 있다(예를 들어 새로운 승차권을 사거나, 다른 이메일 주소를 사용하거나). 이러한 선택지들은 모두 다른 흥미로운 결과들로 이어진다. 그러나 근본적인 요점은 사용자가 그 시스템과 협상할 수 없다는 것이다.

여기서 중요한 것은 문화가 거부와 다름없을 정도로 너무 급진적으로 변화했다는 것이다.[3] 협상은 문화의 주요 구성 요소다. 문화적 과정은 소

3 우리는 여기서 문화라는 개념을 사회적으로 영향받는 인식이라는 의미로 사용한다.

통에 대한 상호적 이해와 그것을 촉진하는 정신 기술의 발전을 필수적으로 포함한다. 이러한 의미에서 문화적 생산은 사회적 상호작용의 정교한 반영이다. 각각의 상호작용 상황에서 가장 효과적인 전략들에 대한 더욱 심도 있고 분명한 지식은 우리가 누구이며, 무엇을 할 수 있고 없는지에 관하여 다른 이를 설득해야만 하는 상황에서 나온다. 차분한 자세로 명확히 말해야만 정말로 승차권을 잃어버렸다고 검사원을 설득할 가능성이 높아진다. 물론 설득은 진실과는 관계없다. 하지만 설득은 문화적 편향을 이용해야만 한다. 이것이 우리가 목표를 이루기 위하여 인정받는 기술들을 사용하거나 사용하는 척하는 이유이며, 그렇게 함으로써 우리는 문화적 기술들을 재생산하고 발전시킬 수 있다. 하지만 자동화된 사회-기술 환경과 협상하는 것은 당연히 불가능하다. 이러한 상호작용은 애초에 제한되도록 만들어져 있으며, 사용자는 시스템에게만 의미 있는 특정한 신호로 변환된다. **자동화된 사회-기술 환경은 상호작용 중 타협이 불가능하도록 만들어 결국 상호작용이 작동시키는 사회의 문화를 급격히 변화시켰다.**

2. 가치들은 사회적 상호작용에 대한 규범적 믿음들로서 집단적 강화를 통해 등장한다. 자동화된 환경들은 가치의 재생산을 변화시킨다. 다른 개인들, 집단들 그리고 제도들의 행위에 대한 승인과 부인은 가치 판단의 근본적 요소이자 그것의 결과인 실천처럼 보인다. 자동화된 사회-기술 환경은 각각의 요청에 대한 긍정적 답과 부정적 답 사이에 분명한 구분이 존재하는 이진법binary 세계 속에 사용자를 위치 짓도록 만들어졌다. 이러한 시스템은 사용자의 행위에 달린 것이 아니라 시스템이 인정하는 중재의 유일한 요소의 타당성에 근거하고 있다. 다시 말해 시스템에게 좋거나 나쁘거나, 정직하거나 그렇지 않거나, 가난하거나 덜 가난한 개인은 없다. 거기에는 단순히 이미 결정된 수준의 접근에 필요한 유효한 **표식**을 가진 자와 그렇지 않은 자만이 있을 뿐이다. 의심이 가능해 가치가 재생산될 수 있었던 예전의 공간은 이제 단순히 시간의 낭비로 경험되고 판단된다. 정당화와 행동은 자동화된 환경 속에 결합한다. 표를 구멍에

넣고 시스템의 승인이나 거부를 기다리는 것 외에 여러분이 표를 사용할 수 있는지 알 수 있는 더 간단한 방법이 있을까?

자동화된 환경들은 자신의 높아진 신뢰성뿐만 아니라 세계와 단절된 특성에 초점을 맞춤으로써 가치가 재생산되고 강화되는 사회 과정을 약화시킨다. 컴퓨터 서버에게 인간은 접속자 또는 더욱 정확히는 유효한 접속자 번호이다. [이러한 환경에서] 주차장에는 주차권 소지자만 있으며, 횡단보도에는 점멸기 버튼을 누르는 사람만 있고, 이미지 분석 시스템에 의하여 스캔되는 쇼핑몰에는 빠르게 걷는 사람들만이 있을 뿐이다. 오직 자동화된 사회-기술 환경이 평가하기 위하여 만든 이러한 표식만이 의미가 있으며, 그런 점에서 사회적 경험 세계는 새로운 관리적 특성에 따른 새로운 배치에 필연적이고 지속적으로 종속되었다. 통합되고 일관성 있는 자아는 자동화된 시스템에는 필요없는데, 왜냐하면 이 시스템은 사용자의 행위를 엄격하게 설계된 도메인에 통합시키는 흔들리지 않는 일관성을 갖고 있기 때문이다. 사용자 정체성의 나머지 부분은 그저 의미 없는 것이다. 자동화된 사회-기술 환경이 단면적이며, 일의적인 환경이라는 사실은 그들의 사용자를 복합적인 사용자에서 단순히 단편적인 '활성화하는 자'activator로 바꾼다. 그 결과 가치가 침식된다. 가치는 자기 정체성과 관련되는데 왜냐하면 가치는 일관된 태도들을 통하여 사회적 상호작용에 투영되기 때문이다. (그리고 일관성은 다른 이들이 이러한 태도들을 해석하는 것 속에서만 존재한다.) 인간의 상호작용은 한 번에 한 측면만을 갖는 게 아니고 다면적이다. 인간의 상호작용은 개인이나 집단의 의미를 낳는 가시적인 모든 요소들을 동시에 평가한다. 심지어 인간의 상호작용 속에서 완수되어야 할 주요 임무가 있을 때조차, 공손함에 여러 수준이 있는 것처럼 공손함을 완수하는 데에는 여러 방법이 있다. 이것은 우리가 어떠한 작업을 할 때 적합하지 않은 말하기나 옷 입기를 해도 그 작업을 완수할 수 있기 때문이 아니다. 실제로 우리는 그 작업에 적합한 후보자로 보이는 말하기나 옷차림에 이르기까지 모든 측면에서 계속해서 평가받는다.

가치는 시간을 통해 다면적인 사회적 상호작용이 시간을 통해 만드는 순응의 양식들로서 등장하고 재생산된다.

자동화된 환경들은 가치에 근거한 인간의 수행과 자동화된 시스템의 좋은 기능 사이의 차이를 허물어트림으로써 적합성을 평가하는 기반을 침식시켰다. 시간과 의미와 관련해 자동화된 시스템의 활성화와 반응은 사실상 같아졌다. **우리가 여기서 증언하는 것은 법을 준수하는 시민을 효율적인 사용자로 전환하는 구조적 경향이다.** 규범을 생산하는 수준에서 이러한 변화가 있다. 다면적인 인간의 상호작용 속에서 규칙이 수립되기 위해서는 모든 평가 항목에 반드시 동시적으로 대응해야 한다. 이것은 각 사회에 걸쳐 있는 법으로 공식화할 수 있는 부분인 규범성의 일관된 범위를 고려한다. 자동화된 상호작용 속에서는 규범적인 것이 무엇인지, 그리고 실행 가능한 것이 무엇인지에 대한 구분이 존재하지 않는다. 작동하는 모든 것은 규범이며, 그렇지 않은 모든 것은 일탈이다. 효율적인 사회통제 프로그램 속에서 일탈은 불가능하며, 규범은 행위의 기술적 규칙, 즉 결정과 가치의 독립적이며 중립적인 기준이 된다. 이것은 전쟁, 혁명 또는 대규모 재난과 같은 사회 규제에서의 거대한 변화가 발생한 시기를 제외하면, 지금까지 사회통제 영역에서 발생한 가장 중요한 변화이다.

3. 우리가 사회적 구분 범주와 무관한 형태의 통제를 경험하는 것은 인류사에서 처음 있는 일이다. 나이, 성별, 인종, 아름다움, 복장 등은 고려할 필요가 없는 것이 되었다. 우리는 심지어 사용자들 사이에 차별을 두고 있다는 것을 의심할 수조차 없는 평등주의적 과정의 광범위한 발전 가운데 서 있다. 이러한 주장은 다른 수준의 서비스를 제공하는 신용카드와 같이 계층화하는 척도가 자동화된 사회-기술 환경에 들어갈 수 있다는 사실을 무시하려는 것이 아니다. 요점은 자동화된 환경들이 계급의 다른 매개체들(여기서는 돈)을 폐기하고 있다는 것이 아니라, 그러한 환경들이 사용자로서의 특징이 아닌 다른 근거에 의하여 사용자를 차별할 수 없다는 것이다.

만약 당신이 고령의 백인 여성이 아니라 젊은 흑인 남성이라면, 출구로 운전해 나가는 당신을 보고 주차장 직원이 차를 훔쳤을 거라고 의심할 준비가 되어 있을지도 모르며, 그보다 앞서 당신은 그 직원이 당신을 의심하고 있을지도 모른다고 의심할지도 모른다. 그러나 이러한 모든 복잡한 사회 문화적 동학은 자동화된 매표기 앞에서 불필요하게 된다. 자동화된 사회-기술 환경은 인간 사회의 다양한 요인들을 동시에 평가하도록 프로그램화되어 있지 않기에 통제의 평등주의적 장치일 뿐이다. 그래서 일탈을 공부하는 학생이 할 법한 질문은, 단순히 자동화된 사회-기술 환경의 확산이 기뻐할 만한 일인가?라는 것뿐이다. 결국 모든 범죄학 이론은 범죄화된 일탈을 사회 요인을 계층화하는 인식에 근거하여 어느 정도 종속변수로 바라본다. 이러한 관점에서 전통적 지혜와는 반대로 범죄를 예방하기 위해 자동화된 환경의 사용이 확산되는 것은, 범죄학자들이 재빨리 지지해야 할 비차별적 수단을 위한 진정한 십자군일지도 모른다. 어째서 사회적 계층화의 감소라는 중요한 긍정적인 효과가 실제로 발견됨에도 불구하고 효율적이고 비용 효과적인 예방적 정책들에 집착하는 사람들에게 이러한 자동화된 환경의 발전을 맡겨야 하는가? 나는 이 글에서 자동화된 사회-기술 환경이 계급 구분을 없애기보다는 대신하고 있다고 주장할 것이다.

4. 자동화된 사회-기술 환경은 명백히도 정보 기술의 발전 덕분에 존재한다. 특정한 기술의 사용 가능성은 자동화된 사회-기술 환경에서는 필수적 요소이지만, 그렇다고 해서 그것이 적용되는 이유는 아니다. '상황적 범죄 예방' 이론의 저명한 주창자는 이러한 자동화된 사회-기술 환경의 적용의 기원을 찾는 데 도움을 준다. '[부정 승차]는 대도시 지역에서 경제적으로 훨씬 소외된 지역을 담당하는 외곽 지역의 특정 역에 국한된 특수한 문제로 간주된다. 브릭스톤과 스톡웰이 이러한 역인데, 이곳 승차권 징수원은 **수많은 승객이 승차권 없이 그리고 입장료를 내지 않고 밀치고 들어간다**고 주기적으로 불평한다'(Clarke 1993: 123; 강조 추가). 이 두 역에 자

동개집표기를 설치한 결과 무임승차는 3분의 2로 줄어들었다. 이것은 설치 비용을 단지 2년 안에 메꿀 수 있다는 것을 의미한다. 이때 자동화된 시스템에 관한 관심은 감당할 수 있는 비용과 정밀한 방법으로 세상을 통제하는 것에 있는 것처럼 보인다. 요점은 자동화된 시스템에 의하여 '처리당하기' 전에 인간이 지녔던 사회성이 이와 관련된 시스템에서는 문제가 많다는 것이다(이 경우는 지하철).

계속해서 여러 명의 감시 요원을 배치하면 너무 비용이 많이 드는 데다가, 사람들이 지하철역을 교통보다는 점차 감시와 일탈과 관련하여 인식하게 된다. 하지만 기계들은 다르다. 기계들은 빠르고 효율적이면서도 동시에 중립적인 관리 장치로 인식된다. 기계들은 사용자를 고립시키고 그들의 유입을 통제하는 반면 동시에 가치 있는 정보를 제공한다. 기계들은 단지 자신의 존재만으로도 통제를 피할 가능성이 없다는 지식을 가진 장래의 사용자를 처리한다. 기계들은 개인을 규범화하고 그들의 영혼을 훈련시키려고 거기에 있는 것이 아니라 그 제도를 위하여 최적의 방식으로 외부 세계를 통제하기 위해 그곳에 있다. 이 최적의 방식은 '규칙화된' 행위를 포함한다. 이 규칙화된 행위란 사용자가 자동개집표기에 접근할 때 다른 생각을 하며 승차권을 꺼내어 기계에 집어넣었다가 뺀 다음 그 문을 통과하는 것이다. 이 과정은 이메일이나 음성사서함을 열거나, 데이터베이스에 접근하거나, 예약된 비행기를 타거나 매표기 또는 현금인출기에서 돈을 뽑아 기차표를 발급받는 것에서 모두 동일하다. **통제적 절차**는 다양한 방식에서 그것에 참여하는 사람들에 대하여 효율적이고, 컴퓨터화된 세상이 건네는 '아침 인사'이며, 이것은 곧 그러한 효율성을 구성하는 요소이자 인정받는 신호가 된다. 자신의 부스에서 기다리면서 빠르게 각각의 승차권을 검사하다가 출퇴근 시간이 되면 그러지 못하는 지하철 검표 직원의 세상은 이미 구식처럼 보인다. 마인프라이즈(Mainprize, 1996: 17)는 '스마트 기계'의 수행과 권력관계의 구성 요소인 푸코의 '행위에 대한 작용'action upon action 개념(Foucault 1983: 220)을 연결했다. 이 연결은 '행위 양식들'modes of action에 대한 푸코의 언급을 자동화된 통제의 영역으로 전환시키려는 시도이다. 그러나 매우 다른 두 가지 환경이 있다. 기계들은 권력을 행사하지 않으며, 심지어 제한을 가할 때조차 존재가 아닌 도구로 인식된다. **하지만 그럼에도 불구하고 기계들은 특정한 권력관계를 지지한다.** 자동화된 규제 절차들은 단순한 통제의 절차들이 아니다. 이 자동화된 규제 절차들은 사회 세계를 자신들을 사용하는 제도의 목적에 맞추는 종합적인 관리 도구이다. 이러한 도구의 목적은 그 제도가 목표를 성취하는 것을 방해하는 모든 측면의 사회적 상호작용을 제거하는 데 있다. 이것은 자동화된 환경들이 자신의 사용자들이 야기하는 의심스러운 잠재적 위협들에 근거하여 작동하는 이유이다.

의심과 위해화

위해화는 위협적인 존재의 범주들을 통하여 세상을 인식하고 분석하는 경향이다. 이는 위해와 지속적 위협 감지와 부정적 가능성의 평가, 낙관적 인식이 아닌 방어적 인식의 확산, 그리고 야망과 욕망이 아닌 공포와 불안의 지배로 이어진다. 위해와 집단적인 사회적 상호작용에 대한 제도적 행위의 지배로서 위해화는 현대사회에서 경험되는 모든 영역에 직접적인 영향을 미친다. 탈산업주의적 제도들은 인간이 행동하는 모든 영역에서 상품과 서비스를 안전하고 방해받지 않고 전달되도록 하는 보호자이기 때문에 개인들은 제도적 보호 외부에서는 걱정스럽고 취약하다. 위해는 예를 들어 음식의 질이나 차의 안전에 대한 걱정의 형태로 자연과 기술의 세계에 적용된다. 하지만 위해화는 또한 다른 사람들에 의한 잠재적 위해와 관련하여 공적인 공간과 사적인 공간을 지속적으로 감시하고 평가하는 태도로서 사회 세계에 적용된다. 우위를 차지한 민주주의 시민사회가 사회적 공존이 고도로 제도화되고 형식적으로 평등주의적인 모델을 시행하는 시대에, 차이와 타자성은 오직 위해성과 관련되어야만 만들어질 수 있다. 분자화된 개인들이 대부분 서로의 세계에서 직원이나 제도의 사용자로서 존재하게 되는 곳에서는 사회 계층을 구분하는 새로운 표식들이 만들어져야만 한다. 우리 주변의 슈퍼마켓 고객, 주차장 사용자, 세입자 또는 고속도로 운전자는 더이상 사회적으로 구성되지 않고, 인종, 외모 또는 부의 시각적 기호 같은 이제는 단순히 편견의 원인이 되어 버린 우리가 알고 있었던 것으로 평가될 수 없다. 이러한 집합적 평가들은 사회적으로 금지되었고, 인종과 성별의 경우는 공식적으로 금지됐다. 그리하여 다른 이들에 대한 판단은 특정한 상황에서 특정한 개인들에 대한 경우를 제외하고는 말해서는 안 된다. 잠재적인 위협성 속에서 탈산업 시대의 시민들은 인식되는 집합적 특성들을 무시하는 것과 알지 못하는 개인들을 평가하는 것 사이의 모순적인 요구들을 조화시키는 이상적인 방법을 찾는다. 이 시민들은 위협에 대한 새로운 정당화 기반에 근거해 자신들의 편견에 관한 오래된 생각들을 재구성하는데, 그렇게 함으로써 비차별의 어려운 문제를 해결한다. 결코 객관적 조건들이 아닌 당연한 것으로 여겨지는 위협성은 피해야 하는 사람과 접근할 수 있는 사람 사이를 구분하는 탈산업시대의 주요한 기준이다.

'안전'security은 현재 거주하는 지역을 선택하는 것부터 학교로 아이를 데려다주는 것까지, 집으로 걸어서 돌아갈 때 특정한 예방적 전략들을 따르는 것부터 특정한 시간 이후나 특정한 지역에서 지하철을 이용하지 않는 것까지 모든 수준에서 중요한 고려 대상이 되었다. 범죄의 두려움에 관한 연구 결과들은 탈산업 시대의 시민들에게 가장 중요한 고려 대상이 되어 버린 피해자화(Hough 1995)로 인하여 취약성에 대한 깊은 인식(Ferraro 1995; Roche 1993)이 생겼음을 보여준다. 같은 지역에 살지 않는 잘 모르는 사람은 같은 제도에 접근할 수 없고, 같은 외적인 표식을 하고 있지 않으며(다른 옷을 입고 종종 다른 피부색을 갖는다), 상호작용을 할 때 동일한 세부 규칙을 사용하지 않고 (움직임이 거의 없거나, 낮은 목소리를 갖거나 개인적으로 고립되어 있는) 이전과 같이 계속 분리될 것이다. 탈산업 사회는 이종적이고, 다문화적이며 상대적으로 교육을 잘 받은 탈산업 하층계급을 갖는다. 봉건제, 식민주의, 그리고 산업자본주의 또한 멍청하고 야만적이며 비도덕적이기 때문에, 학대당하고 착취당하며 처벌받을 만한 하층계급이라는 지배적 인식으로부터 분명한 역사적 단절을 보여주는 것은 가장 깊게 새겨진 서구의 문화적 책무이다. 그래서 오늘날의 '혜택을 받지 못하는 공동체'에게 그들의 위치를 정당화하기 위한 비하적인 구조적 특징을 부여하는 것은 불가능하다. 그러나 최초로 주변부 개인들로 이루어진 대중은 하나의 선택지를 포기한다. 현대사회의 중립적이고 기술적인 요소인 제도적으로 관리되는 공간들로부터 자신이 배제되는 것을 받아들이거나, 배제를 거부하고 차이의 구분되는 표식을 발전시킨다. 계층화된 변수들은 이제 제도로 나타나는 '3자(즉 자동화된 시스템)'에 의하여 관리되기 때문에 계층 사이의 사회적 구분은 차이 그 자체보다는 차이의 가시성에 관한 문제가 되었다. 모든 사람은 행위의 지배적인 모델에 순응하도록 기대된다. 제도에 의하여 관리되는 영역들은 그 게임에 참여할 수 있는 사람과 그럴 수 없는 사람 모두에게 평등한 척하는 책임을 요구한다. 나이, 성, 인종, 옷차림 그리고 태도의 특정한 조합들은 매끈한 제도적 환경으로부터 배제됨으로써 증명된 위해성의 지표로서 재등장한다. 그리고 이 조합들은 다시 매끈한 제도적 환경으로부터의 배제를 만들어 낸다. 자동화된 사회-기술 환경은 통제하는 구조적 성격을 통한 그리고 그것을 넘어서는 위험 관리 장치들로 봐야 한다.

사회과학적 관점에서 위험risk은 개연성을 통한 위해 꾸며 내기, 즉 사회의 조직과 적대감을 드러내는 방어적 문화 구조로서 더 잘 분석된다(Douglas 1966, 1992; Douglas and Wildavsky 1982). 후기 근대성에 관한 현대이론(Giddens 1990, 1991)은 위험이 성찰적 근대화의 과정을 이해하기 위한 도구라고 주장한다(Beck 1992; Beck et al. 1994; Lash et al. 1996). 위험 문제들이 후기 근대성 어디에나 존재하는 것이라는 주장은 지켜볼 일이지만, 그러한 문제들이 어디서 나왔는지, 어떻게 발전하고 왜 지속하는지를 보여주는 문제는 여전히 남아 있다. 일탈은 위험과 위해를 탐구하기 위한 완벽한 영역인데, 왜냐하면 일탈은 집단과 개인의 상호 인식을 직접 나타내기 때문이다. 자동화로 전환하는 것은 위험과 관련하여 일탈의 구성과 취급에 엄청난 영향을 미친다. 자동화된 사회-기술 환경이 자신의 사용자를 평등하게 다룬다는 사실은 그러한 관리가 긍정적이라는 것을 반드시 의미하지는 않는다. 그와는 반대로, 자동화된 환경이 모든 장래의 사용자들을 잠재적 위반자로 취급한다는 것은 명백하다. 그래서 자동화된 환경은 예외를 제거하는 데 치중하는 통상의 인간적인 사회통제 방식과 분명히 구분된다. 자동화되지 않은 다의적 사회통제는 동물이 자기 영토를 살펴보는 것과 마찬가지로 모든 사용자가 잘 있는지 보기 위하여 사회적으로 의미 있는 공간을 조사하고, 위협하는 예외들을 억압하거나 그것으로부터 도망가기 위하여 개입하는 데 초점을 맞춘다.[4] 자동화된 환경과 규제 절차들은 그러한 기반에서 운영되지 않는다. 대신 자동화된 환경은 변이를 통제하는 대신에 적합성을 검증한다. 이후에 논의하게 될 이러한 선행 **조사**anticipatory **inspection**는 통제를 행정적인 제도적 활동으로 통합시키며, 이러한 이유에서 통제를 사회적 유대로부터 완전히 분리한다.

감시는 의심을 평범해 보이도록 만든다. 사회 계층화가 타자에 대한 편견을 반영하는 세상은 항상 존재했다. 값비싼 양복을 입고 서류가방과 〈파이낸셜 타임즈〉를 끼고 있는 남자가 강도질을 할 것이라고 누가 생각하겠는가? 하지만 지금 제도적으로 만들어진 의심은 모든 이를 동등하게 공격한다. 이 의심은 단순히 시스템적 변수 안에 미리 배태되어 있다. 의심은 비선별적이기에 사회의 관점에서 보기에는 무의미하다. 하지만 의심은 다른 수준에서 실제적인 영향을 갖는데 왜냐하면 의심은 모든 사람이 그곳에 위해가 존재한다는 사실을 깨닫게 하며 동시에 위해하기에 배

4 실제로, 자동화되지 않은 다의적 사회통제의 과정은 아마 행동학적 관점에서의 과정일 것이다(Archer 1992).

제되는 자들을 식별하기 때문이다. 폐쇄회로 텔레비전, 일방향 문, 또는 상점의 모든 물건에 붙어 있는 마그네틱 태그들은 지속적이고 가시적인 보안 요소를 광범위한 공간과 활동에 기입시킨다. 사용하는 엄청난 다양한 기술에도 불구하고 모든 자동화된 환경은 위협에 대한 고려를 도입하는 데 집적된다. 추정과 편견으로 자주 이어지는 신념들의 집합과 통제 구조를 발전시키는 대신, 집합성은 이제 원자화되었다. 그리고 집합성에는 제도와 그것의 이익에 속하는 특정한 종류의 위해 인식이 주입되었다. 위해한 존재에 대한 예측은 작은 규모에서는 방어적 전략이지만, 큰 규모에서 이러한 예측은 제도적 정당성을 만드는 현대적 방식이 된다.

위해에 근거한 정당성은 최근에 쇼핑부터 차 시동을 거는 것에 이르기까지 정상성의 일부가 되었다. **그래서 일탈에 대한 의식은 일탈적 행동에 대한 직간접적 경험과 분리되었고, 지속적이고 작은 규모의 자동화된 통제에 의하여 규범에 통합되었다.** 피해를 경험하거나 습득함으로써 그것을 피할 수 없는 예외로서 인식하는 대신에 사용자들은 어디에나 존재하는 피해의 **가능성**을 개인적으로 경험하게 된다. 이것은 범죄 예방의 가시화된 모든 수단과 함께하는 사례다. 이 수단들은 위해성을 상기시킨다. 시어링, 스테닝(Shearing, Stenning, 1985)이 묘사한 것처럼, 배타적인 인간 환경 속에서 안전 조치들이 꼼꼼해질 때 사람들이 불만스러워하는 반면, 자동화된 사회-기술 환경 속에서 안전과 안보는 시스템의 기능 일부로 기입된다(Davis 1990: 221-63). 대부분의 경우 이것은 정확히 전체로서 규제 절차를 정당화하는 능력이다. 이것은 현재 기차역의 대합실과 물품보관함에까지 퍼져 있는 공항의 보안 통제에서 흔히 볼 수 있다. 테러리스트가 공격할 가능성은 매일 탐지문을 통해 걸어가는 수백만의 승객들을 지배한다. 기술 가격이 내려가고 그 속도는 빨라지며 그 성능이 더욱 정확해질 때, 자동화된 사회-기술 환경은 매일 지하철을 타고, 대형 상점과 슈퍼마켓에 가며, 길 귀퉁이의 상점에서 신문을 사거나 친구를 방문하는 모든 사람에게 확대된다. 이러한 자동화된 사회-기술 환경의 확대는 이미 CCTV

와 마그네틱 문과 함께 발생했다. 자동화된 사회-기술 환경은 경찰이 권장하고 보험 회사가 홍보하게 될 다른 일련의 시스템들과 함께 미래에 분명히 확대될 것이다. 고객의 움직임을 방해하지 않으면서도 합리적인 가격에 실행 가능한 안전장치는 상업적으로 성공할 수밖에 없다. 우리는 안전하고 통제되는 공간들을 통하여 생활 세계를 점차 식민화하고 감시되지 않는 모든 영역과 그 안에 있는 사람들을 위험한 것으로 정의하는 역학 관계 속에 잡혀 있다.

의도하지 않은 통제와 검사

이러한 변화들을 가로지르는 상호 결합된 경향이 두 가지 있다. 한 경향은 일탈과 관련된 위해에 대한 관심의 확산이며, 다른 경향은 현재까지 주저 없이 '사회' 통제라고 불리는, 점차 비사회적으로 자동화된 형식의 재구성이다. 이 두 경향은 우리가 그것들을 즉각적으로 당연히 여기는 방식으로 도입됨에도 불구하고 인간 사회에게는 근본적인 변화이다. 이 경향들은 그것을 더 넓은 사회 발전에 의미 있게 적용할 수 있도록 하는 개념적이고 이론적인 상황을 요청하며, 현대의 사회 상황의 분석과 이해를 위한 구성 요소로서 사용될 수 있다. 정체성의 파편화, 가치의 침식, 그리고 개인화 경향은 현대 사회학과 정치학에서 진부한 개념이다(예를 들어 Aronowitz 1992; Inglehart 1990; Bell 1974; Gane 1993). 하지만 이 두 경향은 최근 사회 조직의 내재적 성격처럼 간주되며, 그래서 징후의 원인을 오판하는 결과를 낳는다. 예를 들어 사회통제 영역에서 제도에 의한 사회 세계의 매개는 사회성의 현대적 기준으로 간주되곤 하는 개인의 원자화를 야기한다. 집중된 인간 행동을 중심으로 하는 제도의 능력은 예방적 통제를 위한 새로운 영역이 부상하도록 한다. **비의도적 통제**라는 개념은 인간 행위에 질서를 부여하는 형식에 대한 적절한 용어로 보인다. 왜냐하면 이

용어는 통제의 적용 배후에 사회적으로 발생하는 어떠한 의도도 없으며, 사회적 유대에 대해 규범적이고 예방적인 범주들을 강요하는 시도도 없고, 가치를 고취하는 데에는 관심이 없다는 것을 강조하는 데 도움을 주기 때문이다. 이러한 결과는 자신의 이미지에 따라 자신의 환경을 만들려는 관리 **장치**의 왜곡된 영향일 뿐이다. 반대로 이야기하자면, 과거 순응하지 않는 것은 대개 지배적인 신념 체계에 저항하는 것이었지만 현재에는 운용상의 효율성에 도전하는 것일 뿐이다. 오늘날 일탈이 무엇인가 정의하는 것은 성경이나 헌법이 아니며, 점차 정책 문건과 대차대조표가 되어가고 있다.[5]

우리 중 많은 이들은 보안요원과 점원의 차이가 명백하다고 생각하지만, 범죄 예방 장치인 마그네틱 태그와 주로 상품의 흐름을 관리하기 위한 바코드 라벨을 누가 명백하게 구분할 수 있을까? 통제의 방식과 장치에서 축소된 사회적 내용은 구분되는 사회적 역할들을 관리적 총체성 속에 통합되도록 한다. 그리고 이 총체성은 자기 자신의 제도적 범주를 만들어 내는데, 이것은 실천과 가치가 서로 서서히 영향을 받는 것에 속하는 것이다. 역설적으로 이러한 통합은 경계, 제한 그리고 문턱을 적용함으로써 만들어진다. 예를 들어 공간의 건축적 조작을 통해 제도는 자신의 영역을 명확히 표시하려 한다. 그러나 그렇게 함으로써 제도는 경계를 만든다. 이것은 통제 시스템에 접근하는 것으로부터 백화점 앞 인도에 있는 깨끗해야 할 영역까지 어떤 행위와 관련되었는가에 따라 다른 방식으로 이루어질 수 있다. 하지만 모든 사례에서 이것은 정당화의 한계점을 만드

5 이것은 이 제도의 이미지와 변화를 해칠 수 있는 특정한 형태의 위협적 일탈의 간접적인 비용이다. 이 비용은 다른 형태의 일탈(예를 들어 가게 좀도둑)을 다루기에 앞서 안전하고 쾌활한 분위기를 유지하는 것이 가장 중요한 대형 소매상에게 특히 뚜렷하다. 그러나 범죄의 직접적인 비용은 무시할 만한 것이 아니다. 영국 범죄 조사에 근거한 추정치는 영국의 소매업 영역에서 7억 8천만 파운드, 제조업 영역에서 2억 7천 5백만 파운드가 직접적인 비용이었다고 보고했다(Mirrlees et al. 1995). 보험 업계는 이러한 직접적 비용 중 상당 부분을 차지한다.

는 기술이다. 이러한 한계 속에서 행동은 실행 기준에 따라 감시되고 평가된다. 이것은 통제와 서비스 사이의 구분을 불가능하게 한다. 심지어 인간의 상호작용은 이러한 동화의 일부가 된다. 예를 들어 층 안내도를 보통보다 오래 쳐다보는 손님에게 다가가는 백화점 직원의 사례를 보자. '어떻게 도와드릴까요?'라는 일반적인 질문은 손님의 정당성에 대한 검사이자 동시에 그/녀가 무엇을 원하는지 더욱 빨리 알 기회이다. 이 행동의 목적은 방해와 장애 없이 사업을 위한 최적의 부드러운 상황을 보장하는 것이다.

통제는 그래서 제도가 자신의 활동을 적용하는 지속적인 감시 과정의 비의도적인 효과가 된다. 제도가 실행되는 공간에 관하여 가능한 많은 세부 사항을 아는 것은 그 제도가 더욱 효과적으로 행동하도록 계획하는 것을 가능하게 해 준다. CCTV는 대중에게 열려 있는 거의 모든 제도적 공간 속에서 '우리의 안전을 위하여' 설치된다. 그 목적은 비록 그럴 수 있음에도 불구하고 사생활을 침해하지 않는 대신에(Lyon 1994; Lyon and zureik 1996) 관리를 위하여 유용한 정보를 제공하는 것이다. 점차 투명해지는 상황 속에서 이러한 제도는 자신의 활동 영역을 분석할 수 있으며, '사고' 예방과 억압의 과정을 발전시킬 수 있다. 이러한 관점에서 고속도로에서 CCTV를 감시하는 측면으로 보자면 교통 혼잡, 성적인 것, 그리고 차를 훔쳐 달아나는 것 사이에는 차이가 없다. 이 세 가지 상황 모두 수집해야 하는 범주일 뿐이다. 이러한 상황에서 정보와 이미지들은 인간에 대한 일반적인 통제를 가하기 위한 시도의 일부로서 수집되는 것이 아니라 제도적 가동성을 증진시키기 위한 조사 질문들을 제공할 수 있는 세부 지도로서 수집된다(Mosco & Wasco 1988). 세부 데이터는 심도 있는 분석과 정교한 행동이 가능하도록 만들어졌기 때문에 원칙으로서 받아들여진다. 또 다른 사례를 들자면 각각의 소비 항목이 개별적으로 바코드의 사용으로 확인되는 이유는 신용카드 사기와 관련된 것이 아니라 지속적인 사업 관리 문제와 관련된 것이다. 그러나 각 소비 항목의 인식은 순식

간에 정보 시스템을 고립시킬 수 있는 **잠재적인** 카드 사기꾼을 확인하기 위한 '프로파일' 기술을 만들고 적용하며 동시에 보안 담당자에게 경고하는 것을 고려한다. 상세한 자동화된 정보는 다음과 같은 결과를 가능하게 한다. (1) 값비싼 아이템을 자주 사는 카드 사기꾼을 확인하기, (2) 실시간으로 이러한 사례를 분리시키기, (3) CCTV를 통해서 이러한 '잠재적 위반자'의 행위를 관찰하고 기록하기, (4) 이 신용카드와 관련된 정보를 확인하고 거래를 지연시키기 위하여 계산할 때 점원을 바꾸기, (5) 위반자의 차량 번호를 기록하고 경찰에 알리기(Masuda 1993). 관련된 기술들이 신용카드 사기에 대항하기 위하여 발전해 왔다고 진지하게 주장하는 것은 불가능하지만, 이들 기술은 그러한 목적으로 사용됐을 때 신용카드 사기 문제를 다루는 데 효과적이다. 사회-기술 시스템의 이러한 사용에 관한 사례는 많으며, 탈산업화된 환경에서 빠르게 확산하고 있다. 어떤 변화 때문에 CCTV에 잡힌 용의자의 사례가 증가하는지 확인하기 위해서는 '범죄 조사' 텔레비전 프로그램을 보는 것으로 충분하다. 같은 방식으로 카드 사용자의 움직임 및 습관에 관해 신용카드 계좌 정보가 얼마나 정확한지 또는 네비게이션이 갖는 정보가 무엇인지, 또는 얼마나 많은 보안 서비스가 항공 예약 시스템의 정보에 관심을 가질 수 있는지를 이해하는 것은 어렵지 않다. 그러나 이들 장치 중 어느 것도 감시 목적으로 개발되지 않았다.

비의도적 통제의 발전은 제도적으로 관리되는 (물리적 또는 가상적) 영역을 포함한다. 이러한 상황에서 '관리되는 영역'managed territory은 이것의 이해를 촉진하기 위하여 제도가 인간의 상호작용을 감시하며 사회성에 심각한 영향을 미치는 수준까지 이것의 활동에 통합시키는 공간을 의미한다. 원자화된 '사용자'는 카운터 뒤의 직원에서부터 음식이 들어찬 오픈엑세스 냉장고 그리고 비디오 게임 스크린에서부터 사이버 공간까지 어떠한 형태도 취할 수 있는 제도적 활동의 수단들과 배타적으로 상호작용하도록 장려된다. 여기서부터 왜곡 효과를 포함한 모든 과정에서 사물들은 자신의 자연스러운 과정을 밟는다. 기든스가 머튼의 고전적 입장을 비판적으로 논의하여 썼듯, '의도하지 않은 결과들은 그것의 참여자들에게 성찰적으로 지속하는 통제된 행위의 부산물로서 규칙적으로 "분배"된다'(1984:14).

관리되는 영역들은 상호주관적이거나 상호 집단적인 관계에 대한 지배적인 제도적 행위의 대표적인 사례이다. 동시에 관리되는 영역들은 모르는 개인들이 서로 만날 수 있는 대다수의 공간들인 탈산업 사회를 구성한다. 이러한 두 개의 요인들이 동시 발생하는 것은 특정한 결과로 이어진다. 전체 환경이 상호 연대가 이러한 제도와의 분자화된 상호작용으로 완전히 대체되도록 만들어지기 때문에 사회 연대는 쓸모없는 것이 된다. 다른 한편 거의 상호작용하지 않는 개인들 사이의 고립 경향은 이 경향이 이러한 제도의 모든 것을 망라하는 관리 속에서 일반화된 의심을 선호한다는 것을 뜻한다.

사회성, 위해화, 일탈

더 많은 행위자가 '승인'의 제도적 과정들에 종속될수록, 그러한 과정은 같은 이유에서 사회적 계층화와 사회적 소속의 새로운 결합으로서 더욱 인정받는다. 그런 이유에서 현대 자본주의 사회의 맥락에서 해결해야 할 굉장한 수수께끼가 있다. 이 수수께끼는 이러한 제도의 균질화시키는 개입에도 불구하고 사회적 구분이 재생산되고 있다는 것이다. 다의적 계급 재생산의 질서정연한 세계는 최근 새로운 집합체로 변형되어 가고 있다. 이 새로운 집합체는 다양한 배제적인 제도적 상황에 들어갈 수 있는 능력에 의하여 계층이 직접 판단되는 공간이다. 물론 이것이 계급 재생산의 과정들이 단순히 실패하고 있다는 것을 의미하는 것은 아니다. 반대로 모든 시대에 벌어지는 것처럼, 계급 재생산 과정들은 계층 사이를 구분하는 데 필요한 인식적 배치에 대한 새로운 기준과 프로젝트를 받아들인다. 인종, 나이, 젠더 그리고 빈곤은 사회적 배제를 합법화하기 위한 최근의 범주들이 되는 위협의 형태 속에서 재구성된다. 가꾸어지지 않은 화단에 버려진 초콜릿바 껍질과 빈 알루미늄캔은 더는 교육의 부재와 약해진 지역 공동체의 유대를 의미하지 않는다. 그것들은 관리되지 않았기에 위해하고 무법적인 영역을 의미한다. 폐점한 상점들, 낙서가 그려진 벽, 흘러내린 엔진오일 위에 주차된 녹슨 차, 그리고 추리닝을 입은 10대는 같은 것을 의미한다. 여전히 하층계급이 하는 일은 확실히 용납되지 않는다. 의심과 위협이 사회적 공리의 현대적 매개체라는 것은 지배적인 가치에 근거한 것이 아닌 회피 가능한 위협에 근거한 새로운 사회성으로의 변화를 정확히 보여준다. 그래서 하층계급과 결합할 수 있는 시각적 특성들, 예를 들어 인종이나 하위문화적 태도들은 위해성의 자동적인 지표들이 된다.

위해화는 위해의 **존재**를 확인하지 않는다. 오히려 위해화는 위협적으로 인식되는 불규칙성을 인지하는 지표를 위하여 계속해서 환경을 검사하는 사회적 기술이다. 이것이 제도적 사용자들의 계급이 수행한 행위와는 '다른' 활동들만 위해할 수 있는 이유이다. '무례함'이라는 개념은 범죄학과 다른 학제 연구 범주에 이러한 조건을 확실히 무의식적으로 내재화해 왔다. 예를 들어 다음과 같은 역설을 생각해 보자. 합법적으로 출입구에 모여 있는 것은 무례한 일이지만, 모두에게 알리는 금지 표지판에도 불구하고 공공장소에서 당신의 개를 더럽게 하는 짓은 무례함이 아니다. 이러한 수수께끼를 풀기 위해서는 다른 계급 사람들이 이러한 두 가지 행동에 관여한다는 근본적인 사실로 돌아와야 한다. 위해화의 조건에서는 행동 자체가 아니라 사회적 소속에 따라 할당된 행동에 함축된 의미가 관심 대상이다. 예를 들어 '무관용' 범죄 정책은 정확히 이러한 행동의 함의를 목표로 삼는다. 도시 내부 공간들을 '복원하고' 배제적 문화의 가시적 표식들을 없앰으로써, 범죄 정책은 공간을 안전이 확보된 관리된 영역들로 되돌린다. 사회적으로 쇠퇴한 환경에 사는 사람들은 정돈된 세상의 외부적인 표식에 순응하도록 만들어졌다. 열여섯 살 먹은 갱 일원이 다음과 같이 어려운 질문을 할 때, 이에 대한 대답은 '무관용'이다. '갱들은 절대 사라지지 않는다. 당신들은 우리에게 직업을 줄 것인가?'(Davis 1990: 265). 솔직한 답은 직업을 줄 수는 없다는 것이다. 하지만 걱정할 만한 지표를 생산하지 않는 제도화된 방식으로 어린 갱들이 행동하도록 강제할 것이다. 일탈 위협을 이렇게 분배하는 것은 차 사고나 산업 공해와 같이 완전히 사회적 요인이 아닌 다른 위해들을 분배하는 것보다 사회의 가난한 부분에게는 더욱 불리하다. 일탈에 관해서 이러한 가난한 부분들은 위해의 원천처럼 간주되며, 위해의 과정에 자신이 참여했는지와 무관하게 방어적 행동의 결과들에 시달린다.

위해화된 사회적 세계의 상황 속에서 일탈은 영속적인 사회 분열을 위한 강력한 도구가 된다. 일탈은 법률상 위반과 점차 분리되며, 지각된 개연성 있는 위해들과 연결된다. 이러한 위해에 가장 적게 고통받는 자들에게 범죄는 법률상 처벌받는 종류의 행위보다는 대부분 부동산 투자와 관련된 범주, 즉 '삶의 질' 개념이다. 그래서 우리는 범죄와 일탈 사이의 거리를 더 크게 벌리는 새로운 개념적 지도에 다다르게 됐다. 단순한 관리적 효율성보다는 권위 있는 가치들을 매개로 통치되는 모든 사회에서 범죄화된 일탈은 사회의 더 힘센 계층에 의한 사회통제의 재처리로 보일 수 있다. 반면 탈산업적 제도는 계급을 집단으로 재현하지 않으면서, 자신을 위해, 그리고 자신의 활동 내부에서 권력을 추구한다. 범죄의 평가적 측면이 벗겨져 나가는 동안, 일탈은 전반적인 사회에 대한 인식을 위하여 모든 것을 포함하는 지평으로서 등장한다. 일탈은 안전이나 가능한 위해와 관련한 타자성에 대한 일반적인 해석의 수준에 다다르기 위하여 사법체계의 경계들과 대립적인 사회적 이해들이라는 틀 모두를 대체한다. 만족스러운 안전은 이러한 제도가 없는 곳에서는 얻을 수 없다. 그 결과 대중이 사회적으로 상호작용하는 상황에서 보이는 일탈은 근본적으로 투사되는 것이지 물질화되지 않으며, 두려운 것이지 개탄스러운 것이 아니며, 피하게 되는 것이지 직면하는 것이 아니고, 예방하는 것이지 억누르는 것이 아니다. 이것은 관리된 영역과 위해한 타자들 사이의 명확한 경계로부터 나타나는 완전히 개조된 인식적 영역으로 변형되어 간다.

안전 패러독스

일탈은 제도적으로 매개된 인식을 통한 대중의 사회적 상호작용을 지배하는 범주가 되어 왔다. 일탈은 현재 온전한 인간의 전체적인 평가에 근거하기보다는 인간 활동의 고립된 측면에 근거하여 만들어진다. 이러한 경향들은 주변부 존재들에게 법에 순응하지 않는 행위를 보장하는 법적 행위와 불법적 행위 사이를 구분하는 오랜 싸움에 맞선다. 이들 주변부는 불쾌함과 불법적인 것 사이의 차이를 무시하는 위해화된 인식들 때문에 무의미하게 된다. 이러한 관점에서 1764년 베카리아의 선언[6] 이래 최소한 1960년대와 1970년대의 반문화 운동까지 계속됐던 민주주의와 실정법 사이의 일관된 역사적 결합이 최근 방해받게 되었다. 이것은 탈산업 사회에서 위반을 정의하고 판결하며 처벌하는 법적 과정과 시민적 약속을 폐기하는 경향들이 존재한다는 것을 의미하지 않는다. 이러한 역사적 결합 과정이 중단된 것은 제도적 움직임에 의하여 사회성이 장악되어 버리고, 이로 인하여 사회 세계가 위협화되는 과정 중에 발생했다. 이를 달리 말하면 일탈에 대한 법적 처리는 사회통제의 과정에 관한 한 구식이 되어 왔다는 것이다. 이것은 필리와 사이먼(Feeley & Simon, 1994)이

6 체사레 베카리아(1738-1794)는 이탈리아 범죄학자이자 철학자, 정치인이자 계몽주의 사상가이다. 그는 1764년 출판된 《범죄와 형벌》*On Crimes and Punishment*로 명성을 얻었다. 그는 이 책에서 근대 형사법의 원칙인 죄형법정주의를 제시했는데, 이는 정치 권력의 횡포에서 시민을 보호하는 중요한 수단이었다. 그의 죄형법정주의는 1789년 프랑스 혁명의 인권선언에 명문화되었다.

묘사한 위험 관리에 근거한 정의와 처벌에 대한 새로운 모델 배후에 있는 더 근본적 이유이다. 위해성은 사회통제를 독점하며, 사법 제도는 이러한 양식을 따라야만 하는데, 왜냐하면 가치, 책임 그리고 의무와 같은 그것의 오래된 도구들이 사회적 정당성과 사회 보호를 위한 타당성을 상실해 왔기 때문이다. 치안 활동을 하고, 재판을 받게 하며, 심리하고 판결 내리며, 선별하고 처벌하는 방식은 회피 가능한 도시 공간들을 확인하는 데 도움을 주는 운용상의 업무라고 사회적으로 인식된다. 법 집행에 대한 이러한 운용상 이해는 동시에 '우범 지역'을 피하는 중산층의 자유주의적 신념을 고려한다. 실제로 사법 체계의 반응을 유발하는 일탈의 수준은 위해화하는 문화와 자동화된 사회-기술 환경이 지배적인 사회의 관용성의 한계를 훨씬 넘어섰다. 이러한 일탈과의 근접성은 관리된 영역들이 방해 없이 수용할 수 있고, 동일한 행위를 보장하는 상호작용의 공간에 접근할 수 있는 능력의 상실, 즉 사회적 실패이다. 이러한 상황은 일탈에 대한 법적 정의와 처리와 관련된 문제를 조금이라도 단순화시키지 않지만, 전문적 대상의 수준으로 그것들을 축소시킨다. 정치적으로 점차 활용되는[7] '법과 질서'에 대한 논쟁의 영역은 법보다는 질서에 더욱 가까우며, 불안에 한층 더 가깝다.[8] 위반자와 위반에 대한 통치는 현재 위해성의 관리와는 구분되는 주제이다. 전자는 공공의 행정적 능력의 영역이며, 후자는 일상적 교류와 실천의 구성 요소이다. 그래서 '불법적 일탈'과 '위험한 일탈'을 구분하는 근거가 존재한다. 이 구분의 근거는 하위 범주가 아니라 다르게 인식되는 총체이다.

위해화는 고정된 과정이 아니라 자기 증식하며 완전한 삶의 세계를

7 이러한 활용은 전문가적 발견과는 별개이지만 정부 능력의 이상적인 영역으로 사용되는 피해자화의 위협과 함께 치솟을 것이다. 이러한 환경 속에서 선거운동 중 폭력에 대해 언급하는 것을 법적으로 금지해 달라고 요청하는 것은 합리적으로 보이기 시작했다(Jencks 1991).

8 이것은 '질서'라고 하는 단어가 강한 전체주의적 의미를 가지고 있는 프랑스와 같은 국가들에서 '안전'이 같은 영역의 논쟁에서 간접적으로 표현된 단어라는 것을 드러낸다.

둘러싸는 경향이다. 이 제도가 세계의 특정한 부분에 대한 통제를 공급하고 보장할 때, 위협화하는 경향들은 통제된 영역을 넘어 투영된다. 통제는 경험의 새로운 영역들에 대한 예측성과 확실성에 대한 새로운 요구들을 만든다. 특정한 생산물의 표준적 특성의 존재, 예를 들어서 이전에 알고 있는 가격으로 정해진 장소에서 살 수 있는 시리얼 상자의 존재는 제시간에 오는 기차와 마음대로 출발할 수 있는 차량에 대한 요구와 관련없는 것이 아니다. 예측이 가능한 세상은 점점 더 확장되는 인간 경험의 영역을 더욱 예측 가능하도록 만드는 구조적으로 중앙집권적인 경향을 갖는 단일한 인지적 독립체이다. 제도적 활동→통제→예측 가능성→안전/확실성→취약성→위협화→새로운 통제 요구→새로운 제도적 활동 등등. 제도적으로 매개된 통제는 스스로에 대한 수요를 포함하는 생산물이다. 안전은 사회적 상호작용을 결합시키는 제도의 결과로 얻어지는 것이 아니라 관계가 사라지고 원자화되어 문화의 안정화하는 효과가 사라진 세계 속에서 의존적이고 취약한 위치를 깨닫는 개인들에게 전달된다. 탈산업 시대에 '문화화되지 못한'under-cultured 개인들에게 안전의 전달은 그것을 증가시켜 달라는 요구로 이어진다. 이러한 명백한 역설은 오늘날 끝없는 연쇄반응 속에서 탈산업적 사회성의 모든 영역에 퍼지고 있다. 하지만 지구화, 근대적 일상 경험 또는 현대적 형태의 피해자에 의해 제기된 어려움보다 훨씬 위협적인 불확실성에 대한 도전에 대하여 사회-경제 분석가들이 다룰 때, 전근대적 형태의 사회성이 안전 문화를 낳았다고 이해하는 사회 및 경제 분석가들에게조차 비가시적일 정도로 이러한 모순은 내재화되었다. 안전 모순은 증가하는 위해의 결과가 아니라 기술적이고 의미적인 제도적 수단에 의해 위해를 비사회적으로 처리하는 필연적인 결과이다. 안전 모순은 또한 위해가 대상 대 대상object-to-object 범주로서 합리화되는 근대성의 산업화되는 단계로부터 위해가 사회 대 대상society-to-object 개념이 되는 후기 근대성으로의 변화를 반영하며 개인들, 집단들 그리고 제도들 사이의 관계의 관리를 포함한다.

이러한 안전 모순이라는 상황에서 일탈의 미래는 무엇인가? 사회이론가들은 언제나 자신의 취향에 맞는 하나 또는 두 개의 디스토피아를 제시할 수 있다. 하지만 사회는 자기 균형적 기제들이며, 오랫동안 무질서를 허용하지 않는다. 만인의 만인에 대한 전쟁은 거의 벌어지지 않는다. 더욱이 전쟁에는 승리자가 있으며, 승리자들은 자신의 질서를 강요한다. 만약 우리가 결국 '사회적 폭발'에 대해 걱정하거나 기뻐할 수 없다면, 우리는 탈산업적 사회성의 일반적인 세계의 일부로서 구성되는 일탈로 이러한 과정을 해독할 필요가 있다. 완전히 동일한 사회로의 도달을 선포하는 것은 이 글의 목적이 아니다. 만약 일탈의 종말이 벌어졌다면, 사회관계의 지배적 양식과 점차 밀접히 부응하는 문화와 행위의 새로운 제도로 희석시킴으로써, 이것은 구분되는 사회의 모든 영역에서 나타날 것이다. 후기 근대성의 제도들은 이미 일탈적 행위를 의미 없는 것으로 만들고, 동시에 그것을 관리 가능한 제약으로 변형시키는 상호작용의 완전한 환경을 발전시켰다. 이러한 실천의 보편적 적용은 필수적으로 일탈 행위를 처벌 수단으로 즉각적으로 처리할 수준만큼 고립시켰다. 현금 인출기가 초과 인출이 발생했을 때 은행 카드를 되돌려 주지 않는 데에는 사법 시스템의 결정이 필요 없다. 같은 방식으로 전자 표식된 '수용자'는 자동적으로 특정한 장소의 출입이 금지될 수 있으며, 감시 시스템에 의하여 출입이 감시되고, 유죄가 확정된 운전자는 고속도로에 들어가는 것을 거부당할 수 있다. 만약 사회의 제도적 범위가 임계점을 초과할 경우, 관리된 영역들의 상호의존은 '바람직하지 않은' 행위의 프로파일을 충분히 감지할 정도로 복잡해질 것이다. 빅 브라더와 같은 집중화된 권력에게 심지어 이러한 자료를 제공할 필요도 없다. 제도화된 활동들의 각 영역으로부터의 배제는 사례 대부분에서 가끔의 위반자를 통제하는 데 충분할 것이다. 왜냐하면, 다른 대안은 거의 존재하지 않을 것이기 때문이다. 최근처럼 실업자와 같은 대규모로 배제된 소수자들이 어떤 종류의 사회적 '공간'을 만드는 것이 어려운 상황은 현재 환경에 대한 제도적 지배력이 엄청나다는 것을 보여주는 징조이다.

점차 자동화되고 동일화되는 제도적 환경의 상황 속에서 사회통제와 일탈에 관한 연구는 이것의 관심과 방법에 대하여 다시 초점을 맞춰야만 할 것이다. 가치의 중재가 약화되고 형법이 단순히 전문성과 행정의 다른 영역이 되어 갈 때, 일탈을 인지하고 그것을 다루는 사회적 측면을 구체적으로 드러내는 것이 필요하다. 특히 사회성의 변화와 제도적 중재의 발전과 같은 중요한 원인들은 사회 규제의 관점에서 탐구되어야 할 첫 번째 문제 중 하나이다. 범죄학은 사회적 수용과 사회적 활동의 분석적 범주의 기준을 맞추기 위하여 자신의 발견들을 재정리할 필요가 있다. 이것은 또한 탈산업 사회 속에서 사회성과 사회 조직을 이해하기 위한 노력에 의하여 사회통제와 일탈의 중요성을 인식하는 데 중요한 발걸음이 될 것이다.

6장

국가주의, 다원주의 그리고 사회통제

Statism, Pluralism and Social Control

폴 허스트[1]

21세기에 들어서면서 법규 명령과 제도화된 치안을 통한 사회통제가 효과를 내고 있는지에 대해서 의문을 가져 볼 필요가 생겼다.[2] 현대에 일어날 수 있는 사회문제에 대한 해결책이 금세기의 사회통제 발전의 본선에서 근본적으로 벗어난 정책과 제도적 변화들을 수반하지 않을 수는 없는지 의문을 가지는 사람도 있다. 이러한 본선에서 벗어난 전형적인 휘그적 방식whiggish fashion에서 진보적인 입법 행위와 사회개혁을 통한 사회통제가 점점 증가했다고 보아도 무방하다. 1960년에 이르러 영국과 미국은 비교해 보았을 때 상대적으로 동질한 사회가 되었다. 완전 고용 효과와 복지 제공welfare provision 개선으로 소득 분배가 균등해지고 법적 규제의 규모와 범위가 확대되어 **자유방임주의***laissez faire*의 오랜 유산이 신자유주의적 집단주의new liberal collectivism로 대체되며 주요한 사회활동 대부분이 효율적인 공공 감독과 통제 속에 놓이게 되었다. 이러한 관점은

1 런던대학교 내 버벡대학교 사회이론 교수.

2 여기서 사회통제는 매우 폭넓게 정의되며 형사법뿐만 아니라 훨씬 더 광범위한 의미에서 사회적 사안의 규제를 포함한다. 따라서 18세기 '경찰'이라는 관념notion으로 요약될 수 있는 특정한 결과를 보장하기 위한 사회적 행위를 어떻게 감독하는지가 본 논의의 초점이 된다. 통치와 사회통제의 개념들concepts에 관해서는 로즈(Rose 1999)를 참고하기 바란다. 본 논문의 주장은 영국과 미국에 국한된다.

분명 좀 더 세세히 살펴보면 반박될 수 있으며 반박되기도 한다. 예를 들어 미국에는 공민권 운동이 있었고 영국에는 낙태와 이혼 법률 개혁을 위한 캠페인, 동성애의 비범죄화, 사형제도의 폐지가 있었다. 그러나 많은 개혁가들이 이러한 활동에 참여하는 자신을 더 나은 사회를 위한 위대한 여정의 헌신자로 생각했다.

위기의 개요

오늘날 이러한 관점을 드러내는 일은 사실상 불가능할 것이다. 그 이유와 관련하여 1999년 5월의 마지막 주에 무작위로 발생한 두 가지 사건을 언급하고자 한다. 이 사건들은 20세기 중엽 자유 집단주의의 잔해에서 발생한 치안과 국가 규제의 두 가지 주요한 추세를 명백하게 보여준다. 동일한 실례로 들 수 있는 여러 유사 사건에서 선정된 것들인데, 이 같은 모든 사건은 국가와 폭넓은 사회의 관계에서 나타나는 위기의 결과로 볼 수 있으며 특히 영국과 미국에서 명확히 나타난다.

로스앤젤레스에서 한 중년 흑인 여성이 자신이 밀던 쇼핑 카트를 도난당했는지 살피던 도중 경찰의 총에 맞아 사망했다.[3] 이 여성은 정신질환으로 인해 어엿한 직장을 잃은 대졸자로 경찰관을 드라이버로 공격하는 것처럼 보였다. 다른 사건은 1920년대부터 진보적이었던 영국 서머힐 학교가 중앙정부 장학사들의 방문 이후 폐교 위기에 처하게 된 것이다.[4] 서머힐 학교가 좋지 못한 평가를 받게 된 이유는 바로 그 **존재 이유*raison d'etre***, 즉 학생들이 언제 공부할지 혹은 공부를 할지 말지 스스로 정할 수 있기 때문이다. 교직원들의 지도력이 약하다고 비난하는 것은 해당 학교

3 〈가디언〉 1999년 5월 29일 자, 21쪽을 참고하라.

4 《타임즈 교육 부록》*Times Education Supplement* 1999년 5월.

가 지닌 교육적 철학의 타당성을 부정하는 것이며, 정부 수행 기준을 엄격하게 적용하기를 강요하는 것이다. 영국인이 아닌 이들에게 참고로 말하자면, 서머힐 학교는 별도의 학비를 내야 하는 사립학교이다.

위 두 가지 사례는 치안과 법규 명령을 점점 더 적절치 못한 상황에 적용하여 사회통제의 수단으로 삼고자 하는 최후의 시도ditch attempt를 실증적으로 보여준다.[5] 미국과 그보다 정도는 덜하지만 영국에서 무관용 치안을 현지의 치안 전략으로 채택하고, 구류 판결과 의무적 형량의 사용을 늘리며 교도소 건축 계획을 확대하는 것은 포퓰리스트 정치가 대중의 범죄 증가에 따른 공포에 반응한 결과이다. 경찰은 갈수록 더 이질적이고 불평등해지는 사회를 통제하려 들지만 그들의 영향력은 거의 한 부분에 국한되어 있다. 동시에 다양한 중산층 유권자들과 전문가들 및 운동가들이 발생 가능한 수많은 비상 상황으로부터 시민들을 보호하고자 압력을 넣어 법적 규제의 범위를 확장시키고 있다. 결과적으로 이들을 감시하는 새로운 법적 규범과 공공 사찰단public inspectorates을 빠른 속도로 양산하게 되었다. 각각의 새로운 법과 함께 소송도 늘어 간다. 커져 가는 공공보건 조사관, 사회복지사, 환경 기관 및 금융 규제 당국의 개입을 통해 복잡한 통제망을 구성하고 나날이 더 많은 규범을 종합적으로 그리고 지속적으로 시행하려 한다.

그러나 그들의 방식대로 했을 때 어떤 전략도 통하지 않았다. 두 가지 경우 모두 복잡한 상황에서 위계적 통제를 집행하려 했지만, 효과를 얻지 못했는데, 실제로 이러한 상황에 요구되는 것은 더 다양하고 탈중앙화된, 자율 규제 전략이다.[6] 최악의 상황에서 새로운 치안과 교정의 정치는 빈곤층과의 잔혹한 전쟁으로 치달을 것이다. 마이크 데이비스는 로스앤

5 필자는 범죄학자가 아니므로 치안과 처벌에 따른 인식 설문조사는 갈런드(Garland 1996)를 참고하라.

6 필자는 이와 같은 지배적인 통치 모델들의 커져 가는 문제성을 허스트(Hirst 1997, 1장)에서 논한 바 있다.

젤레스의 방랑자들을 진압하고자 한 여러 시도를 연대순으로 기록했다(Davis 1990, 1992, 1998). 초규제 감시국가의 어리석은 짓inanities을 이보다 더 적절히 기록한 이는 없을 것이다. 무관용 치안이 뉴욕과 로스앤젤레스에서 극에 달한다면 주의 감시는 영국까지 정점에 이를 것이다.[7] 우리는 이제 정기적으로 위기와 부조리를 마주한다. 사회복지사들은 유럽 근대 초기의 마녀 사냥witch craze를 연상시키는 상상 속의 극악무도한 학대자들을 찾기 위해 혈안이 되어 있고, 예비 부모들이 아이를 입양하지 못하게 하는 괴기한 정밀 조사 절차를 비롯해, 뼈에 붙어 있는 소고기나 저온살균 처리를 하지 않은 우유로 제조된 치즈의 위험성을 충분히 감수할 의향이 있는 사람들에게조차 이를 금지하는 보건 규정이 시행되고 있다. 이러한 어리석음은 모순되어 보이는 다음의 두 가지 경향이 결합한 결과이다: 다양한 상황과 상이한 가치관을 지닌 집단에 적용되는 '천편일률적인' 규제 정책, 그리고 여러 활동들을 점점 더 세분화되는 중앙의 규범에 맞추고자 하며 늘어난 규칙의 복잡성과 불일치에 따른 규제 전문가들의 행정적 재량권의 증진이다.

자신들의 입헌주의와 제한된 정부에 자부심을 갖는 것으로 보이는 사회 내에서 무관용 치안은 하나의 모순이 된다. 이 같은 전략이 효과를 보려면 빈곤층과 흑인을 완전히 배제하여 정상적인 시민권 외에 구별되는 **사실상의***de facto*의 집단을 구성하여 마음대로 저지 및 수색하고 괴롭히고 때리고 총을 쏘며 수감시킬 수 있어야 할 것이다. 이러한 일을 가능케 하려면 우리 사회는 그 핵심적 가치를 포기하고 모든 시민이 동등한 가치를 지닌다는 신념과 법 앞에 평등하다는 가면을 벗어야 할 것이다. 그러한 전략이 필연적으로 초래할 가혹하고 불평등한 대우는 경찰과 대중 사이에 끊임없는 위기를 촉발시킬 것이다. 가난한 자들과 흑인들도 정의감을 느낀다. 이에 대한 사례로 로드니 킹 폭동 사태나 영국의 스티븐 로렌

---

7 새로운 사찰 정부에 대한 고찰은 젠킨스(Jenkins 1996), 위어와 홀(Wier, Hall 1994) 그리고 파워(Power 1997)에서 찾을 수 있다.

스 스캔들Stephen Lawrence Scandal 또는 아마두 디알로Amadou Diallo의 죽음에 대한 시위 운동과 같은 일들을 때때로 듣고는 한다. 배제되는 것이 두려운 중산층도 경찰이 무해한 노점상인을 41번이나 쐈다는 것에 문제가 있다는 걸 안다. 이로 인해 괴롭힘과 방치가 멈추지는 않지만, 종종 일어나는 위기는 이러한 위기가 체계화될 수 없음을 뜻하며 스캔들의 발생은 그러한 관행을 근절하지는 못하더라도 중단시키기는 한다.

무관용 정책은 불가피하게 거리의 삶을 불법화한다. 거리에 대한 팽배한 두려움은 미래 인류의 모습으로 널리 받아들여진 '블레이드 러너' 사회와 같은 디스토피아적 전망을 그려 낸다. 이 같이 조직적으로 불평등한 사회에서 안정된 기업의 엘리트층은 요새화된 오피스 타워에서 철저히 분리된 삶을 살아가는 한편 외부인들은 배제되고 가난하며 비인간화된 군중 속에서 살아간다.[8] 이러한 현상의 명백한 예시를 미국에서 찾을 수 있지만 이는 모든 현대사회에 일어날 수 있는 보편적 결과이기도 하다. 실제로 포퓰리스트 치안은 부유층의 소수 엘리트와 증가하는 빈곤층 사이에 놓인 거대한 중산층을 만족시키기 위해 존재한다. 중산층은 완전한 보안을 누릴 형편이 안 되며, 그들의 자녀들은 공립학교에 다니고 그들 또한 일상에서 거리를 누빈다. 이러한 중산층은 현대 자본주의의 존재와 생존에 핵심적 역할을 한다. 오피스 타워는 고도의 대중 소비 없이는 살아남을 수 없다. 호화로운 저택에서 무장 대응 경비의 보호를 받는 억만장자들은 기업 간부와 **금리생활자***rentiers*로 이루어져 있는데, 고도의 대중 소비는 이들의 급여, 배당금 및 주가를 책임진다. 좀 더 야만화된 미국 지역에서는 가치관과 관습에 대한 사회적 연대가 무너졌을 수도 있지만, 진보된 사회의 복잡한 분업에 내재하는 구조화된 상호의존은 아직 남아 있다. 크게 모순되지 않는 애덤 스미스와 J. M. 케인스의 논리를 합하자면, 우리가 생계를 의존하는 대상은 타인의 자비심이 아니라 그들의 실질적

8 공간적 차원은 소르킨(Sorkin 1992)의 에세이를, 영화에 대한 흥미로운 해석은 스콧 부카트만의 《블레이드 러너》(1997)를 참고하라.

인 수요인 것이다.

많은 부유층들은 그들이 스스로 선택한 것에 대한 대가를 지불하고 공공재의 극소량만을 차지하는 순수한 시장 사회에 살아간다고 생각한다. 그러나 시장 사회라는 것은 실제로 성립될 수 없다. 시장은 사회가 아니라 일련의 교환이기 때문이다. 이러한 교환은 교환 내에서 혹은 교환에 의해 전적으로 구성되지 않는 속성을 지닌 사람들 간에 일어난다.[9] 미국의 현 공공정책은 이러한 사실을 간과하고 있는데, 책임감 있는 사회적 행위자가 시장에 의해 생겨나거나 강요에 의해 존재할 수 있다고 여기는 듯하다. 미국의 현 공공정책은 세금 정책과 복지 및 기타 공공 서비스의 삭감을 통해 지속 가능한 사회질서의 시민들을 형성하는 일을 포기했다. 역진세 정책은 소득 불평등으로 폭동을 일으키는 것을 정당화시켰고, 시작부터 약했던 사회안전망은 더이상 시장의 힘에 따른 우발적 사태로부터 약자들을 보호해 주는 척할 필요조차 없게 되었다(Pierson 1994). 공공지출에서 대거 늘어난 영역은 다름아닌 진압과 관련된 부분이다. 위 정책들의 결과는 공포와 불안감이며 더 큰 사회통제에 대한 열망이다. 사회질서 및 사회통제의 붕괴에 대한 두려움은 미국과 비교하면 영국에서도 소규모이지만 동일한 경향으로 나타나고 있다.

대부분의 독자가 사회통제에 중심이 되는 쟁점들이 사실은 사회통제의 주된 쟁점이 아니라는 걸 눈치챘을 것이다. 실제로 사회통제의 주된 쟁점은 다음과 같다. 경제와 복지 시스템이 중산층과 빈곤층 간에 경직된 경계선을 만들고 지속시키지는 않는가? 빈곤층은 어떤 대우를 받는가? 그들의 수는 얼마나 되는가? 이러한 쟁점들은 치안으로 해결될 수 없는 사회를 조직하는 문제이며 정책 개입의 대상이 되는 순간 경제와 복지

9 이러한 점은 뒤르켐 때부터 사회학자들에게 명백했는데, 부유층이 귀 기울이는 자유주의 경제계에서는 좀처럼 들을 수 없는 것이었다. 역설적으로 자유주의 경제 정책이 시장경제의 사회적 기반을 노천 채굴하려 하면서 사회경제학자들은 적절한 비시장 제도가 수반될 때만 시장경제가 기능할 수 있다는 관념을 새롭게 강조했다. 예시로 로저스 홀링스워스와 보이어(Rogers Hollingsworth, Boyer 1997)를 참고하라.

정책의 문제로 직결된다. 필자는 '앵글로색슨족' 국가의 복지에서 중대한 문제는 세금에 대한 반감에 대응하고 중산층과 빈곤층이 모두 이용할 수 있는 공동 기관들common institutions을 설립하는 일이라고 생각한다. 극빈자 위주의 사회복지 제도pauper welfare state는 절대 빈곤층을 가난에서 구제할 수 없다. 이러한 제도는 빈곤층만을 겨냥하며 절대 이를 사용할 일이 없기를 바라는 중산층에 의해 지불되어 언제나 빈곤층을 사회로 통합시키기에는 다소 부족한 수준에서 운영될 것이다. 필자는 결사체적 복지 제도associative welfare system가 이러한 문제를 해결하는 데 어느 정도 효과가 있으리라고 본다(Hirst 1998).

새로운 감독 전문가 층이 강화시킨 표준화된 규제 또한 자멸적으로 작용하며 역효과를 낳는다. 이와 관련해 급증하는 규제를 바탕으로 하는 디스토피아적 전망, 즉 사회생활의 모든 측면이 검열에 의해 통제 가능한 '감시 사회'가 다시 한번 그려진 바 있다.[10] 이는 전자기기를 통한 도청의 새로운 가능성에서 흔히 볼 수 있는데, 이보다 더 실제적인 위협은 중앙에서 상의하달식 통제를 위한 핵심적 도구로서 회계 감사를 중앙집권화된 자유 재량적 자금 지원과 결합하여 사용한다는 것이다. 장학사와 사회복지사 및 회계사는 이러한 통제를 하는 데 슈퍼컴퓨터보다 한 수 위 구체적 정보를 소지한 자들이다. 앞으로 살펴보겠지만 검열과 통제 전략들은 정부를 향한 새롭고 다양한 요구 그리고 중앙집권적 권위를 약화시키는 다중적 활동들을 관리할 만한 수단의 위기가 결합한 결과이다. 이러한 전략들은 분권화와 자치권으로 활발히 흘러가는 세계적 움직임 속에서 위계적 통제를 확고히 하려는 시도라 할 수 있다.

규제 기관과 사회생활의 수많은 측면을 그 어느 때보다 더 낱낱이 감시하는 전문가들의 증가는 시민권을 주창하는 기존의 진보주의자들과 **자유방임주의**를 옹호하는 보수주의자를 넘어서 각계에서 우려의 대상이

10 이에 대한 유용한 논의와 비판은 로즈(Rose 1999: 240-6)에 담겨 있다.

되고 있다. 통제하려는 추세는 카를 슈미트가 '동력화된 입법'이라고 부른 1차적 입법 및 위임 입법의 양과 복잡성이 기하급수적으로 증가하는 현상으로 이어진다(Schmitt 1990). 이는 특히 행정부가 입법을 담당하고 입법을 정부의 도구로 삼는 영국과 같은 국가에서 확연히 드러난다. 이같이 강화된 정부의 규제는 실제로 법의 지배를 약화시킨다는 치명적인 단점이 있다. 우선은 셀 수 없는 양의 규정이 전문 변호인들조차도 헷갈리게 만들고, 마땅히 행위의 지침이 되어야 할 법이 정부기관에 권한을 부여하는 데에만 사용된다. 법은 시민을 목표로 하지 않고 시민의 활동을 규제할 수 있는 공직자들의 능력에 초점을 맞춘다. 두 번째로 과도하게 복잡하고 중복되는 규범들로 인해 불가피하게 그 사용 여부 및 방법 그리고 해석하는 데에서 전문가들에게 막강한 재량권이 허용된다. 결과적으로 규정에 얽매이는 정부의 권위를 훼손하려는 추세가 생겨난다. '국가의 후퇴'에 대한 많은 논의에도 불구하고 정부는 더이상 어떠한 제한도 없이 사방에 존재하며, 예측 불가능해져서 법률의 집행은 마치 하나의 복권 당첨 같은 일이 되어 버린다. 제한적 정부는 자유주의 사회의 기반이며 이러한 사회에서 법은 뚜렷하게 구별되는 사적 영역을 가볍게 규제하는 역할을 한다. 그러나 새로운 규제 국가는 자칫하면 후기 자유주의 사회를 초래해 무소부재하고 독단적인 정부와 불가사의한 규칙 적용으로 이어질 위험이 있다. 혹자는 이를 **새로운 구체제***nouveau ancien regime*라고 부르기도 할 것이다.[11]

미국 또한 사회복지 지출은 삭감하면서도 변종된 자신만의 감시 국가를 갖춰 갔다. 빈곤층의 재정 지원 혜택은 줄어들었지만, 국민총생산 비율로 볼 때 공공 지출은 떨어지지 않았다. 그러나 영국에서는 주요 행정

11 본 개념은 체사레 베카리아와 같은 계몽주의 비평가들이 사법과 경찰의 구체제에 대해 지적한 바를 드러내기 위한 것이다. 그는 이러한 체제가 일관성이 없고 임의적이며 시민이 이해하기 힘들기 때문에 도덕적인 방식으로 행동을 규제하지 못한다고 비판했다. 베카리아의 《범죄와 형벌》*On Crime and Punishments*은 역사서가 아닌 현대사회 비평서로도 읽어 볼 만한 가치가 있는 책이다.

부 지배하에 고도로 중앙집권화된 정부 체제와 대항적 세력의 해체가 함께 작동하여 규제 감시를 가능케 하는 국가 전략의 극단적인 형태가 탄생했다. 당연하게도 이러한 체제의 핵심적 특성은 획일성을 추구하고 규제를 받는 활동들을 상세한 실행 규범에 따라 표준화시키는 것이다.

이 같은 새로운 체제의 결과는 체계적인 감시가 아닌 변덕이며 규범에 대한 표준화된 정의와 보건, 교육, 환경보호, 공중위생, 도덕 행위 등의 관련 사안에 대해 시민 내 여러 집단이 가지는 천차만별적인 가치관 사이의 충돌이다. 이러한 집단들은 입양과 낙태, 담배와 알코올 및 기분 전환용 약물recreational drugs의 소비, 포르노 및 성인과 아동/미성년 사이의 관계에 대한 제한 그리고 기타 많은 사안과 관련해 국가 규제의 규모와 범위를 두고 다투며 정치적으로 폭발적인 갈등을 일으키게 된다. 규범을 기반한 감시의 문제점은 규범이 논쟁거리가 되고 그러한 논쟁이 늘어난다는 것에 있다. 문제는 단일한 법률 제도를 지닌 중앙집권화된 주권 국가에서는 법의 내용에 대한 다툼에서 승자와 패자가 가려져야 한다는 것이다. 이러한 갈등은 입헌주의의 구심적 역할과 미국의 각 주마다 상이한 법률 제정의 범위에 따라 일부 해결될 수 있다. 이러한 갈등은 대법원과 주의회로 옮겨 가는데 그렇다고 해서 사라지지는 않는다. 이와 유사하게 미국은 상당히 크기 때문에 주와 지차제 수준에서 별개의 규제 체제로 **사실상의***de facto* 분리가 일부 규모에서 이뤄진다. 하지만 FBI 및 ATF와 같은 연방 기관과 심층 생태주의 학자들이나 기독교 근본주의자들과 같은 가치에 둔 집단들 간의 갈등은 계속되고 있다.

우리는 어떻게 여기까지 왔을까?

1960년 영국과 미국은 여전히 전쟁 시기 가졌던 연대감과 1945-51년의 개혁 및 뉴딜 정책 그리고 아이젠하워의 냉전 케인스주의가 남긴 여운에 잠겨 있었다. 두 사회 모두 대기업의 제조업 부문에 일반적으로 근무하는 직원들과 육체 노동자들이 상당수를 이루고 있었다. 그러나 이제 양국의 제조업 고용은 총 노동력의 4분의 1 이하로 떨어졌고 서비스업이 지배적으로 되었다. 특히 미국에서 회사들이 급진적으로 변화했다. 많은 회사가 좀 더 유연하고 형식에 덜 얽매이는 관료주의적 조직으로 거듭났다. 1970년대 당시 표준화된 대량생산이 실패하며 양국의 제조업은 심각한 위기에 봉착했다(Piore & Sabel 1984). 유에스 스틸US Steel 같은 난공불락의 회사가 산산조각 났고 양국의 경제에서 노동조합이 지닌 영향력과 회사 내 노동권과 근무 기준에 힘을 실었던 제도화의 형태들이 약화되었다.[12] 회사들은 이전과는 철저히 다른 기반을 토대로 재구축되었는데, 이러한 변화는 관리자에게 관리할 권한과 회사 수익 흐름의 많은 부분을 자신들 쪽으로 유용할 수 있는 자격을 부여했다(Roe 1994). 결과적으로 1973년 이래 미국의 소득 불평등은 세전과 세금 공제 후 소득 모두에서 확대되고 있으며 근로 빈곤층 또한 증가하고 있다.[13] 1990년대에 성취된 미국의 완전 고용은 1960년대와는 전적으로 별개의 기반으로 이뤄진 것이었다.[14]

이러한 현상은 의심할 여지없이 사회 연대의 경제적 토대를 무너뜨렸다. 미국은 굉장히 높은 이직률과 지리적 유동성을 지니고 있다. 직장은 더이상 안정적인 지역사회에서 꾸리는 정돈된 삶의 근본으로 역할하지 않는다. 노동조합으로 보호되는 직업 안정성이 감소하면서 일을 통해 복지를 제공하는 것이 어려워졌고, 민간 의료보험은 고용주들에 의해 갈수

12 이러한 제도화에 대해 더 알고 싶다면 스토르퍼, 살라이스(Storper, Salais 1997) 참고.

13 데이비드 고든(David Gordon 1996)을 참고하라. 1996년 소득층의 상위 5퍼센트가 국민 소득의 20.3퍼센트를 차지했고 상위 40퍼센트가 70퍼센트를 차지했다.–《미국 역사 개요》(1998, p. 473, 표 747).

14 완전고용은 다량의 일자리 '이탈'churning, 즉 근로자들이 여러 일자리를 순환하고 정기적으로 일자리가 생겨나고 없어지며 재고용된 근로자들이 종종 소득을 잃게 되는 현상을 숨긴다. 파버를 참고하라(Farber 1997: 55-142).

록 감축되고 있다. 미국의 취약한 복지 안전망을 메꿔 줄 사적인 직업 복지도 점점 더 줄어들고 있는 것이다.

이로 인해 경제를 규제하는 일이 더욱 어려워진다. 그 규제가 기업과 조직화된 노동력 간의 국부적인 일련의 계약에 의한 것이든 중앙정부에 의한 거시경제적 관리이든 상관없이 말이다. 영국에서 이와 유사한 일이 일어났다. 산업계와 노동계 및 국가가 진행한 협동조합주의적 합의들이 1970년대 말에 깨지면서 이후 대체적으로 파기된 것이다.

양국은 시장경제를 형성하고 안정화시킴으로써 시장의 위력을 더욱 확장시키는 여러 사회제도에서 이탈하는 추세를 보였다. 기업 수준과 국가 경제에서 주요한 사회적 관심의 수준에서 존재한 제도들이 다양한 집단 간에서 근로 및 국민 소득의 분배를 규제했는데, 이러한 제도가 대부분 와해되었다. 그 결과 경제 영역에서 국가와 사회의 관계가 혼란에 빠졌다. 한편 신경제 자유주의를 단지 옛 **자유방임주의**의 귀환이라고 생각한다면 오산이다. 만약 그렇다면 국가가 사용하는 국민소득이 10퍼센트 미만이 되어야 하는데 영국과 미국 정부의 일반적인 총지출은 1960년대 소위 고지출의 케인스주의 복지라고 일컫는 체제 하의 32.2/27퍼센트에서 각각 1995년 42.5/36.1퍼센트로 상승한 것이다. 사회 보호를 위한 공공 지출은 레이건주의와 대처주의에도 불구하고 1980년대까지 상대적으로 변함이 없었다. 영국에서는 1980년에 21.3퍼센트, 1990년에 22.3퍼센트를 기록했고 미국에서는 1980년대 14.1퍼센트, 1990년대에 14.6퍼센트를 기록했다(Hirst와 Thompson 1999, 표 2.2, 2.3). 양국의 전체 지출은 늘었지만 사회보장 영역은 그 혜택을 누리지 못했다. 그럼 도대체 어디에서 지출이 늘었을까? 일부는 환경보호와 같은 새로운 필요를 충족시키기 위해 그리고 일부는 보건과 교육 등 증가하는 기타 형태의 사회적 지출을 위해 쓰였는데 규제 확대를 위해 쓰인 부분도 있었다. 기업과 노조 간의 자율 규제가 줄어들고 경제 운영에 관한 폭넓은 제도들이 무너지면서 국가는 기존의 통제를 법률 제정과 규제를 통해 대체할 수밖에 없었다.

법과 감사가 노조의 대항적 권력으로 자라났고 협상을 통한 사회적 관리가 축소했다.

경제가 주요 변화를 겪었다면 직장에서 성공적으로 근무하는 시민들이 중앙정부와 지방정부에 기대하는 일련의 서비스에도 변화가 일어난다. 1960년대까지 복지는 아직 '기초적인' 서비스라고 부를 만한 수준에서 벗어나지 못한 상태로 만일의 사태에만 제공하고 최소한의 것만을 공급했다. 따라서 근로자들과 그들의 가족은 실업보험과 기초연금을 받을 수 있었으며 의료비 그리고 공영주택 또는 초등교육과 같은 서비스에 도움을 받을 수 있었다. 그런데 현재의 서비스는 매우 다른 기준으로 생각된다. 영국의 전체 가족 중 약 3분의 1에게는 고등교육을 받는 일이 보통 기대치가 되었고, 심지어 빈곤층에서도 장기 이식을 받을 수 있기를 기대하며 안정적인 직장을 다니는 이들도 공영주택에 사는 것을 꺼리며 주택담보대출을 위한 국가 보조금의 혜택을 보고 부족한 공공 기초연금을 민간 제도와 직업 제도로 보완한다.

1970년대에는 새롭게 확장된 서비스에 대한 수요 증가가 좀 더 기초적인 서비스에 대한 수요 증가를 부른 실업의 확대 및 사회적 혼란의 영향과 합세하게 된다. 그리하여 '앵글로색슨' 국가에는 초기의 이념과는 상관없이 사회적 지출을 억제하려는 경향이 나타난다. 대처와 레이건의 정책들은 뉴질랜드의 노동당이 전적으로, 호주의 노동당이 부분적으로 경제 자유주의로 돌아서게 하는 반향을 일으켰다. 마찬가지로 새롭게 확장된 복지제도들을 관리하는 데 심각한 문제점들을 드러냈다. 이러한 서비스들은 기존의 것과는 달리 통제하기 어려웠기 때문이다. 후자는 중앙집권적 정부의 관료제에 의해 보험 혜택과 상여금의 형태로 간편하게 지불될 수 있었고 비교적 동질적이며 표준화되어 지역적으로 전달하거나 관리하기가 쉬웠다. 문제는 전문화된 노동력에 의존하는 확장된 서비스였다. 대학과 병원 그리고 사회복지 부처들에 고용된 수많은 전문가들은 주어진 상황에 자율적인 판단을 내릴 수 있어야 하며 이는 새로운 우발적 사태를 통제하기 위해 설립된 신규 부서들의 규제 담당자들에게도 해당된다. 그러나 이러한 서비스를 국가나 지역의 공통 기준에 맞춰 중앙집권화된 방식으로 제공하기에는 문제가 있다. 전문가들이 연대하기도 쉽지 않고, 이들은 자신의 서비스를 위해 더 많은 자원을 구하려는 타고난 성향을 지니고 있다. 이런 이유로 지출을 억제하는 동시에 위계적 통제를 재작동시키고 공통의 '기준'을 도입하려는 욕구가 결합되어 나타난 것이다.

복지국가들과 기업들은 통제로 인해 발생하는 유사한 문제점들에 직면했다. 좀 더 유연하고 맞춤화된 방식으로 생산이 이뤄지려면 작업 현장에서 노동자들에게 상당한 자율권이 부여되어야 한다. 그렇지 못할 경우 이러한 방식에 필수적으로 수반되는 현지화된 문제 해결을 실행할 수 없게 된다. 일부 미국 회사는 이 같은 생산적 유연성의 논리를 따르며 감독 체제를 느슨히 하고 노동자들을 의사결정에 참여시켰다(Sabel). 반대로 타사들은 위로부터의 미시 관리micro-management를 진행하고 더 많은 품질 전문가들과 관리자들을 두며 생산과정을 낱낱이 통제하는 쪽을 택했다(Gordon 1996). 영국 중앙정부는 이와 동등한 미시적 관리 전략을 공공부문에서 시행하고 있다. 학교의 교육과정과 교수법을 하나도 빠짐없이 규제하고, 수술 절차에 적용되는 표준화된 실행 규범을 설정하려는 시도는 바로 표준화된 서비스를 최소한의 지출로 제공하려는 전략의 일부이다.

이러한 미시적 관리의 문제는 또 다른 두 가지 사회적 변화가 표준화에 대항하는 쪽으로 작용하고 있다는 것이다. 감사 체제는 복잡한 서비스들에 내재하는 가변성밖에 발견하지 못하는 것으로 보인다. 실제로 이러한 서비스들이 일련의 주어진 실행 표준에 따라 철저히 '얼어붙어' 있었음에도 불구하고 말이다. 이러한 경우, 배움을 토대로 한 개선과 혁신 및 역량은 포기해야만 했을 것이다. 감사 체제가 결과를 표준화시킬 수 있다 하더라도 과연 그러한 결과를 시민들이 환영할지는 확실치 않다.

첫째로, 대부분의 서구사회는 점점 더 이질적으로 변화했으며 대도시의 경우 특히 더 그러하다. 예를 들어 로스앤젤레스, 뉴욕, 토론토, 런던 및 시드니에는 매우 다양한 민족과 종교 및 생활양식을 지닌 집단들이 살아가고 있다. 이러한 집단들은 전반적인 사회적 가치관뿐만 아니라 서비스의 특정 내용에 대해서도 상이한 생각을 가지고 있다. 동성애자들은 자신들의 관심사에 호의적인 서비스를 원하고, 많은 중산층 사람들은 정골 요법부터 동종 요법까지 다양한 대안적 치료법이 공공보건기관을 통해 제공되기를 원하며, 미국 내 민족 집단들은 자신들만의 대학 강좌를 원한다. 아시아계 가족들은 가족과 공동체가 사적으로 다루어야 마땅한 사안에 사회복지사들이 침범하는 것에 분개한다. 이러한 요구사항은 끝없이 나열될 수 있으므로 여러 집단이 동질화될 가능성은 거의 없다고 볼 수 있다.

둘째로, 많은 서구사회는 점점 더 개인화되고 민중화되었다. 널리 퍼진 3차 교육과 노동력에서 중산층이 차지하는 직업의 증가는 개인의 자율성을 위한 물질적 전제조건을 갖춘, 더 나은 교육을 받은 인구의 성장으로 이어졌다. 대량소비가 여가 활동의 큰 부분으로 자리잡으면서 사람들은 자신이 선호하는 재화와 서비스를 선택하는 일에 더욱 익숙해졌다. 마찬가지로 전 인구 집단에서 엘리트 계층을 향한 경의와 신뢰가 줄어들었고, 사람들은 더이상 당국이나 전문가들이 자신을 위한 최선책이 무엇인지 알 것이라고 기대하지 않는다. 이러한 점에서 천편일률적인 복지의 핵심 전제조건인 보호·감독의 시대는 끝났다고 할 수 있다. 노조나 정당 및 교회 등의 집단에 대한 자동적인 복종 또한 줄어들었고 대부분의 정치적 집단 또한 그 일원의 수나 남은 일원의 헌신도로 따졌을 때 현저히 축소됐다. 물론 미국에는 광적인 '신자들', 거듭난 기독교인들, 급진적 생태학자들 등 현 시대의 온갖 것들에 열광하는 자들이 넘쳐나는데, 차이점은 그들이 어떠한 것을 믿기로 선택했으며 또한 종종 자신의 신념을 바꾼다는 것이다. 이처럼 소비주의적이고 경의하기를 거부하는 인간중심적 태도가 확장하면서 위계와 표준화를 위한 시도는 사회의 근본적이며 반전될 가능성이 희박한 변화들에 대항하는 움직임이 되어 버렸다.

어떻게 하면 우리가 사회통제와 사회복지의 문제점들을 해결할 수 있을까?

필자는 지금까지 사회통제, 법적 규제 및 복지의 문제가 모두 연결되어 있다는 점을 보여주고자 했다. 각 영역의 여러 문제점은 국가와 사회의 관계가 처한 공동의 위기에서 비롯된다. 그럼 이러한 위기는 어떻게 해결할 수 있을까? 필자는 결사체적 민주주의가 답이라고 생각한다. 결사체 민주주의에서는 공적자금이 동원되는 서비스가 자발적인 자치단체에 위임되고 민간기업을 포함한 가능한 많은 사회기관이 상호화되어 그들에게 영향을 받는 주요 이해관계자들에 대한 책임을 지며 이를 위해 이해관계자들의 대표를 기관 경영에 참여시킨다.[15]

결사체주의는 대의민주주의 제도가 18세기 당시 정부의 역할이 한정적이었던 대체로 자율 규제적인 사회를 통치하기 위해 고안되었다는 사실과 직면한다. 이러한 대의제는 여러 갈래로 나뉘어진 공공 서비스의 상태를 책임지는 데 효과적이지 않다. 정부가 서비스를 제공하는 동시에 그러한 서비스에 대한 책임성을 스스로 감당하는 두 가지의 모순적 역할을 맡기 때문이다. 사회는 더이상 자율규제적이지 않다. 여러 개인과 단체들이 대립하고 권위가 널리 분산되어 있어 쉽게 대응될 수 있는 '시민사회'라는 관념은 더이상 존재하지 않는다. 대신 우리는 국가 관료주의와 준정부기관, 기업 그리고 기부 단체, 문화 재단 및 대학[16] 등 비영리 부문에 내재하는 거대한 관료제로 이루어진 '조직 사회'에 살고 있다. 이러한 조직을 상대로는 개인이나 소규모의 자발적 결사체가 효과적인 대항력을 행사할 수 없다. 대의정치가 도입된 이래 현대 기업이 경제를 주도하게 되

15 이는 허스트(Paul Hirst 1994)에서 더 상세히 설명된다. 조슈아 코헨과 조엘 로저스(Joshua Cohen, Joel Rogers 1996)도 참고하기 바란다.

16 로버트 프레스투스Robert Presthus의 《조직 사회》*The Organisational Society*(1965)는 여전히 관료주의의 지속적인 성장과 확산을 이해하는 데 귀중한 안내서 역할을 한다.

었고, 이들은 마케팅된 서비스와 상품화된 여가를 공급하며 더 넓은 사회를 장악해 나갔다. 사적인 개개인으로 이뤄진 결사체로 간주되는 기업은 대체적으로 책임을 지지 않는 위계적 권위의 원천이 되어 버렸다. 정부는 독재적인 민간 정부로 가장 잘 묘사될 수 있는 기업체라는 조직을 부분적으로는 돕기 위해 또는 부분적으로는 제약하기 위해 그 규모와 범위가 확대되었다. 이러한 민간 정부가 지닌 책임성의 문제는 1970년대 경제적 변화와 1980년대 정부의 변화 이후 더욱 극심해졌다. 특히 후자의 결과인 반자치적인 기관의 민영화와 성장은 국가와 시민사회 간의 경계를 희미하게 했다. 사기업은 이제 많은 공공 기능을 수행할 수 있으며 이를 위한 공권력 또한 부여받았다. 공공기관이 마치 사기업처럼 운영되며 시장지향적인 방식으로 처신하도록 장려된다. 사기업 또한 그 어느 때보다도 통제하고 규제하기 힘들어졌다. 지금까지는 노조가 상당한 카운터베일링 파워countervailing power를 행사했었다. 표준화된 대량생산 시대의 기업은 규모는 컸지만, 고도로 중앙화되어 운영 활동이 비교적 예측 가능했으며 따라서 공공 단체에서 규제하기도 좀 더 쉬웠다.

우리의 주요 사회제도가 더이상 자유주의 사회의 구성 요소인 제한된 대의정부와 자율규제적인 시민사회를 표방하지 않는다는 점에서, 우리는 현재 '후기 자유주의' 질서 아래 살고 있다고 말할 수 있다. 그러나 우리는 여전히 대의민주주의와 경쟁 시장이 우리 사회 체계의 필수 속성인 것처럼 행동하려고 한다. 이는 사실이 아니다. 우리는 계속해서 임시변통으로 일을 처리하도록 강요당하며 더 많은 법률과 규제, 사찰단, 기관 그리고 더 적은 책무성이라는 더 깊이 파고드는 끝없는 변화를 만들도록 강요받는다. 조직 사회에 대응할 수 있는 단 한 가지 방법은 그 존재 자체와 공공-민간의 경계가 허물어지고 있음을 정면으로 마주하는 것이다. 민간과 준공공 정부는 그들의 영향이 미치는 이해관계자들에 대해 더 직접적인 책임을 져야 하고 '대표자 없이는 영향도 없다'는 새로운 원칙이 우리의 민주주의에 도입되어야 한다. 우리는 민간 정부를 있는 그대로 바라보며, 이것이 정치 체계를 넘어서는 어떠한 것이 아님을 확실히 인식할 필요가 있다. 기업과 그들의 재산권은 19세기 법률 제정의 결과물로 자연적인 제도가 아니다(Roe 1994; Alborn 1998). 결사체주의의 장점은 조직 사회의 실체를 직면하여 서비스의 제공 방식에 대한 선택권만 제외한 공공복지권을 시민들에게 부여해 복지를 다시 그들의 손에 맡긴다는 점이다. 또한 결사체주의에서는 공공이든 민간이든 모든 조직이 정부로 취급되는데, 이는 한 조직이 일부 대중의 이익에 심각한 영향을 끼칠 때, 그들이 해당 조직을 상대로 발언권을 행사할 수 있음을 뜻한다.

완전한 결사체 민주주의는 대의민주주의에 존재하는 기존의 제도와 조직력을 보완할 수 있고, 여기서 시장은 정치사상의 영역에 계속해서 머무르게 된다. 현재 우리가 당면한 문제는 매우 현실적인 것이지만 사회가 갈수록 더 복잡해지면서 대부분의 시민에게는 불투명한 사안이 되어 버렸다. 회사 경영의 민주화 또한 이러한 변화가 아무리 절실하더라도 아직까지는 이상주의적인 것으로 다가온다. 결사체주의의 이점은 시장경제를 사회화하거나 사회주의 경제를 시장화하는 등의 동시에 그리고 한번에 끝내는 사회적 이행을 수반하지 않는다는 것이다. 결사체주의는 반복적으로 그리고 단편적으로 도입될 수 있다. 결사체주의의 원칙이 일부 영역에서 입지를 확보하면 그 다음에 이를 기타 영역에 확장시켜 보는 것이다. 결사체주의 개혁에 대한 옹호는 상이한 가치관이 존재하는 이질적 사회에서 강요되는 통제 불능의 규제들과 일반적인 서비스의 문제에서 시작되어야 한다. 따라서 자발적 조직을 통한 결사체주의 통치 원칙은 다음과 같은 세 가지 관련 문제를 다룬다.

1. 상충하는 공동체 규범은 공동체의 자치를 통해,
2. 과도하게 확장된 규제 국가는 탈중앙화된 민주주의 규범을 설정하는 기관의 증가를 통해, 그리고 그러한 규범은 해당 기관의 일원에게만 구속력을 가지도록 함으로써,

3. 복지에 시민 선택권과 공적 제공을 결합하여 복지 관련 공공부문과 민간부문을 이어 주고 이에 따라 세금에 대한 혐오감을 줄이고 중산층과 빈곤층이 일반 기관들을 함께 공유할 수 있도록 장려한다.

다음으로 넘어가기 전에 먼저 세 가지 사항을 확실히 해야 한다. 이러한 사항은 현대 결사체주의가 개인의 선택이라는 원칙을 토대로 하지, 우리의 타고난 유대 성향으로 인해 수많은 기존 결사체주의자들이 신봉한 바를 토대로 하지 않는다는 사실을 바탕에 두고 있다. 따라서 현대 결사체주의는 다른 경쟁적 정치 교리보다 현대의 개별화에 더 잘 맞는 교리이다. 공산주의 운동은 본질적으로 의지력을 통해 사회적 연대를 다시 강화시키려고 한 운동으로 소위 우리 모두가 공유한다는 규범과 가치관들을 재정립하고자 했다(Etzioni 1995). 또한 이러한 재교화를 통해 시민들이 세금에 대한 혐오감을 스스로 이겨내게 함으로써 기울어져 가는 기관들을 지탱하고자 했다. 결사체주의는 공통적인 도덕성이 극히 일부 존재한다는 사실을 인정한다. 즉, 사회 내 대부분의 집단은 살인, 절도, 허위 발언 그리고 사기에 반대한다. 그러나 이를 제외하고는 세상에 대해 생각하는 방식이 서로 매우 다를 수 있으며, 각양각색의 규범적인 행동 양식 그리고 특정한 종류의 서비스에 대한 욕구가 상충하면서 갈등을 일으키게 된다. 하지만 반대로 극히 일부의 공통적인 도덕성은 결사체주의가 사회 조직의 원칙으로 기능할 수 있음을 뜻하며 구별적인 사회 집단들을 위주로 조직화된 사회가 야만적인 사회로 추락하지는 않을 것임을 의미한다. 두 번째 사항은 여기서 논의되고 있는 집단들은 주로 운명이 아닌 선택에 의해 구성되는 공동체라는 점이다. 개인은 언제든지 그 결사체에 합류하거나 떠날 수 있다. 따라서 집단은 하나의 부족으로 굳어지지 않을 것이다. 집단 간에 순환이 일어날 것이고 다양한 목적을 위해 다양한 집단에 가입하며 중복 회원권을 지닌 이들도 있을 것이다.[17] 세 번째로 결사체 체계에서 집단에 가해지는 주된 제약은 발언권이 아닌 탈퇴이다. 개인은 떠날 수 있으며, 자신의 선택 하에 공공 자금 지원을 받는 서비스를 통하여 공식화된 복지권을 주기적으로 옮길 수 있다. 결사체주의는 적극적인 시민권이라는 일반화된 원칙에 의존하지 않는다. 적극적으로 활동하며 스스로 참여적 기관을 설립하고 싶은 자들이 있다면 얼마든지 자신이 원하는 형태의 것을 구성할 수 있다. 그러나 대부분의 결사체에서는 그 일원이 운영자들에 대해 투표권을 가지는 대의민주주의의 형태를 띠게 되는데 이 경우, 주요한 민주주의적 제약은 많은 일원의 이해에 반하는 정책을 추진하여 자금을 잃게 되는 공포 그 자체가 될 것이다. 경쟁의 대상이 되는 조직들과의 공존 그리고 탈퇴에 대한 선택권이 조직의 과두제를 저지하는 가장 효과적인 방법이 된다.

자치 공동체

사회가 여러 선택적인 공동체로 분열되고 있다면 이러한 사실을 받아들여야 할지도 모른다. 우리는 이질적인 사회에서 한 집단에서 용인되는 행동에 관한 규칙이 타 집단에서 그대로 수용될 가능성이 희박하다는 걸 안다. 거듭난 기독교인과 동성애자는, 어떻게 좋은 삶을 영위할 수 있는가에 대해서는 많은 측면에서 이견을 가질 것이다. 우리가 다른 가치관을 지닌 복수의 집단이 존재한다는 사실을 규정 제정의 기반으로 삼았다고 상상해 보자. 어떻게 하면 다수가 공존하는 동시에 자신만의 가치관을 지킬 수 있을까? 확실히 현재와 같이 투쟁을 통해 대의민주주의 체제에서

17 필자는《결사체 민주주의》*Associative Democracy* 제 3장에서 결사체에서 그리고 결사체로부터 개인을 포함하고 제외하는 다양한 권리들이 결사체주의 원칙과 관련해 어떻게 정당화될 수 있는지 논의한 바 있다.

논쟁에 승리하여 중앙정부의 법률을 규정하는 방식은 아닐 것이다. 가능성 있는 전략은 미시적 통치micro-governance의 결합이다. 즉, 상이한 규칙이 적용되는 특별 지역을 만들고 상호적인 치외법권을 행사해 여러 자치 공동체가 같은 공간을 공유하게 하되 그 일원에게는 소속 집단의 규칙만이 적용되게 하는 것이다.

이와 같은 전략적 요소는 이미 존재한다. 덴마크인들은 코펜하겐에 아나키즘을 모토로 하는 크리스티아니아Christiania 공동체의 거주지가 있다는 것을 용인하기 어려워했지만, 현재 이 공동체가 있다는 것은 놀랄 만큼 평범한 일이 되었고 심지어 꽤나 **부르주아적**인 것이 되었다. 시드니나 맨체스터와 같은 좀 더 진보적인 주요 도시에는 이제 동성애자 마을이 생겨났고, 이들이 마을에 고소비 사업을 들여오면서 그저 참고 견뎌야 할 대상이 아닌 환영의 대상이 되었다. 네덜란드에서는 고의적으로 법률을 강요하지 않고 성매매나 중독성이 약한 대마초 등의 마약이 용인되는 변두리 지역이나 '제외지'uiterwaarden를 허용하는 정책이 비교적 성공적인 것으로 입증되었다(van der Horst 1996). 단 한 집합의 규정만이 존재할 수 있다고 생각하는 이들에게 17세기 당시 네덜란드에서 진전된 종교적 관용의 사례에 대해 찾아보라고 하고 싶다. 종교의 본뜻은 '*religio*', 즉 규정을 따른다는 의미이다. 16세기와 17세기에 유럽은 개신교가 분립되었고, 경쟁 관계에 있는 종교 집단들이 이에 맞서 싸우면서 종교 내전으로 분열되어 있었다. 현대의 미국 또한 다양한 저강도의 '사회적 전쟁'으로 분열되어 마약과의 전쟁을 단행되는 과정에서 한 공동체 전체가 범죄의 소굴로 취급되고, 낙태 시설은 종교 광신도들에 의해 직격탄을 맞고 있다. 미국은 선진국 중 가장 종교적인 국가인데 사실 이 공화국을 설립한 건국 이념 중에는 종교적 관용도 자리했다. 가톨릭 교인이나 유대인이 자신의 신념대로 예배를 드릴 권리에 의문을 제기하는 이는 거의 없을 것이다. 그렇다면 이러한 원칙을 사회적 행위까지 확장시켜 보자.

이는 법에 반하는 논의가 아니라 국가 규제의 감소, 그리고 더 많은 공동체의 자율 규제 및 내부 중재에 관한 논의이다. 이러한 선택적 자율 규제 공동체를 기반으로 하는 현대사회는 중앙의 사찰과 규정 제정의 부담을 줄일 수 있으며 이로 인해 중앙정부의 규정 확산을 저지하고 다양한 집단이 그들만의 사안을 직접 처리하게 할 수 있다.[18] 법은 단순화되고 일부 핵심적인 공동 사회생활에만 적용되어 더 큰 효과를 낼 수 있다. 공식적인 법이 약화되는 대신에 공동체의 자율 규제를 통해 법에 대한 대중의 신뢰가 회복될 수 있다. 영국에서 동성애가 불법이었던 때처럼 가치관의 차이로 인해 범죄자 취급을 받는 일도 없을 것이며 결과적으로 법이라는 장치 그 자체를 경멸하게 되는 일도 사라질 것이다. 경찰들은 모두가 동의하는 핵심적인 공통의 범법 행위만 규제하면 되어 더 많은 협조와 존경을 누릴 수 있다. 공동체 내의 사회통제와 공동체 간의 공통 법률에 대한 사회통제도 현재보다는 더 효과적일 것이다. 개인은 과도하고 달갑지 않은 공동체는 이탈함으로써 그들의 규제에서 벗어날 수 있고 공식적인 법은 이러한 권리를 확고히 보호해야 할 것이다. 공동체의 자기 규제가 더 강화되면서 장기적으로 공동체 간 마찰도 감소할 것이다. 개인들은 자신들만의 사안을 원하는 바에 따라 다스리고 도덕적인 소수가 법률 제정을 통제하여 인위적인 정치적 다수의 일시적인 사실을 통해 그들의 생활양식을 위협하는 일에 대해 걱정하지 않아도 될 것이다.

도시들이 마약 사용과 관련해 이를 허용하는 지역과 제한하는 지역으로 명확히 나눠진다고 상상해 보자. 부유층이 보안요원으로 둘러싸인 외부인 출입 제한 주택지에서 살 수 있다면, 미국에서 '게토'로 비유되는 지역이 실제로 빈민가처럼 되어 그들만의 경계를 설정하고 지역적 치안 활동을 펼칠 수 있다고 상상해 보자. 이것이 로스앤젤레스시 경찰청에게는 터무니없는 이야기일까? 하지만 규정을 집행하기 위한 그들의 비용은 폭

18 비공식적인 중재와 공동체 자율 규제의 원칙과 관행은 범죄학자들에게 잘 알려져 있다. 결사체주의의 요점은 이를 더 폭넓은 경제 및 사회 통치와 연계하여 주류에서 예외 사항이 되는 일이 없게 하는 것이다.

동에 대처하는 비용을 포함해 엄청나며 결과적으로 비효율적이다.

사실상 이처럼 조직화된 사회가 여태껏 없었기에 이러한 제안은 다소 유토피아적으로 느껴질 수도 있다. 그러나 반대로 현대에는 문화적으로 동질적인 인구 그리고 법과 가치관의 단일적인 체계를 지닌 민족국가가 오히려 예외가 되어 버렸으며 나아가 이제는 이러한 국가에도 수많은 집단 다원주의적 요소가 나타나기 시작했다. 네덜란드의 '기둥'pillars 체계가 대표적인 사례인데 본 체계에서는 대부분의 교육과 복지 및 사회적 결사체가 일반적으로 주요 종교 공동체 사이에서 종파별 안배주의를 토대로 조직화되었다.[19] 이러한 다원주의적 체계가 준수한 효과를 보여 왔고 또 오랜 기간 동안 지속되었다는 점은, 우리의 주요 모델인 미시적 통치와 치외법권의 두 사례로 입증될 수 있다. 전자의 가장 오랜 사례로 오스만제국의 밀레트 체계가 있는데, 본 체계에서는 상이한 종교/민족 공동체가 상당 수준의 자치를 수행하며 투르크 정부를 상대로는 세금의 책임을 다하고 그 대표자들의 상위 권한에 부응하기만 하면 되었다.[20] 따라서 다마스쿠스와 같은 도시는 뚜렷하게 구분되는 폐쇄적 지역구로 나뉘어져 있었고, 이러한 지역구의 일원은 자신들만의 관습법을 따랐으며, 여러 공동체는 주요 상점가와 같은 도시의 일부 공용 공간만을 함께 공유했다. 이러한 체계는 관용되는 종교적 소수자인 유대인이나 기독교인이 추가적인 조세와 특정한 시민권적 장애를 감당하더라도 이슬람교의 규칙을 얼추 받아들일 수 있게 했다. 실제로 그 전성기에 오스만제국은 유럽의 종교적 편협성 및 박해와 비교할 때 훨씬 더 나은 사회로 보였다. 치외법권은 제국주의와의 연관성 때문에 좋지 못한 평판을 가지고 있지만 동시에 이러한 역사적 연관성은 병행적인 법 체제가 불가능하지 않음을 시사한다. 따라서 1881년 이집트가 **사실상** 외세의 지배 아래 놓였을 때에

19 기둥 체계에 관해서는 아렌트 레이파르트(Arend Lijphart 1975)를 참고하기 바란다.

20 밀레트 체계 그리고 오스만제국의 다양한 종교 간의 관계적 문제는 브라우드와 루이스(Braude, Lewis 1983)를 참고하기 바란다.

도 유럽인들은 치외법권을 누릴 수 있었는데, 이는 오스만 시민들도 마찬가지였다. 여기에는 영국과 프랑스 그리고 이집트의 법 체제뿐만 아니라 유대인, 그리스인 그리고 이집트 원주민 등 다수의 종교 및 민족 집단의 관습법이 공존하였다.[21]

그러나 이러한 방식을 있는 그대로 따라 하자는 것은 절대 아니다. 왜냐하면 당시에는 전통적인 공동체의 소속이 태생에 의해 결정되고 인생 전체에 걸쳐 지속됐기 때문이다. 심지어는 네덜란드의 기둥 체계도 상당 수준 해체됐다. 이 같은 방식이 지닌 엄격함을 견딜 수 있는 사람들이 많지 않기 때문일 수도 있고 단지 모든 교파가 자신의 결사체를 가져야 한다는 이유만으로 그 수가 급속하게 늘어났기 때문일 수도 있다. 후자와 관련해서는 한스 반 데르 호르스트가 로마 가톨릭 염소 사육자 결사체라는 훌륭한 사례를 들며 조롱한 바 있다(van der Horst 1996: 51). 그러나 결사체 체계는 엄격하게 교파적이거나 그 소속이 전통적일 필요가 없다. 많은 이가 대부분 동호회와 같은 '중립적인' 결사체에 가입하려고 할 것이고 방대한 관행법을 지닌 유대교나 흑인 무슬림 공동체에 속하는 많은 일원은 법률의 제지를 덜 받고 조용히 자신들만의 생활을 누리는 일을 기쁘게 반길 것이다.

자율 규제

자율 규제 문제의 본질은 위에서 대부분 다루었는데 가치관의 기준보다는 자유재량권과 관련해 일부 사항을 지적하고 싶다. 수많은 보건, 안

21 이집트의 치외법권 체제는 칸논(Cannon 1998)을 참고하기 바란다. 푸르니발과 스미스(J. S. Furnival, M. G. Smith)와 같은 '다원주의 사회'의 지지자들은 이 같은 구별적 공동체가 민족국가에 의해 대체된 전근대적인 형태였다고 가정했는데, 사실상 이질성을 회복하려는 사회에게 이러한 공동체는 자유주의 대의정치를 보존하는 유일한 방법이 될 수도 있다. 스미스(Smith 1974)를 참고하기 바란다.

전, 환경보호 그리고 공중위생 법률이 존재하는 이유는 기업과 같은 단체에 영향을 받는 이해관계자들이 발언권을 가지지 못하고 또 이에 맞설만한 대항 세력도 없어 국가가 직접 나서서 보상하려 하기 때문이다. 또한 미국 연방정부나 유럽연합과 같은 조직이 매우 다양한 상황을 지닌 광대한 지역에 규정을 적용해야 되다 보니 법 자체도 복잡해진다. 이러한 규제에 대한 해결책은 지역화나 상호 이익을 통해 위험 요소를 내재화하는 공동체를 구축하는 것이다. 따라서 예를 들어, 근로자들이 상당한 발언권을 가지며 근로자들의 이익에 영향을 끼치는 회사 정책이 관리자와 직원 대표들의 합의에 따라 점검되는 회사는 자신만의 지역적 안전 기준을 발전시키고 이에 맞는 자체 보험 계획을 시행할 수 있다. 또한 해당 일원들이 위험을 감수할 의향이 있고, 공공기관이 감지된 위험을 대중에 널리 알린다면, 뼈에 붙어 있는 소고기나 특정 치즈와 같이 건강상의 우려가 공표된 음식을 공급하는 음식 동호회에도 가입할 수 있어야 한다. 제품 정의와 기준에 대한 많은 규제가 불필요하게 복잡한 것 역시 유럽연합이나 WTO의 자유 협정 규칙 하에 비교역 규칙이 무역 장벽으로 작용하는 것을 막으려는 과도한 우려가 있기 때문이다. 그러나 여기서 가장 중대한 우려는 거대한 조직체가 단일 국가처럼 비공식적인 방법으로 무역 보호주의를 행사할 수 있다는 것이다. 이러한 문제의 핵심적인 근원은 중앙집권화이다. 지역 공동체나 결사체가 특정 제품을 금하거나 소비하기를 거부한다면 그들의 뜻대로 할 수 있어야 한다. 지역화된 규제와 자율 규제는 제정되어야 하는 규칙의 복잡성과 규모를 줄임으로써 '동력화된 입법'과 변덕적이며 침범적인 법률 집행을 향한 움직임을 저지할 수 있다.

결사체적 복지

결사체적 복지국가는 시민이 선택하는 경쟁적인 자발적 자치 제공 기관들과 회원 자격에 비례해서 받는, 공적 기금에 의한 공식화된 복지권이라는 이원적 원칙을 토대로 할 것이다. 결사적 복지국가는 모든 이들에게 선택권을 주는데, 현재는 이러한 선택권이 공공 복지를 꺼려하는 중산층의 상위 계급에게만 상당 부분 한정되어 있다. 대부분의 사람은 세금을 내는 동시에 사교육과 의료보험 그리고 연금까지 낼 만한 여력이 없다. 결사체적 체계에서는 개인이 모두에게 개방된 결사체에 가입할 경우에만 공공복지권을 받을 수 있다. 이로 인해 부유층은 사용 가능한 공적 제공을 '보충하게' 되고 빈곤층은 기본복지권을 받게 된다. 이는 풍족한 이들이 공공 복지 체계에 머무르며 다른 이들과 같은 기관을 공유하도록 장려할 것이고, 세금으로 낸 부분을 돌려받으며 체계와 그 복지권을 지원하는 일뿐만 아니라 공금으로 지원되는 기본 공식들을 늘리는 일에 대한 그들의 반감을 줄일 것이다. 결과적으로 결사체적 복지는 공공 체계와 민간 체계를 병합하게 되는데, 이는 연금과 보험 등의 서비스에서는 좋지 않거나 매우 가변적인 약관을 내걸면서도 막대한 이익을 얻어 가는 민간 제공자들에게 압력을 가하고 빈곤한 시민들도 온정주의적인 복지를 일방적으로 받기보다 직접 제공자를 선택할 수 있도록 해 준다.

결사체주의는 복지 제공의 이원적 분열에 이의를 제기하기도 하지만 그 내용에서는 근본적인 다양화를 꾀한다. 교육과 보건 및 사회 서비스는 여러 가지의 경쟁적인 제공 양식으로 차별화되어 일괄 계약을 자신들에게 맞춤화된 방식으로 바꾸고자 하는 집단이나 개인에게 제공될 수 있다. 진보적인 교육을 원하는 부모들은 그러한 교육을 누리고 무슬림들은 자신들만의 학교를 설립할 수 있다. 사람들은 공공 기금을 사용해 자신들만이 원하는 건강 서비스를 만들 수 있다. 예를 들어, 주류 의학과 대체 의학을 융합하고 환자와 의사 간에 좀 더 평등한 협력적 관계를 구축하는 일 등으로 말이다. 공적자금을 활용하여 해당 공동체만의 독특한 기관을 발전시키는 능력은 그 일원들에게 더 많은 혜택을 제공함으로써 자치 공동체의 체계를 강화할 수 있다. 이로 인해 해당 집단은 결사체주의의 복지 원칙을 적극적으로 옹호하며 이러한 원칙이 더욱 확대될 수 있도록 지원할 것이다. 종교 집단은 부자와 가난한 자들을 공동의 단체 서비스를 통해 통합시킬 수 있는 기반을 얻게 되는데, 이러한 집단뿐만 아니라 복지 제공을 통해 강화된 동성애자나 페미니스트 결사체도 대규모적인 발전을 그릴 수 있게 된다.

이러한 체계에서 복지 제공과 주요한 기준 설정은 집단에게 위임되나 이를 제외하고는 자유민주주의 대의정부가 존속할 것이다. 본 정부는 공공 기금의 공급원이 되고 정부기관이 공공 기금의 수준을 설정할 것이다. 또 최소한의 공통된 기준을 세우고 집행하며 개인을 집단의 괴롭힘으로부터 보호하고 집단 간에 서로 악용하는 일이 없도록 보호할 것이다. 정부는 결사체 중의 결사체로서 18세기 현대 대의정치의 창시자들이 원초에 구상했던 대로 제한된 정부, 그러나 필수적인 공권력을 지닌 정부에 훨씬 더 근접해지게 될 것이다. 복지 제공과 자율 규제의 권한 이양은 국가에게 정부기관이 실제로 감당할 수 있는 업무를 부여하며 자유 국가를 약화시키기보다는 회복시킬 가능성이 크다. 좀 더 제한된 정부에 대해 염려하는 이들은 현재 지속되고 있는 기업 권력 앞에 정부가 얼마나 무력했는지를 돌아보고 권한을 양도받은 적극적인 시민사회가 기업의 활동에 가할 수 있는 제약들을 생각해 봐야 한다. 경쟁적인 공동체와 결사체가 있는 사회에서 자유주의의 핵심 가치가 지켜질지 두려운 이들은 자치의 확대를 통해 사람들이 타인에게 더 관용적으로 변하고 자신의 자율성을 지키기 위해 필수적인 자유주의의 공통 가치에 대해 더 민감해질 수 있음을 기억해야 한다. 이는 다시 언급하지만 종교적 관행의 사례를 보더라도 알 수 있다. 다원주의 사회복지 제공이 지닌 이점은 우리가 사회와 공동체 기준을 '탈정치화'하여 누구의 방식이 천편일률적으로 적용될 수 있는지에 대한 싸움을 멈추는 것이다. 자유주의와 결사체주의는 대립적이지 않다. 결사체주의는 대의정치를 대체하는 것이 아니라 보완함으로써 그 본래 구상한 목적에 맞게 일할 수 있도록 해 준다.

7장

범죄자 표상의 변화

Changing Representations of the Criminal

다리오 멜로시

이 글에서 나는 범죄학 담론뿐만 아니라 공공의 여론에서도 생겨나는 범죄자를 보는 관점들이, 그 관점들을 생산하고 재생산하는 사회적 질서들의 균열, 붕괴, 재구성과 어떻게 연결되는지를 보여줄 생각이다. 형벌과 사회통제를 고려하는 한에서 나는 두 가지 이념형적 상황을 이야기하려 하는데, 현대사회는 그 두 가지의 상황 사이를 오고간다. 하나는 분열되어 있고 빠르게 변화하는 사회가 스스로를 다원적이고 갈등적인 독립체로써. 주로 사상가들을 통해 인지하는 형태이다. 여기에서는 일탈 혹은 범죄의 개념은 범죄자의 표상이 근본적으로 논쟁적이며, 이론異論이 있으며, 일부 범죄자들이 적어도 악당보다는 혁신자와 영웅의 역할을 한다는 시각과 연관되어 있다. 이런 형태의 사회의 예시로는 세기 전환기, 이후 반복되어 나타난 1920년대, '확장된' 1960년대 유럽과 북미를 들 수 있다. 이 시기들은 감소하는 투옥률과 사회의 혁신, 실험, 변화를 둘러싼 공적 담론의 레토릭으로 특징지어진다.

이러한 유형의 사회적 기간은 주로 균열fragmentation이 '견딜 수 없는 한계'에 도달했을 때와 그에 뒤이은 시기의 반응에 해당된다. 최소한 엘리트들의 관점에서 이 시기의 타입들은 통합, 권위, 위계가 재건될 필요성(심지어 어쨌든 힘의 균형이 변화한 상황에서도)을 스스로에게 부과했다. 이 시기들은 내가 '일원론'이라고 부르는 통합과 화합으로 특징지어지는 사회질서 이론을 제기하는데, 이 이론은 기본적인 규범 질서가 합의에 따라 공유되며, 범죄자는 FBI가 1930년대에 사용한 낙인인 '공공의 적' 중 하나로 묘사된다. 범죄자는 (여론이나 소설뿐만 아니라 범죄학자들도 묘사하듯) 도덕적으로 불쾌한 개체이며, 어떤 경우든 사회의 도덕 질서에 심각한 위협을 가하는 자이다. 그런 위협의 원인들은 조금이라도 관련이 있다면 범죄자인 그나 그녀 안에서 발견되어야 하지 사회적 관계들에서 찾아져서는 안 된다. 국민국가가 처음 세워진 19세기, 1930년대의 세계대공황, 1973년 이후부터 오늘날까지, 에릭 홉스봄이 굉장히 적절하게 이름붙인 '위기의 수십 년'이 그 예들이다. 투옥률은 이 시기 동안 오르는 경향을 보였고, 공적 레토릭은 '국가', '민족', '공동체'와 같은 개념들을 둘러싼 집합적 가치를 다시 강화시켜 주었다.[1]

이 가설을 탐구하기 위해 나는 한편으로는 공적 영역에서의 범죄와 처벌의 표상이 더 깊숙한 사회, 문화 관계의 투사라는 카이 에릭슨(Kai Erikson 1966)의 통찰력에 의존하려고 한다. 다른 한편으로는 범죄자의 조건(그리고 나는 여기에 '표상'을 더한다.)이 노동계급의 가장 주변부에 위치한 자들의 운명과 관련이 있다는 사실을 선도적으로 인지한 게오르크 루셰(Rusche 1933; Rusche and Kirchheimer 1939)를 따르려고 한다. 범죄학자들은 주로 사회통제를 일탈의 '반응'으로 지칭하며, 특히 일탈인 '범죄'를 합법적으로 제재하는 방식으로 간주했다. 나는 사회통제와 범죄 사이의 그러한 관계가, 주어진 사회 역사적 상황에서 '사회통제'와 '범죄'의 구체적 특성에 따라 달라지는 우연한 문제라고 믿는다. 오늘날 사회에서 범죄의 통제는 갈수록 주로 합의에 기초하는 사회적 실천들에 종속되어 있고, '범죄'라 정의된 행위에 책임이 있는 소수보다는 일반 대중 전체를 통제

1 이런 예시들은 기본적으로 연구 프로그램이다. 나는 연대기와 사건들의 영향이 모든 사회와 문화에서 동일하다거나, 혹은 심지어 모든 사회와 문화가 동일하다고 주장하는 게 아니다. 더 발전된 연구에서 강조되고 고려되어야만 하는 시차들과 특정한 문화적 전통들이 존재한다.

하려는 경향이 있다. 이것은 많은 '고전적인' 사회이론가들의 시각이기도 하며, 가장 유명하게는 뒤르켐이 다음과 같이 명확히 표현했다.

> [처벌은] 과실을 교정하거나 예비 범죄자를 겁주는 데 도움이 되지 못하고, 그 효과가 있다 하더라도 오직 부차적으로만 도움이 된다. 이러한 관점에서 처벌의 효험은 어떤 경우에든 단지 의심스럽거나 썩 좋지 못하다. 처벌의 진정한 기능은 공공의 양심에 있는 모든 생명력을 유지하면서, 사회적인 결합이 손상되지 않게 유지하는 것이다. 그러므로 우리가 처벌이 집합적인 감정에 만들어진 상처를 치유하는 데 도움이 되며, 처벌은 이 감정들이 생기를 가지고 있는 곳에서만 상응하여 역할을 다하기 때문에, 결국 처벌은 무엇보다도 올바른 사람들에게 행해지도록 디자인되었다고 어떤 역설 없이도 말하는 게 가능하다.[2]

이러한 범죄학 연구들에서의 관심사는 사회이론에서도 다양한 방식으로 이야기된다. '문화' 영역으로의 심취의 발생은, 사회적 행위의 '(하부)구조적' 결정 요인들과 '상부구조'의 이데올로기적 형태들을 구분한다고 전통적으로 일컬어지는 마르크스주의자들의 기계적인 시각과, 1970년대와 80년대 사회이론가들이 그 시각에 점차 표현하던 깊은 불만으로까지 거슬러 올라간다. 그러한 불만은 문화적 요소들이 더 큰 **자율적인** 역할을 갖고, 경제 변수와 같은 전통적인 '구조적' 변수들의 자율성에 피드백을 준다고 강조하게 만들었다. 예를 들어 범죄학 영역에서 이론가들은 게오르크 루셰와 오토 키르히하이머의 《처벌과 사회구조》에서 가장 전형적으로 잘 드러난, 사회구조와 처벌 사이의 관계를 향한 비슷한 불만을 표출한다. 이게 내가 이 글에서 범죄와 범죄자들의 **표상**이 변화한다는 주제를 강조하는 이유이다. 표상을 통해 범죄학 담론, 공공 여론, 미학 담론에

2 브루스 디크리스티나(DiCristina 1988)의 글이 이 구절로 내 관심을 이끌었다. 비슷한 언급이 조지. H. 미드(Mead 1918)의 글에서도 발견된다.

서 범죄자를 서술하는 묘사는 특정한 시공간의 장에서의 도덕, 육체, 사회의 특성을 담은 독특한 '유형'을 드러낸다. 사실 각각의 문화적 환경은 과학 소책자부터 신문, 텔레비전 미디어부터 허구의 이야기까지 다양한 담론 형태들을 가로지르며, 범죄자에 관해 주어진 '지식'을 생산한다. 그러한 표상들은 다양한 것들을 가로지르며 공공 도덕을 향하여 구성되고 작동한다. 이 재현과 도덕적 지향성을 주는 작업은, '구조'가 주로 원인이라는 사회적 실천과 '문화'가 주로 원인이라는 사회적 실천 사이의 '선택적 친화성'의 일종으로 설명이 가능하다. 예를 들어, 아래에서 더 구체적으로 보게 될 텐데, 처벌의 비율은 경제의 변화에 '반응'하는 듯하다. 심지어 그런 지표 안에서 사회이론가들이 그렇게 묘사할 수도 있다 하더라도, 이건 일종의 항상성이 있는 '맹인' 메커니즘 때문이 아니다. '경제'가 어디로 가는지, '사회 위기'가 무엇인지, 무엇이 이를 일으켰고 누구에게 책임이 있는지 등 공적으로 사용 가능한 용어로 표현된 생각들이 범죄, 처벌, 책임에 관한 관념들과 함께 변화하고 잘 교환되기 때문이다. 비록 사회이론가의 묘사가 단순히 **환원된 형태**의 묘사라 할지라도, 궁극적으로 사회적 삶에 존재하는 이질적인 요소들 사이의 연결은 담론이 수행한다. 즉 담론의 상호작용을 통해서 사회 조직이 만들어져 사회적 실천을 가능하게 한다.

이러한 식의 접근은 현저하게 '성찰적'이어야 한다. 주로 '실증주의적'이라고 불리는 태도는 특히 지난 15 혹은 20년 동안 범죄학에서 '성찰적' 시각을 왜곡시키는 데 큰 영향을 끼쳤다. 사회학 이론은 대신 기든스(Anthony Giddens 1984)와 같은 저자의 작업 예에서 성찰성의 개념을 가져와 사용하려고 시도했다. 이는 자신의 아이디어에 필요한 함의를 인식하는 방식으로, 그 또는 그녀가 그 아이디어들을 이용해서 묘사하려는 내용과 함께 사회과학에 도전을 가져왔다. 범죄학에서는 그렇지 않다. 오히려 1960년대 후반이나 1970년대 초반에 나타난 마차(Matza 1969)나 테일러(Taylor et al 1973)의 저작들에서 표명된 성찰성은, 언제나 정치적 합법화의 문제와 밀접하게 연결되어 있는 운명을 가진 사회과학의 테두리 안에서의 범죄학을 소위 안락사에 너무 가깝게 만들었다.

'배제'와 '포섭' 사이의 형벌 제도

오늘날에는 관습적으로 형벌 제도를 배제의 제도로 생각한다. 이는 그 '진정한' 기능과 결과로 인식될 수도 있지만 분명, 특히 그것을 시작할 때에는 그러한 목표를 추구한다고 상상되지 않았다. 오히려, 특히 감옥의 경우 사회계약을 맺게 하는 포섭과 포함의 기제로서 여겨졌다. 특히 이런 사례는 초기 미국과 같은 공화정 또는 초기 민주주의 사회에서 드러난다.

1970년대 문화의 중요한 사상인 후기구조주의는 감옥과 일반적인 '이데올로기적 국가기구'가 '주체 생성'을 위한 목적으로 '발명'되었다고 지적한다(Matza(1969), Althusser(1970), Foucault(1975)는 이에 대해 꽤 비슷하게 이야기한다). 혹은 이는 자기 통치를 기반으로 하는 시스템의 필수적 전제 조건인 어떻게 스스로를 다스리는지를 아는 시민들, 북미의 개혁가 벤저민 러시Benjamin Rush의 더 직접적이고 명백한 표현을 빌리자면 '공화주의적 기계들'을 만들어 낸다. 그러나 내가 지적하고자 하는 바는 사회계약과 사회체에 '포함'이라는 용어들은, 사실 주어진 사회가 겪는 특정한 단계와 사회질서가 형성되고 인지되는 방식에 따라 반응한다는 점이다.

부몽과 토크빌(Beaumont and Tocqueville 1833)부터 루셰와 키르히하이머(Rusche and Kirchheimer 1939)까지 많은 '고전적' 논평가들은, 주어진 기간 동안 특정 사회의 형벌 제도가 가진 주요 특징과 사회가 시민들, 특히 **노동하는** 시민들에게 보이는 이해 사이의 관련성을 지적했다. 노동의 가치화는 전형적으로 포함과 통합의 태도와 연관되지만, 가령 높은 실업률 같은 상황에서 노동력의 가치 하락은 주로 '인간 창고형' 수감자 제도 같은 처벌 개념과 연결된다. 사회구조와 형벌 제도의 관계를 사유하는 이러한 방식은 한 줌의 진실 그 이상의 의미를 담고 있지만, 주어진 상황과 거기에 요구되는 정책들의 정의가 강고한 경제적 기준에 따라 객관적으로 '주어진' 게 결코 아니라 정치와 경제 엘리트들이 굉장히 중요한 발언권을 갖는 헤게모니 과정의 담론적 산물이기 때문에, 나는 이런 관점이 여전히 너무 기계적이라고 믿는다. 예를 들어, '사회적 위기'가 무엇인가는 이를 정의하는 사람의 관점에 크게 의존한다. 사회 엘리트들의 관점에서 위기는, 정치적이든 경제적이든 그들의 힘에 대한 첫째 가는 가장 중요한 공격을 의미한다. 그러므로 나는 두 가지 상황을 처벌의 관점에서 얻을 수 있다고 제안한다.

배제의 형벌 상황에서는 사회가 '위기' 상태에 있다고 (성공적으로) 묘사되고 있는데, 여기서 질서는 다시 확립되어야 하며 사회구조는 찢어지고 뜯겨나간 후에 회복되고 다시 통합되어야 한다. 여기서 흔히 국가의 은유가 나타난다. 마차(David Matza 1969)가 아주 훌륭하게 설명했듯이 리바이어던은 질서, 단결 혹은 그 이상의 통합(**일자로의 회귀**)과 위계를 공급한다. 국가의 주된 권력 중 하나가 처벌하는 힘이기에, 형벌은 특히 주권의 경계와 권력을 정의하는 데 쓰이는 경향이 있었다. 이런 상황에서는 분열과 무정부 상태를 제거함으로써 사회를 통합시키는 일이 형사사법제도의 과업 중 하나로 묘사된다.

대신 (뒤르켐주의자들의 관점에서 보자면) 포섭의 상황에서 사회질서는 숨막히고 불공평하다고 인식되고, 사회 변화는 필수가 된다. 실험과 '혁신'을 감안하는 일이 형사사법제도의 과업 중 하나로 묘사된다.

어떻게 하면 사회학적으로 그러한 진동을 탐구할 수 있을까? 예를 들어 양적 시각에서 보자면 도덕적 공황과 위기 상황(특히 엘리트들이 그러한 위기를 지배적인 형태의 사회적 관계, 즉 그들의 힘을 위협하는 것으로 인식할 때)에 형벌 제도의 생산성이 높아짐을 볼 수 있다. 경제 혹은 정치, 혹은 두 위기 모두에서 구금율이 증가하는 경향이 있다. 그러나 질적으로 보면 범죄자의 표상들, 즉 사회가 만들어 내는 표상들, 범죄학자들이 사회를 위해 만들어 내는 범죄자의 표상들도 역시 변한다는 사실을 관찰할 수 있다.

양적, 질적 두 관점은 서로 연관된다. 범죄자 또는 수감자(일반적으로 대중은 이를 동의어로 생각한다.)로서 형벌 체계에서 중심에 있는 사람에 대한 평가절하는 그러한 사람의 숫자가 증가하는 것과 관련이 있다. 다시 말하자면 수감자의 수를 증가시키는 사회적 과정과 범인의 표상을 바꾸는 과정 사이에는 **관련성**이 있다. 이는 오히려 동일한 사회적 과정으로, 사회적 실천에 맞춘 표상의 변화는 숫자가 오르거나 내려갈 수 있게 하며, 그러한 숫자의 시소는 표상의 질에 영향을 미친다.

나는 그 양적, 질적 가변성에서 볼 때 형벌의 영역이 대중 대다수에게 다소 행사되는 일종의 '도덕의 공보'를 구성한다는 가설을 이전에 발전시켰다. 이미 언급했듯 나는 형벌 제도의 주요 기능이 범죄자들보다는 대중을 더 통제하는 것이라고 여기며, 범죄자를 사실 그러한 통제의 '유용한' '전달자'로 간주한 뒤르켐-그리고 그 문제를 다루는 고전 이론가들-을 따른다.

드디어 이 논문의 주요한 초점에 도달했다. 배제하는 경향이 특징인 상황에서, 실제로 (공적 여론 **및** '예술' 작품 **외에도**) 범죄학자들이 범죄자에게 거리를 두고 반감의 태도를 취하는 모습을 관찰하게 될지도 모른다. 일탈자는 그 자체로 그가 원하든 원하지 않든 악의 생산자로 보이고, 사회질서는 확립되어야 할 주어진 질서로 표현되며, 범죄자의 표상은 괴물들의 무리 아래 있기에 어느 공통의 경험과도 멀리 떨어져 있으며 공감의 가능성도 없어진다.

대신 포섭의 추동으로 특징지어지는 상황에서는, (공공의 여론이나 허구의 이야기와 마찬가지로) 범죄학자들은 범죄자들에 대해 거리를 좁히고 동정적인 태도를 취하는 경향이 있다. 일탈자는 일종의 사회의 희생자로 보이고, 사회질서는 당연히 혹은 최소한 합리적으로 도전받아야 하는 것으로로 표현되며, 범죄자의 표상은 사회적 조건과 운명의 독재에 대항하는 영웅적인 노력을 하지 않을 때 혁신가의 무리 아래에 위치한다.

내가 의미하는 바를 덜 추상적으로 표현하기 위해 아래에서는 주로 범죄학 역사에서 따온 몇 가지 삽화를 제시하겠다.

이탈리아 실증학파

체사레 롬브로소Cesare Lombroso의 입장은 1861년 이탈리아 통일과 뒤이은 큰 영토, 특히 남부 지방을 병합한 역사적 맥락에서 분리될 수 없는데, 이어 10년 동안 '이탈리아'Piedmontese 군대가 이곳에서 이전 정권과 교회의 도구로 묘사된 농민 무법자들을 상대로 유혈 진압을 벌였다. 이 역사적 맥락은 롬브로소와도 무관한 배경이 아니다. 1862년 롬브로소 자신도 잠시 동안 칼라브리아의 남부 지역에 주둔한 피에드몬테세Piedmontese 군의 군의관으로 있었다. 그는 특히 '인종'을 근거로 설명하려고 애썼던 지역 주민의 다른 문화에 깊은 인상을 받았다. 그로부터 10년도 채 지나지 않아 타고난 범죄자 이론이라는 유명한 발견을 하게 한 빌레라Villella의 두개골은 칼라브리아 출신 한 소작농의 것이었는데, 그는 도둑과 산적이라는 이유로 죽을 때까지 구금되어 있었다. 여기에는 어떤 씁쓸한 아이러니가 있다. 그러나 일단은 롬브로소의 유명한 이론을 요약한 말에 귀를 기울여 보자.

> 미개인들과 유색인종에게서 나타나는 많은 특징들이 타고난 범죄자들에게서도 발견된다. 그 특징들은 다음과 같다. 가늘어지는 머리카락, 힘과 체중의 미달, 적은 두개골 용량, 벗겨지는 이마의 머리카락, 발달된 전두부비동, 자주 나타나는 전두엽의 봉합선, 시기적으로 빠른 골격 유착, 특히 전두엽과 측두엽에 나타나는 관자놀이 곡선, 봉합성의 단순성… 어두운 피부, 두꺼운 곱슬머리, 크거나 손잡이 모양인 귀, 성별 사이의 큰 유사

성… 나태… 경박한 맹신… 종국에는 상대적인 신성과 도덕 관념.

문화적 차이가 커서[3] 단어 그대로 이해하기는 힘들더라도 롬브로소의 이론에서 북부와 남부의 차이, 유럽과 지중해 사이의 차이, 정상성과 인간 본래의 병리 간의 차이에서 인종화되어야만 했던 일종의 신체 변형을 보는 건 어렵지 않다.[4] 실제로 롬브로소가 범죄자들에게서 찾은 많은 신체 특징들 또한 남부 사람들에게서 기인한다. 이미 근대성의 기계를 통해 '진보'한, 그래서 자치를 할 준비가 되어 있고 동시에 공장이나 회사를 들어갈 준비도 되어 있던 북부의 산업화된 대중과, 개별적으로 낙후된 농촌 생활에 얽매여 있던 남부 대중의 차이는 그 뿌리가 역사에서 발견된다. 그러나 당시 이 차이의 뿌리는 여전히 너무도 깊어서, 인종과 개인의 기질이 연결되어 인간 진화 흔적의 신화로 나타나야만 했다. 1926년에 안토니오 그람시는 유명한 에세이 《남부 문제에 관하여》*La questione meridionale*에서 다음과 같이 적었다.

부르주아파 선전가들에 의해 북쪽의 민중들 사이에서 어떤 이데올로기가 무수히 전파되어 왔는지는 잘 알려져 있다. 남부는 이탈리아 사회 발전이

3 하지만 마지막 부분에서 드러난다. '상대적인 신성과 도덕 관념'

4 로버트 코넬(Connell 1997)의 주목할 만한 글 "왜 고전 이론은 고전적인가"에서는' 식민화' 모델을 사회이론적 기원을 가진 보통의 '근대화' 모델과 병치한다. 내가 보기에 이탈리아의 경우는 그러한 병치의 아직 발견되지 않은 사례이며, 서로를 강하게 암시한다는 것을 보여준다. 달리 말해서, 결국 '비유럽'과 '식민지'를 대상으로 하는 '문명화된 시선'은, 유럽의 모든 국가들에서 국내, 그중에서 주로 시골의 하위 계층을 대상으로 해서 처음 겪고 성장했으며, (또한 '서구'나 심지어 '유럽'의 개념이 코넬과 같은 영어를 쓰는 작가들처럼 이해 가능하며 동종이라는 사실과 거리가 멀다는 것을 알아ckfl기 바란다.) 종종 '서구' 혹은 '유럽'의 문화를 대표하는 영어를 말하는 사회나 드물게는 독일어 혹은 프랑스어를 말하는 사회를 지칭한다. 어떻게 꽤나 다른 가톨릭/남부 유럽의 전통들이 특징지어져야 할까? (특히나 전 세계적 차원에서 이탈리아와 스페인의 경우는 중요하다. 라틴아메리카의 비슷한 테마들은 살바토레와 아기레(Salvatore and Aguirre 1996)를, 이탈리아에 대해서는 멜로시(Melossi 근간)을 참고하라.)

> 더 빨리 진행되는 걸 막는 뭉텅이와 사슬이다. 자연적 운명으로 볼 때 남부는 생물학적으로 열등한 존재, 반-야만인 또는 완전한 야만인이다. 남부가 낙후되어 있다면 그 잘못은 자본주의 체제나 다른 역사적 이유에 있지 않고, 이곳을 게으르고, 무능하고, 범죄적이고 야만적으로 만든 자연에 있다. 건조하고 척박한 사막에서 홀로 고립된 야자수처럼, 극소수의 위대한 천재들이 순수하게 개별적으로 발흥해서 이 가혹한 운명을 달랠 뿐이다. 사회주의 정당은 북부 프롤레타리아 사이에 이 부르주아 이데올로기를 운반한 큰 매개체였다. 사회주의 정당은 이른바 실증학파를 구성한 작가 패거리가 쓴 '남부주의' 문학 모두에 축복을 내렸다. 페리Ferri, 세르지Sergi, 니케포로Niceforo, 오라노Orano와 그들을 따르는 이들은 기사, 이야기, 단편, 소설, 인쇄물, 회고록에서 다양한 형태로 한 가지 말을 반복했다. 다시 한번 '과학'은 비참하고 착취당한 사람들을 짓누르는 데 사용되었지만, 이번에 그 과학은 사회주의의 옷을 입고 프롤레타리아 과학이라고 불렸다.

대표적인 사회주의자 정치인이자 롬브로소의 추종자인 엔리코 페리Enrico Ferri는 범죄 '성향'에 더 사회학적인 고찰을 도입함으로써 그의 멘토 롬브로소의 이론에 혁신을 일으켰다고 언급된다. 그러나 나는 롬브로소의 타고난 범죄자 이론이 페리에게서 보다 사회학적인 방향으로 가며 실증학파로 강조점이 전환되었다는 사실에서, 범죄 표상에 있어 주인공이나 **인물**의 변화와 함께 거슬러 올라가야 하며 동시에 다른 '범죄'상을 표현하는 노동자 집단의 유형들과 층들에 상응하여 추적되어야 한다고 생각한다.

유명한 사회주의자가 되기 전에 페리는 굉장히 성공한 변호사이자 형법 교수였으며, 적어도 법적 변호만큼이나 과학적인 이론으로도 유명한, 대단히 성공한 웅변가였다.[5] 페리는 '자본주의적' 토지 소유와 농업의

5 라드지노비츠(Radzinowicz 1999)가 페리와 만나고 도제살이를 한 기억들을 보라.

선진화로 노동자계급 운동이 최초로 출현한 이탈리아 북부 농촌 지역 중 하나인 만투아 북부 지방에서 태어났으며, 그가 초기에 변호를 맡았던 사건 중 하나는 그 지역의 소작농 운동가들의 일이었다. 만투아 소작농들은 농업 일용직 노동자들의 더 나은 조건과 임금 수준을 요구하는 운동인, 일명 **라 보제**la boje[6] 운동이라고 불린 북부 지방 대중들의 광범위한 운동에 참여했다. 페리가 맡은 법정 사건에서, '범죄자들'을 변호하는 웅변가 페리 주변에 그보다 더 많은 사람이 몰릴 수 없었다. 그 몰린 주변은 처음에는 지리적인 차원이었지만 점차 문화와 정치의 차원까지 확장됐다. 정말 누군가 이 경우가 '범죄'라고 말했다면, 페리의 변호는 혁신의 개념, 사회정의, 범죄의 사회적 원인을 내세웠다. 즉 페리에게는 이 사람들이 정말 영웅에 가까웠다.

> 사회병리학을 배우는 학생으로서 나는 감옥과 자유 생활에서 범죄자들을 관찰해야 했고, 선생님들의 지시에 따라 나는 범죄자들의 도덕적, 육체적 특성들을 알아차렸다. 이 특성들은 사회 환경에서 범죄라는 수단을 통해 실존을 향한 끝없는 투쟁을 하게 만든다.
> 이제 나는 범죄사회학 교수로서 이 재판에서 나의 인류학적 연구들이 조금도 도움을 주지 못했다는 사실을 진술하게 되어 매우 기쁘다. 왜냐하면 변호사인 나를 안심시키는, 피고들에게 범죄성의 어떠한 흔적도 찾을 수 없다는 결론에 도달해야만 했기 때문이다. 반면 심리학의 법칙을 통해 알게 되었듯이 실리프란디Siliprandi와 같이, 영웅의 영혼을 가지고 있거나 그의 동료들처럼 정직한 이들이 결코 보통의 범법자가 될 수 없음을 나는 선언해야만 한다. 인간 마음의 법칙을 알지 못하거나 정념이나 개인적인 원한에 눈이 먼 사람들이 단지 상상할 만한 건 끔찍한 것들이다. **(박수)**
> 그리고 나는 이 사람들이 자유의 몸으로 돌아오든지 아니면 터무니없는

6 소작농들의 대화에서 그와 같은 구호가 나왔다. 'la boje, la boje, e deboto la va de fora!'(끓는다, 끓는다, 이러다 곧 터질 거야!)

가설로 인해 죄수복을 입은 채 돌아가든지 간에 언제나 이 사람들과 악수하는 일이 자랑스럽다고 진술하고 싶다. (**우레와 같은 박수**)

그러나 교수가 이 재판을 위해 범죄인류학에 관한 그의 책을 한가롭게 편다면. 학생들과 변호사는 또 다른 고통과 한숨으로 얼룩진 인생이란 거대한 책의 다른 페이지를 함께 응시해야만 한다. 고향의 노동자들을 절망스럽게 억누르는 가난을 그는 끈기 있고 고통스럽게 해부해야만 한다.

페리는 그 지역의 경제적, 사회적 상황을 분석해 '그의 고향 지방' 소작농들이 제기한 불만의 정당한 원인을 수십 쪽에 걸쳐 재구성한다. 레토릭은 사회 변화 중 하나이다. 부당하게 기소된 사람들은 사실 새로운 세계의 선구자들이며 더 정의롭고 더 인간적이다. 그들은 범죄자가 아니라 진정한 '우리'의 영웅들이다. 산적 빌레라가 원시적이고 문명화되지 않은 투쟁을 벌였던 거친 남쪽 산악 지역으로부터 우리는 얼마나 멀리 떨어져 있는가!

그러나 '자연' 범죄와 '인공' 범죄를 구분해서 유명한, 또 다른 그 당시 대표적인 실증주의 저자인 라파엘레 가로팔로Raffaele Garofalo 남작의 비슷한 구분을 따른다면, 어떤 이는 우리가 여기서 언급하는 아주 다른 유형의 범죄에 대해서는 반대할지도 모른다. 그러나 나는 법원이나 언론 등과 마찬가지로 범죄학자들이 어떤 유형의 범죄에 초점을 맞출지 선택하는 건 실제로 우리가 **설명할 주제**의 일부분이라고 믿는다. 왜냐하면 분석, 지식, 오락 등 특정 '사실들'에 대한 우리의 방향은 역사적으로 가변적인 가치의 집합들에 따라 작성되고 지시되기 때문이다. 심지어 범죄자들 자신이 사회에서 지배적인 범죄성 담론에 좌우되며, 스스로 그러한 담론에 비추어 자신의 행동과 이미지를 확인할 준비가 되어 있다. 범죄자들은 깊숙하게 사회, 역사 관계망에 속해져 있다. 특히 그들이 저지르는 행위의 잔인한 성격이나, 다른 경우에 그들의 세련됨과 혁신은 적어도 부분적으로 그들 스스로 내던졌다고 생각하는 그 환경에 달려 있다. 예를 들어 아처와 가트너(Dane Archer and Rosemary Gartner 1984)에 따르면, 갈등을 해결하기 위한 중요한 자원으로 폭력을 장려하는 미국과 같은 사회는 분명 더 높은 폭력 범죄율을 촉진하게 될 것이다. 반면 폭력은 피하지만 간계와 사기는 더 부드럽게 받아들여지는 사회, 가령 이탈리아와 같은 곳에서는 반대 상황이 일어날 것이다.

다른 말로 하자면 우리가 북부와 남부의 경제성장 방식, 실업률, 노동자 계층의 유형이 굉장히 다른, 이탈리아 사회-경제의 이원론적 발전이라는 특수성을 고려하지 않고서는, 롬브로소와 페리가 '타고난 범법자' 혹은 '사회적 조건'[7]에 찍은 다른 방점들을 진정으로 이해하기가 어렵다는 것이다. 북쪽 지방에 보다 발전되고 전투적인 노동계급이 편입됨에 따라 그곳에서 나타나고 있는 문제들, 심지어 범죄 문제들에 대해서도 사회는 보다 포용적이고 동정적인 태도를 보였다. 동시에 들판에서 반半기아 상태를 의미하든 이주를 통한 완전한 축출이든 간에, 남부의 가난한 농민들에 대해서는 더욱 배타적인 태도가 팽배해 있었다. 통일 이후인 1861년, 전국에서도 높은 투옥률과 실업률은 심지어 남쪽 지방에서 더욱 높았다. 그러나 1880년에서 1차 세계대전 사이에 다른 유럽 국가들과 마찬가지로 이탈리아에서도, 남쪽 지방으로부터 대규모 이주와 동시에, 북쪽 지방 노동자계급의 처우 향상은 일반적으로 투옥률의 감소와 일치한다.

시카고: "공감"의 태도

북부군 장교와 마사리massari 지역민들(마피아의 등장과 연결될 그 지역의 중산층)의 오만함을 대처하는 데 지쳐 있던 빌레라의 후예들과 그와 같은 처지의 사람들은 신대륙에서 행운을 찾기 위해 나폴리와 팔레르모 항

7 물론 이건 페리가 그의 멘토의 결정론(인류학적이기도 한)을 피한다는 의미는 아니다.

구로 **일제히** 움직였다. 테티(Vito Teti 1993)는 남부 문제에 관한 논쟁을 재구성하면서 이민이 어떻게 그들의 적들, 남부 지주들, 북부 엘리트들뿐만 아니라 남부 민중에게도 도적질과 범죄의 '대체품'으로 간주되었는지를 지적한다. 이는 변화할 수 없다고 인식되는 상황을 향한 저항의 몸짓이었다.[8] 이민자들, 소위 '미국인'들은 그들의 관습과 땅에서 벗어나 있고 통합되지 않은 일탈적인 배신자로 간주됐다. '미국으로의 탈출'은 '산으로의 도피'(산적이 되기로 선택)와 동등했다. 이 이미지는 뉴욕의 거리와 골목에서 부에노스아이레스까지 몇 년 동안 증가했던 이민자들의 범죄가 가져오는 동시대의 공포감을 부채질했다.[9]

물론 남부 이탈리아 사람들만의 경우가 아니었다. 마찬가지로 비슷한 상황에 내몰린 러시아 유대인과 여러 동유럽 민족들이 일찍이 앨리스섬의 막사를 채웠던 아일랜드인과 독일인들을 대체했다. 시카고는 심지어 뉴욕보다도 더 많이 이들을 끌어들였다. 시카고의 공장들, 창고들, 철도 그리고 강들이 미국 중서부의 좋은 위치에 있었기에, 이민자 수만 명이 그 당시 미국에서 가장 빠르게 성장하는 도시인 시카고로 몰려들었다. 그리고 신설된 시카고대학교에서 새롭게 생긴 사회학과가 이주 문제가 사회 과정의 주된 메타포임을 발견한 일은 자연스러웠고, 마찬가지 방식으로 많은 시카고인들은 이주자 문제를 대하는 그들의 공격성과 지지의 이유를 찾았다.[10] 미국 정착 운동의 주된 경험인 제인 애덤스의 헐 하우스Hull House는 이러한 관심의 중심지로, 존 듀이, 조지 허버트 미드, 윌리

8 사실, 1890-1913년의 대규모 이민은 같은 시기 이탈리아에서 투옥률의 감소와 무관한 일은 아닐 것이다.

9 폴 페데른Paul Federn은 프로이트주의에서 영감을 얻은 에세이에서 당시 볼셰비키 혁명과 미국의 문화적 에토스 사이에 깊은 심리적 친화력이 있다고 언급했는데, 이 두 유형의 사회는 '아버지 없는 사회', 즉 즉 권위 없는 '아노미' 사회를 세우려는 유토피아적 시도로 연결됐다.

10 여기서 언급되는 사회학자들과 범죄학자 중 많은 이들이 그랬으며, 또한 약간 다른 방식으로 아웃사이더였다.

엄 I. 토머스와 같은 사람들이 모여 당시의 사건을 토론하고 이주민들과 대화를 나누며 시카고에서 일어나고 있는 그 '사회적 과정'을 개괄적으로 이해하고는 했다. 많은 책들이 시카고 학파의 경험을 다루고 있다. 그러나 내가 강조하고 싶은 지점은 시카고 사람들이 대면했던 일탈의 세계–이민자, 떠돌이 일꾼, 카바레 댄서, 창녀, 비행청소년–를 묘사하려고 쓴, 데이비드 마차가 **공감**의 태도라고 부른 것이다. 그러한 공감은 몇몇 사례에서는 사회학자가 연구 대상을 지근거리에서 대하다가 생긴 정치적이고 도덕적인 연대감에서 단순히 온 경우도 있고, 다른 경우에는 앤더슨(Nels Anderson 1923)이나 셀린Thorsten Sellin처럼 연구자가 연구 대상자의 경험의 적어도 일부는 공유한 데에서 왔다. 그러한 근접성과 시카고인들이 사용하는 특정한 방법론–대화하고, 함께 살고, 그들이 연구하고자 하는 사람들을 알아야 할 필요성과 관련된 민족지적 접근법–사이의 연관성은 자명했다.

시카고에서 생겨난 사회질서와 사회통제의 개념은 단지 그런 태도의 반영일 뿐이다. 사회통제는 언어, 문화, 종교, 계급, 인종의 선을 따라 첨예하게 나눠진 세계에서 상호작용의 문제였으며, 사회통제와 일탈의 공식적 개념은 잔혹한 반대 탄압으로 발생하는 최악의 경우와 '시카고인'들이 높게 평가하는 민주적 과정이라는 최상의 경우에 달려 있는 상당히 **상대적**이고 다원적인 개념이었다. 결코 사회질서는 주어져 있거나 결정화되어 있다고 간주된 적이 없었다. 반대로 시카고 **시대정신**의 중요한 철학적 표현인 프래그머티즘 사상은 '사회 실험'과 '사회 실험실'과 같은 아이디어들로 사회생활의 유동적 생성을 강조했고, 특히 헐 하우스와 정착 운동에 이를 적용시켰다. 이 시카고 '에토스'는 진보주의 표현의 정수였고, 훗날 '재즈 시대'–1929년 대폭락으로 인한 거친 충격 이전까지 거침없이 나아간 자본주의 발전의 시기–라고 불리는 1920년대의 정신이었다. 이 기간은 낙관주의와 실험의 시기였으며, 이는 스콧 피츠제럴드(1931)의 산문에서 강하게 포착된다.

이건 2년 전에 끝났는데, 왜냐하면 그것의 필수 버팀목이었던 완전한 신뢰가 엄청난 충격을 받았기 때문이었다. 조잡한 구조가 지상으로 정착하는 데 오래 걸리지 않았다. 그리고 2년이 지난 후 이제 재즈 시대는 전쟁 전의 날들만큼 멀리 떨어진 것처럼 보인다. 어쨌거나 빌린 시간이었다. 대공작의 무절제와 합창단 소녀들의 태평함과 함께 살아가던 국가 전체에서 상위 10분의 1…. 이제 다시 한번 허리띠가 조여지고 우리는 헛된 젊음을 돌아볼 때 적합한 공포의 표현을 소환한다….

사실 19세기 동안 구금율의 증가 추세가 있은 후, 특히 다양한 방식으로 아직 형태를 갖추어 가고 있던 미국에서는 1890년대와 1920년대 사이 역사상 가장 분명한 전형적인 구금율의 감소를 보였다. 비록 실업의 급격한 증가와 완전히 비례하지는 않더라도, 1929년 이후 대공황 시기 전례 없는 실업은 투옥률의 급격한 상승과 함께 나타났다. 신설된 연방수사국FBI의 국장 J. 에드가 후버가 옹호하는 '공공의 적' 담론이 이 시기 만들어졌더라도, 대공황에서 경제적 불운의 일반화된 성격은 적어도 좌절의 정도를 다른 곳에서는 더 심했을 정도보다 **상대적으로** 낮게 유지시켰고, 정치적 해결책의 진보적 기운은 '공공의 적'이 항상 낮은 계급에서 선택되지는 않는다는 가능성을 계속 열어 놓았다.

너무나 많은 공식 사회의 범죄에 관해 흐르는 부정적 기류를 폭로한(그리고 그러한 시각을 사회통제와 일탈의 전형적인 다원적 이론인 차별 접촉 이론 개념과 연결시킨) 에드윈 서덜랜드Edwin Sutherland의 범죄학은 아마도 그러한 진보적 입장을 가장 잘 나타냈다. 이는 분명 F. D. 루즈벨트의 '뉴딜'을 다루는 범죄학적 글(White Collar Crime 1949)에서 유명하게 드러나지만, 그러나 이전(The Professional Thief 1937)를 고려한다면, 도둑 칙 코웰Chic Conwell에게 보이는 자비로운 중립의 태도는 공적 사회의 위선을 향한 은근한 경멸과 잘 어울린다. 서덜랜드는 결론부에서 차별 접촉 이론의 관점에서 '도둑 직업'을 논하면서 다음과 같이 쓴다.

[도둑]은 합법적이라고 간주되거나, 심지어 합법적인 사회의 공식 보호자라고 일컬어지는 개인과 기관으로부터 도움을 얻는다. 그런 사람과 기관들에서 도둑은 종종 자기와 비슷한 약탈적인 통제 태도[11]를 발견한다. 많은 미국 도시와 시골 지역의 정치 생활을 지배하는 정치 조직은 일반적으로 약탈적인 통제에 헌신한다. 전문 도둑과 정치가는 약탈적 통제에 대한 이러한 근본적인 관심에 공감하면서 이익을 위해 상호 간에 협력할 수 있다. 이 행위자들이 정치 조직의 통제 아래 있거나 혹은 조직과 독립된 약탈적 이익을 갖는 선까지 도둑은 경찰, 법원과도 협력한다. 도둑은 사회의 영역에서 분리되어 있지 않고, 직업 생활뿐만 아니라 관계를 찾는 과정에서도 밀접하고 친밀하게 사회와 의사소통을 하고 있다. 그는 여가 시간을 보내는 도박장, 카바레, 사창가에서 이러한 동조자들을 발견한다.[12]

'새로운 시카고인'Neo-Chicagoans : 악마에게 보이는 공감

뉴딜, 전쟁, 1950년대의 냉전, 특히 사회학에서는 탈콧 파슨스의 구조기능주의[13]에서 잘 표현된 시스템에 대한 열망의 시기를 거치고 난 후, 역사상 가장 지속되는 경제의 긍정적인 흐름에 있던 1960년대 말에 수십 년 동안의 투옥률 감소와 더불어 일탈에 공감하는 태도가 다시금 등장했다. 그런 태도는 일탈자를 일종의 영웅이나 성자로 보는 정도에 이르렀고, 낙인 이론에서 절정에 이르렀다. 코헨(Stanley Cohen 1972)은 1960년

11 1970년대에서 90년대까지 보복의 범죄학이 룸펜 요소('최하층계급')에게 '포식자'라는 단어를 돌린 용어의 성쇠 변화에 주목하라. 서덜랜드가 홀링스헤드A. B. Hollingshead가 제안한 '약탈적 통제'라는 용어에 대해 감사하는 각주가 있다.

12 여전히 1970년대 후반 크레세이(Cressey 1978)가 화이트칼라의 범죄를 '체제 전복들'이라고 정의했다.

13 민족적 안정성을 추구하는 전후의 욕망은 자연법 이론들에 대한 관심을 부활시켰는데, 그 이론들에서 파슨스는 국외자가 아니었다.

대 영국의 모드Mods와 히피Rockers 들을 다룬 획기적인 에세이에서 '포크 데빌스'folk devils라는 용어를 썼다. 즉 1960년대 또 다른 아이콘으로부터 빌려서 당시 많은 젊은이들과 동시에 그 젊은이 중 일부가 만든 사회학 분파가 공유한 '악마에 대한 동정'을 말할 수 있다. 기틀린(Todd Gitlin 1980)은 그 시기 동안 신좌파의 '생성'과 '재생성'을 재구성하면서, '영화 속 폭력의 미학화'에 몇 페이지를 할애했다. 그런 영화들 중 시초이자 가장 유명한 게 〈보니와 클라이드〉이다.

> 아서 펜의 〈보니와 클라이드〉는 가장 능숙하고 도발적이며, 아마도 가장 인기가 있었다. 이는 새로운 패션뿐만 아니라 컬트 히어로를 등장시켰고, 게다가 생생한 색채로 폭력을 스타일화했다. 비록 펜의 영웅들이 대공황 기간 동안 파산한 농부들을 돕기 위해 (혹은 돕는 시늉을 하며) 은행을 털기 시작했지만, 그들은 경제적 파멸에서 탄생한 피조물이 아니었다. 보니 파커와 클라이드 베로의 실화를 역시 원작으로 한 1937년 작과 1949년 작의 등장인물들과 달리, 펜의 등장인물들은 자유로운 존재의 천사였고, 1960년대의 아이들은 30년 전으로 거슬러 올라갔다. 파멸한 그들의 범죄 인생은 지루함과 무기력에 맞선 성적인 허세의 무모한 장난이자 유쾌함이었다.[14]
> 할리우드 초연에서 청중들 중 누군가가 영화가 끝나자 일어서서 '경찰 엿 먹어라!'라고 소리를 질렀다고 한다. 보니와 클라이드의 정신은 1967년 여름과 가을에서 1968년까지 거대한 청년 문화가 둘러싸고 있는 움직임 그 도처에서 발견됐다.

일탈을 다룬 미국의 사회학은 하워드 베커가 대마초를 피우는 친구 재즈 뮤지션의 범법을 '낭만적'으로 영웅화하고 '공감'하면서부터 시작되

14 '청춘 문제들'에 대한 쟁점은 1960년대 이전에 있었다. 코헨(Albert K. Cohen 1955)과 굿맨(Paul Goodman 1966)을 참고하라.

었거나, 혹은 장 주네의 〈도둑의 여정〉(1949), 장폴 사르트르의 〈성 주네〉(1952)의 사례를 '신성화'하면서부터 시작되었다고 말해야 할지도 모른다. 마차가 《일탈자 되기》*Becoming Deviant*에 '블랙팬서' 지지를 표명하며 미국 대학들을 돌아다녔던 바로 그때에 주네의 존재는 크게 어른거렸다. 특히 분명한 건 마차의 《일탈자 되기》에서 동시에 도덕적, 문화적, 정치적 태도가 가장 강력하게 드러난다는 것이다. 이 무정부주의의 고전적인 작품에서 계몽주의 사상의 가장 깊은 뿌리에서 기원한 오래된 논쟁이 새롭게 제시된다.[15] 세기가 점점 끝나 가며 수천, 아니 실로 수백만의 피를 흘린 리바이어던이 어떻게 감히 누가 범인인지 아닌지를 판단할 수 있는가? 더 구체적으로는 베트남의 민간인과 전쟁을 벌였던 (당시) 미국 정부가 공식적으로 '범죄'로 규정되어 있는 일에 연루되어 있는 자국민들을 어떻게 감히 감옥에 넣을 수 있겠는가? 그렇지만 마차가 결론에서 남긴 날카롭고 독특한 목소리를 우선 들어보자.

> 리바이어던은 경찰력과 형벌 정책을 통해 공공질서와 안전함을 향한 열렬한 관심을 보여 무죄 판결을 받았다. 국가는 악을 뒤쫓고 선의 **양태**를 만듦으로써 그 자신의 폭력, 약탈, 파괴의 성향이라는 면면에 좋은 이름을 영구화시켜 새기는 변치 않는 방법을 표출한다. 위험한 계급에게 귀속된 절도 및 폭력은 집합적 대표(국가)가 막으며, 전쟁과 이른바 세계로부터 금지당했다는 행위를 크게 저지를지라도, 국가는 교정상의 목표로 도덕적으로 고양되며 평화적 의도와 합법적 외양이란 정당성을 획득한다. 그러나 독자가 지적할지도 모르지만, 이는 완전히 다른 문제이다. 그래서 리바이어던을 집합적 대표의 마지막 지점이라고 부른다.

15 '공화주의자가 되고자 한다면 이제 다른 노력을 하라 프랑스인들이여.'라는 제목이 붙은 《규방철학》(1795)의 사드 후작 이야기보다 더 잘된 글은 없다.

1969년이라는 날짜에 주목하라. 그 시기는 노동계급이 전례 없이 강했고, 사회적 삶의 모든 영역에서 새로운 진보주의와 실험주의가 일반화된 격동기였을 뿐만 아니라, 전통적인 형벌 방식과 특히 감옥은 흔히 계속해서 가혹한 비판을 받았다. 다음과 같은 사실들이 이 10년 동안 발견된다는 것은 우연이 아니다. 모든 산업화 국가에서 교도소 시위와 폭동, 어느 경우에는 교도소의 완전한 폐지에 가까운 지속적인 형벌 체계 개혁 요구, 수정주의 역사학과 1975년 미셸 푸코의 《감시와 처벌》을 통해 절정에 다다른 처벌의 사회학의 등장, 마지막으로 많은 서구 국가에서 나타난 투옥률 감소의 경향.[16] 1973년 미국에서 형사사법표준위원회와 범죄와 비행 국가심의위원회는 감옥 건설 유예와 투옥을 극히 제한된 최후의 수단으로만 사용할 것을 권고하기까지 한다. 그러나 권위 있는 권고의 방향은 곧 완전히 단호하게 바뀌게 된다.

'보복주의' 범죄학

다른 많은 사회적 과정과 마찬가지로 형벌의 조류도 석유와 에너지 위기의 1973년, 역사학자 에릭 홉스봄이 '위기의 시대'라고 지칭한 시기가 시작되며 바뀌었다. 그때까지 서구 경제의 역사는 비할 데 없이 꾸준한 성장과 발전이었고, 마침내 1960년대에 이르러 노동자들의 단단한 조직과 반항(우리가 본 바와 같이 사회적 삶의 다른 많은 측면으로 확장될 반항)을 권장하는 단단한 노동시장이었으나, 1973년경부터 모든 것이 변하기 시작했다. 흔히 마차의 작업은 미래를 예언할 뿐만 아니라 자신의 시대도 비판했다고 여겨지는데, 그 이유가 자주 언급되듯 그의 반反결정주의 지향이 책임과 응징의 미래 수사학을 열었기 때문만은 아니다. 이는 특

16 확실히 미국과 이탈리아에서 그랬다.

히 리바이어던과 형벌 정책이 추후 몇 년 동안 단단히 결합했기 때문이다. 마차가 썼듯 형벌 정책은 국가의 주요 구성 요소들 중 하나를 성취하고 특히 '이것들'—통일된(그리고 계층적으로 정해진) 구조로 표상된 사회를 달성하기 위해 국가가 시행한다.《일탈자 되기》가 출판되고 몇 년이 지나서, 최소한 미국에서는 몇 년간 가족 구조에서부터 백인종의 우월성, 직업 윤리, 금주와 절제 정책, 성별 역할, 모든 사회 기관이 가진 권위의 사슬에 이르기까지 모든 게 의문시되었던 시기를 거쳐 나타난 강력한 사회 통합의 **에토스**가 점점 더 우세해져 갔다.

그 당시 미국의 보수적인 기득권층은 날카롭고, 자의적이며, 목적이 분명한 보복주의를 시행했다. 이는 최소한 닉슨에서부터 부시 정부까지 지속됐고, 국제적으로 보면 영국의 마거릿 대처가 펼친 정책과 공명한다.[17] 그 후 20년 이상 동안 실업률 증가, 완전한 경제 구조조정이 노동계급을 강력하게 처벌하는 일과 함께 갔다. 그와 동시에 서구에서 가장 큰 규모의 구금 과정이었던 17세게 '대수용'의 시대가 미국에서도 시작됐다.[18] 감옥이나 이와 비슷한 교정시설에 있는 사람들의 수 대부분이 흑인과 실직자와 같은 사회 계층 밑바닥에 있는 사람들이었다. 그 새로운 흐름은 범죄학자들의 분위기 변화도 동반했다. 플라트와 타카기Anthony Platt and Paul Takagi는 주목할 만한 선견지명이 담긴 1977년 글에서 새로운 **현실주의** 범죄학을 발견한다. 그러한 범죄학은 범죄자들이 개인과 공동체에 가하는 피해가 **진짜**라는 사실을 재발견했다. 그 시각 아래 범죄자들은 주로 비열하거나 혹은 열등하고, 아니면 비열한 데다가 열등하기까지 한 유형의 인

17 어떤 이는 클린턴의 미국과 토니 블레어의 영국을 그러한 보복주의에 포함시키지 않은 것에 이의를 제기할 수도 있다. 그러나 내가 보기에 1990년대 중반까지는 보수적인 반격이 매우 성공적이어서 쉽게 새로운 합의와 새로운 헤게모니적 의견, 즉 그러한 합의에서 출발해 '좌파' 정부가 범죄, 질서, 안전에 대해 그들 자신의 견해를 세울 수 있도록 만들었다.

18 1970-90년대의 투옥률의 급격한 증가는 1970년대 처벌의 사회학이 발견한 모든 설명 기제가 거짓임을 보여준다. 노동에서 '탈구금'도 없었고 '안정적인 수준' 주위로의 진동도 없었으며, 실업의 단순한 효과 때문도 아니었다.

간들이었고, 형벌은 정말로 우리의 동정을 받을 자격도 없는 사람들, 즉 모든 종류의 '포식자들'로부터 사회를 보호하는 긍정적인 기능을 했다. 그런 의미에서 나는 '보복주의' 범죄학, 1960년대와 같이 비판하고 혁신해야 하는 책임을 가진 범죄학과는 다른, 즉 복원과 지지와는 반대의 일을 한 범죄학을 이야기하고 싶다. 이는 지도와 지시가 필요했던 선량한 사람들의 공동체를 심한 격동의 시기가 지난 후 공고화, 정당화, 안주시키는 데 기여했다.

1970년대와 1990년대 사이 범죄학은 다양하고 다른 이론적 영감과 정치학, 범죄 정책 권고를 분명히 취했다. 최근 데이비드 갈런드는 일상행위 접근법으로 예증되는 '범죄자들을 합리적인 소비자로 특징짓는' **주체의 범죄학**과, '위협적인 부랑자, 두려운 이방인, 소외된 자와 방탕한 자들'을 다루는 **타자의 범죄학**을 유용하게 구분했다. 그럼에도 불구하고 내가 언급하고자 하는 건 그 다른 방향성들이 결정적으로 함께 가지고 있는 것이, 갈런드 스스로가 구분하자마자 지적했듯이 '도덕적 해이, 일반화된 불안감, 강제된 배제가 복지국가와 사회 시민권의 전통들을 압도하고 있는 우리의 사회적, 문화적 배치에 맞는 공식적인 범죄학'이란 점이다. 범죄학자들은 분석 대상에 대해 거리감, 반감, 심지어 경멸의 태도를 표현한다. 플라트와 타카기가 20년도 더 전에 알아챘듯이 '약탈적 거리 범죄'를 일반적으로 강조하는 게 특히 두드러진다. 일상 활동 접근법(Cohen and Felson, 1979)은 범죄자의 약탈적 특성이 설명할 필요없이 주어졌다는 가정에서 벗어났다.[19] 오직 범죄자가 범죄를 저지를 수 있는 기회만이 설명되어야 한다. 유전적 열등함은 배제되어서는 안 되며 종종 인종과 연관된다. 한 '실제의' 교정학은 실증주의자의 '위해함' 개념의 가치를 재발견했다. 그리고 갓프레드슨과 허쉬Gottfredson and Hirschi의 '통제이론'에 따르면 다음과 같다.

---

19 거리를 둔 과학적 설명 하나로 제시되기는 힘든 포식자의 동물적인 이미지는 스펜서주의적 주제와 홉스적 연상을 상기시키는 '진화생태학적' 이론의 가정과 잘 들어맞는다.

범죄 행위는 욕망의 **즉각적인** 충족을 준다. 따라서 자제력이 낮은 사람들의 주요한 성격은 즉각적인 환경에서 실재하는 자극에 반응하여 구체적인 '여기와 지금'을 지향하는 특징을 갖는다. 그에 반해 자제력이 높은 사람들은 욕망을 미루는 경향이 있다.

범죄 행위는 욕망을 **쉽거나** 혹은 **간단하게** 충족시켜 준다. 그들은 일하지 않고도 돈을 벌고, 구애하지 않고도 섹스하며, 법적 판단을 기다리지 않고도 복수한다. 자제력이 부족한 사람들은 근면함과 끈기, 혹은 행동의 일관성이 결여되어 있다.

범죄가 즉각적인 쾌락을 추구한다는 걸 상기하라. 그렇다면 자제력이 부족한 사람들은 범죄까지는 아닌 흡연, 음주, 약물, 도박, 혼외임신, 불법 성관계와 같은 즉각적인 쾌락도 추구하는 경향이 있다.[20]

그리고 일반적인 중산층, 직업윤리, 미국적 행동 양식 등과 모순되는 긴 리스트들이 있다. 갓프레드슨과 허쉬의 글은 롬브로소의 리스트, 특히 롬브로소의 마지막 항목인 '상대적인 신성과 도덕의 관념'에 대한 공명 이상을 담고 있다. 심지어 카츠(Jack Katz 1988)와 같은, 주류 범죄학과는 거리가 있는 많은 '좌익'의 해석에서조차 '나쁜 놈들'은 정말 위해한 진짜 '나쁜 놈들'이다. 좌파와 우파를 막론하고 범죄자들을 그렇게 동일하게 묘사하는 것은 우리가 당면한 이론적 문제의 핵심에 도달하도록 돕는다. 1970년대와 1990년대 사이 노동 현장에서 일어난 사회적 전환은 동시에 역사에 뿌리를 둔 범죄 현상학과 범죄학자들의 작업에 반영되는 설명을 낳았다. 범죄의 유형들과 범죄학적 설명은 모두 이전 시대의 특성과는 달랐다. '거리감/근접감'이나 '동정/반감'의 태도는 유아론, 관념론,

20 나는 샌디에이고에서 열린 미국 범죄학회의 패널(1997)로부터 다소 재미있는 장면을 목격했는데, 청중들 중 일부인 유럽 범죄학자들이 밖에서 담배를 피우기 위해 세션이 끝나기를 간절히 바라고 있었다. 그러나 이에 반해 허쉬의 제자들인 두 젊은 미국 발표자들은 범죄와 흡연의 상관 관계를 더 문제적으로 만들려 노력하고 있었다. 그들은 상황의 우스운 측면을 완전히 망각한 채 그러한 관계의 근원적 유효함을 방어했다.

거의 이념적으로 기울어진 범죄학자들의 구성주의적 산물이 아니라 더 높은 실업률, 인종주의, 소비주의 문화, 폭력 권장 사회를 특징으로 하는 1970-90년대 빈 데 없는 사회 환경, 적어도 이전 시기 미국 사회를 규정하던 특성과는 부분적으로 다른 환경에서 기인한다. 사이먼Jonathan Simon이 지적한 바와 같이 19세기 '위해한 계급들'의 망령이 '하류층 논쟁'에 다시 나타났다.[21]

> 그들의 소득과 안전security의 개선을 요구하는 노동자 계층이 가진 힘의 붕괴는 〈**도시 빈곤층의 곤궁이 증대함과 결합하여**〉, 처벌이 더 배제적인 역할로 돌아오도록 추동했다. 국가의 감옥에 있는 최하층계급은 굳어진 경제 지정학의 경계에 따라 가장자리로 분리되어, 통합과 정상화의 전략을 위한 일관성 있는 목표를 더이상 제공하지 못한다.

그러므로 내가 여기서 말하는 **보복주의** 범죄학이 이 시기의 범죄학으로 만들어진 이유는, 환경 조건에서 범죄 문제를 이념적으로 분리시킨 데 있다. 보복주의 범죄학은 범죄와 범죄자의 최종 생산물에 초점을 맞추면서, 그러한 최종 생산물이 사회적으로 생산되어 온 방식을 조명하지 않으며, 거의 한 세기 전 롬브로소의 방식과 크게 다르지 않게 그 생산물을 **자연화**시켰다. 그렇게 함으로써 범죄학자들은 미국과 다른 사회에서 1970년대에서 90년대 기간 동안 사회적 관계들의 전반적인 방향 수정을 승인하고 재생산하게 하는 데 강력하게 기여했다. 범죄의 표상은, 형법상 범죄라고 합법적으로 인증된 행위의 현상들과 유형들을 훨씬 뛰어넘는 사회와 사회의 질병을 정말로 이야기하는 한 방식이 됐다. 오히려 그들은 사회 전반의 도덕적 가치를 논했다.

21 즉 술어의 독창성에 대한 욕망과 사회주의적 어휘에 물든다는 두려움만이 최하층계급 토론의 참가자들이 훨씬 더 오래된 용어인 '룸펜프롤레타리아'를 사용하는 걸 피하게 했을 것이다.

일단 사회관계의 복잡성에서 뿌리가 뽑히고 나면, 범죄 문제는 단순한 도덕적 교화의 문제가 됐다. 그러므로 **보복주의**의 주요 쟁점은 새로운 '좋은' 도덕을 가지고 1960년대의 '나쁜' 도덕과 싸우는 일이었다. **보복주의** 흐름에서 감상적이거나 혹은 불가지론적인 이전 범죄학의 자세는 종종 몰락에 기여했다고 표현됐다. 맨해튼연구소의 찰스 머레이Charles Murray와 그의 동료들은 최하층계급의 약탈뿐만 아니라 지식인들의 불신과 비뚤어짐에도 많은 관심을 가지고 있었다.[22] 1920년대 후반과 1930년대 유럽에서 힘을 얻어 가던 파시스트 체제는 이전 자유주의 체제가 범죄를 '부드럽게' 다뤘다고 성공적으로 논쟁을 일으켰는데,[23] 이와 유사하게 보복주의 흐름에서도 범죄자는 괴물들monstruum로 표상되었다. 그 존재의 특성은 본질적으로 우리와 달라서 품행이 바른 사람들에게 충격이다.[24] 범죄자는 다시 한번 사회 조직을 분쇄하는 궁극적인 죄의 화신, 마차의 생동감 있는 언어로는 리바이어던의 힘이라고 불린, 사회 통합과 질서 회복을 위해서 자격을 박탈하거나 혹은 죽음을 통해 억제되어야 하는 사람으로 묘사되었다. 이 괴물들은 너무 많아서 여기에 다 기록조차 되기 힘들다. 아마도 가장 유명하거나 혹은 정치적으로 가장 유용했을지도 모를 '윌리 호턴'Willie Horton의 사례를 떠올리는 것만으로도 충분할 텐데, 이는 부시의 선거운동 중 호턴Horton 광고 제작을 맡은 한 사람의 표현을 빌리자면 '거대한 흑인 강간범과 자유주의의 훌륭한 혼합'이었다.[25]

22 미국에서 새로운 '형벌 상식'이 만들어지고 뒤이어 전 세계적으로 보급된 것은 바캉(Wacquant 1999)을 보라.

23 1930년대 '바이마르 감옥 천국'의 라이트모티프leitmotiv는 루셰와 키르히하이머(Rusche and Kircheimer 1939)를 보라.

24 나는 '길거리 범죄자들의 새로운 세대', '초약탈자', '어느 사회나 알고 있는 가장 젊고, 크고, 나쁜 세대'에 대해 베넷 등이 《보디 카운트》*Body Count*(1996)에서 한 수사보다 더 나아간 사람이 있는지 모르겠다.

25 호턴은 메사추세츠에서 마이클 두카키스가 주지사로 있을 때 가석방 중에 백인 여성을 강간한 흑인 죄수였다. 이는 1988년 조지 부시가 두카키스와 대선에서 맞붙었을 때 단골 소재가 되었는데, 두카키스의 러닝메이트인 부통령 후보 제세 잭슨은 흑인들의 지도자였다!

범죄자를 평가절하하는 건 범죄자들이 소속되어 있다고 여겨지는 사회 집단, 즉 인종적으로 정의되고 악마화된 하층계급을 집단적으로 평가절하하는 일과 함께 이루어진다. 그러나 글자 그대로 주당 임금이 20년간이나 억제되고 근로 시간이 전례 없이 증가했다는 의미 속에서, 하층계급이 평가절하된 것은 전체 노동자계급의 평가절하와 병행됐다. 1960년대에 범죄는 자주 혁신으로, 불공정한 제도—정치 기관이든 경제 제도든 관계없이—에 대한 도전으로 간주됐다. 사회의 최하층이 비도덕적이고 부끄럽게 묘사되지 않았기에 동일시가 가능했다. 1970년대 초기에 시작된 변화는 이 모든 걸 바꿔 놓았다. 미국 문화에서 범죄는 잘못된 모든 것의 동의어가 되도록 구성됐다. 불법적인 물질의 소비든 범죄를 저지르든, 불법적인 행동에 대해서는 '아니오'라고 말할 필요가 있었다. 불법이든 합법이든 범죄와 마약에는 매력적인 요소가 하나도 없었다. (담배를 비난한 매우 성공적인 캠페인이 그러한 전략의 좋은 예다.) 마약은 매력적이지 않은 하층계급의 열등한 자들, 종종 특정 인종이 소비했다.

요컨대 서덜랜드가 썼듯이, 혹은 베커와 마차가 제안했던 대로, 범죄자는 이제 더이상 우리와 비슷한 인간도 아니며 영웅이나 혁신자는 고사하고 우리가 공감할 운명도 아니었다. 1970, 80, 90년대 범죄학자의 스포트라이트는 마이크 데이비스의 《수정의 도시》*The City of Quartz*(1990)에서 묘사된 디스토피아 로스앤젤레스의 경찰 헬리콥터가 비추는 스포트라이트처럼, 전혀 멋지지 않고 매력적이지 않은 사람들에게 초점을 맞추고 있었다.[26] 반대로 그들은 위해하다. 그들은 악하거나 혹은 동시에 나쁜 사람처럼 행동하게 만드는 일종의 인격적 결함이 있다.[27]

---

26 챔블리스(Bill Chambliss 1978)에 따르면, 이러한 의미에서 1960년 이전, 그 과거로 되돌아가며, 범죄학자들은 (경찰과 같이) 경찰차 밖을 보지 않았으며, 경찰차 **내부**를 보기 시작했다. 〈**at the police!**〉

27 범죄자들 스스로가 보는 자아상은 그러한 악화에 면역이 없었다. 북미 교도소 폭동의 풍부한 역사에서도 가장 무의미했던 피에 굶주린 봉기인 1980년 뉴멕시코 교도소 폭동은 새로운 레이건의 '법과 질서' 시대가 시작함과 정확히 맞춰 일어났다.

심지어 롬브로소주의자가 말한 (모두가 이에 동의하지는 않더라도)[28] 일종의 인류학적 체질 차이 혹은 최근에 회자되는 유전적 다양성을 무시하더라도, **그들**이 사실 **우리**와 너무도 다르기에, 오히려 **그들의** 다른 피부색 혹은 그들이 다른 덜 문명화된 장소에서 왔다는 사실을 알아차릴 수 있다. 전례 없는 범죄의 양과 함께 서구사회가 1960년대부터 타격을 받았음은 의심할 바 없다. 특정한 시공간에서 받아들여진 행동 방식, 도덕성, 가치관이 매우 심하게 파괴되면서 이는 진행됐다. 이러한 급격한 문화 변동은 한편으로는 소위 '소비자 문화'(특히 중산층 남성과 여성의 생활양식 선택들과 관련된 측면들)가 제공한 사회통제 환경 안에서 문화 변혁의 요소들의 통합에 반응했고, 다른 한편에서는 우리가 봤듯이 굉장히 광범위한 범죄화 과정과 새롭게 만들어진 **'위해 계급'**classes dangereuses에 반응했다. 이는 형사사법제도가 기능하는 전형적인 방식이었기 때문에, 범죄화 반응은 주로 하위계층, 즉 많은 나라의 소수 인종과 타국의 이민자들과 연관되어 있었다. 한 세기에 걸친 반복되는 후렴구에서 이 태도가 드러난다. 이미 1833년 토크빌과 보몽은 《미국의 교정시설 체계》라는 보고서에 다음과 같이 썼다.

> 만약 우리가 가진 펜실베이니아 통계 문서가 나머지 연방 주에도 적용되어야 한다면, 이 나라에는 프랑스보다 인구 대비 더 많은 범죄가 있다. 다양한 성질의 여러 가지 원인들이 이 결과를 설명하는데, 그 원인 중 하나는 재소자 중 절반이며 미국 인구 중 여섯 번째로 많은 유색인종이다. 다른 한편으로는 재소자 중 다섯 번째, 때로는 심지어 네 번째로 많은, 유럽으로부터 매년 쏟아져 나오는 외국인들이 원인이다. 우리가 만약 전체 범죄 수에서 흑인들Negros과 외국인들이 저지른 범죄를 제해야만 한다면, 미국의 백인들이 우리보다 범죄를 덜 저지르고 있다는 사실을 의심할 여

28 윌슨과 헤른스타인(Wilson and Herrnstein 1985)과 헤른스타인과 머레이(Herrnstein and Murray 1994)

> 지없이 발견해야만 한다. 그러나 이렇게 간다면 우리는 또 다른 오류에 빠진다. 사실 미국 전체 인구에서 흑인을 분리한다는 건 우리가 가난한 계층, 즉 범죄를 저지르는 집단을 프랑스 인구에서 제하는 것과 동일하다.

유색인종, 이민자, 가난한 사람들은 **범죄를 저지르는 자**들이다. 많은 연구자들은 오늘날까지도 이 사람들이 실제로 범죄를 저지르는 사람들이며, 마치 차별 문제가 형사사법제도 내에서는 펼쳐지지 않았다고 한번 확인한 후에 처리해 버린 것처럼, 그 결과는 그들에게 가해진 차별 때문이 아니라고 우리에게 말해 준다. 반면 나에게는 경제적, 정치적, 사회적, 그리고 문화적 차별과 (공식적으로 인지되고 딱지 붙여진) 더 깊게 연루된 범죄 활동 사이의 관계가 더 중요한 문제로 보인다.

내가 참고한 것들은 대부분 북미 사회에서의 전개였지만, 유럽의 많은 사회들과 주로 합의에 기초한 사회통제의 체계가 '범죄의 질문'과 함께 겨우 최근에야 생겨난 현재 라틴아메리카의 많은 사회들의 사례 역시 논의에 추가해야만 한다고 생각한다. 이 과정은 시민사회의 매우 깊은 분열과 틈을 종식시키고 사회 **통합** 과정의 필요성에 방점을 찍은 민주 정부의 성숙과 함께 펼쳐져 왔다. (정부 체제 내로 조직 노동이 통합됐음을 본) 뉴딜을 전후하여 '공공의 적' 담론이 미국에서 나타난 방식과 같이, 예를 들어 오늘날에 와서야 이탈리아, 다른 유럽 국가, 라틴아메리카 국가[29]에서 '존경할 만한' '비 반체제' 좌파가 성숙해 감에 따라, 처음으로 대중의 관심사로서 (정부가 했든 정부가 아닌 행위자가 했든 '정치 폭력'은 아닌) '범죄'의 유령이 이 사회들에서 등장했다.[30]

---

29 라틴아메리카의 아르헨티나와 같은 나라에게는 아마도 사실일 것이다.

30 내가 제안하고자 하는 것은 다시 말해서 '범죄'가 일정한 역사적 조건들이 주어진 후에야 사회적 담론과 선점의 중심 형태로 부상하는 경향이 있고, 그러한 조건들 중 하나는 사회적 민주화와 통합의 과정의 완성이라는 것이다. 좀 더 일반적인 논의와 이탈리아의 사례를 보고 싶다면 멜로시(Melossi 1990,1997, 그리고 근간)와 델라 포르타와 레이테르(Della Porta and Reiter 1996), 터키에 대해서는 그린(Green 1998), 스페인은 시드

결론 : 더 인간적인 표상을 향하여?

이미 쿨렌과 길버가 쓴 《사회 복귀를 재활성화하다》*Reaffirming Rehabilitation*(Cullen and Gilber 1982) '서문'에서 돈 크레세이Don Cressey가 형벌 문제에 관해 '미국' 정부가 취한 '신보수주의적' 전환을 격렬하게 반대했고, '갱신된 인도주의'를 요구했다. 내가 보기에 17년이 지난 지금 그런 변화의 시기는 이미 지난 것 같다. 1960년대에 대한 반동으로 **보복주의**를 가져온 이들이 세운 사회의 헤게모니는 이제 가장 과격한 꿈에서라도 상상할 수 없을 만큼 경쟁자가 전무하다. 보수적인 범죄학자들은 다른 주류 범죄학자들이 그러한 판단을 주의하라고 경고해도, 미국의 최근 범죄율, 특히 **폭력** 범죄율 감소가 억압적인 정책의 순전한 성공이 가져온 지표라고 묘사한다. 이와 같은 시기에 대항문화가 도피하는 장소인 소수 상류층 예술의 사례들을 제외하고는, 또다시 시야에서 어떤 형태의 반대도 발견하기 어렵다. 그러나 적어도 이 모든 과정을 선도한 미국과 영국에서는 실업률의 매우 가파른 감소가 형벌에서 나타난 변화의 표식 또한 숨길지도 모른다.[31] 도덕적 안정, 권위 존중, 노동 관습과 이윤 폭을 '재구축한' 4분의 1세기가 지나고, 숨 막히고 경직된 확실히 '억압적인' 도덕과 법의 질서에 의문을 품을 시간이 다시 무르익었을지도 모른다. 소수 인종과 새로운 이민자들의 범죄는, 아마도 단순한 범죄화와는 다른 관점에서 보려고 시도해야 할 가장 명백한 사건 중 하나가 될지도 모른다.[32]

마지막으로 여기서 제시된 논의를 요약해 보자. 나는 현대사회에서

와 라라우리(Cid and Larrauri1998), 프랑스는 바캉(Wacquant 1999)을 보라. 나는 이 논의의 그러한 측면들이 북아일랜드의 현재 상황에 적용된다고 믿는다.

31 여기에 암묵적으로 제시되는 순환논리가 분명히 있다. 나는 이전 작업에서 콘트라티에프의 '긴 파동'이라는 아이디어를 언급한 적이 있었다. 긴 기간의 사회 변화에 대한 (오래된) 순환적 사고를 적용하는 경우이다.

32 모든 종류의 '사회적 일탈'에 대해 재개된 동정적 태도의 관심을 가진 '문화범죄학'의 최근 발전은 이런 방향의 신호를 구성한다.

두 가지 '전형적인' 시나리오를 그 자체로부터 발견했다. 첫째는 분열되고 빠르게 변화하는 사회가 스스로를 다원적이고 갈등적인 독립체라고 표현하는 경우로 이 안에서 일탈, 즉 범죄는 범죄를 규정하는 이의 관점과 관련이 있고, 범죄자의 표상은 본질적으로 경합적인 표상으로, 적어도 **몇 몇** 범죄자들은 악당보다는 혁신자와 영웅 역할에 가깝다. 19세기 말에서 1920년대 사이 기간과 그 후 1960년대에서 1970년대 초 사이 시기에 유럽과 북미에서 이런 종류의 사회들이 발견된다. 우리가 봤듯이, 이 기간은 또한 투옥률 감소와 포용성, 사회 혁신, 실험, 그리고 변화를 중심으로 한 공공 담론의 수사로 특징지어진다.

적어도 엘리트들의 시각에서 볼 때에는 분열과 해체가 '상상할 수 없는 과잉'에 이르기 전이나 후에 그러한 '개방된' 사회가 나타난다. 그리고 공동체의 권위, 목적, (어쨌거나 약간 바뀐 힘의 균형 아래 있다 하더라도) 위계를 향한 재건의 욕구는 스스로를 사회적 생존과 죽음의 문제라고 주장했다. 그러한 기간 동안 사회질서의 지배적('일원론') 이론들은 통합과 화합을 지향하는 걸로 특징지어지며, 규범 질서는 합의에 따라 공유되고 범죄자를 보는 시각은 '공공의 적'이라는 꼬리표를 중심으로 조직된다. 이제 범죄학자들과 공공의 관점에서 범죄자들은 도덕적으로 혐오스러운 존재들인데, 이는 특히 범죄자들이 사회의 도덕 질서에 심각한 위협을 가져오기 때문이다. 베카리아(Beccaria, 1764), 롬브로소(Lombroso, 1876), 갓프레드슨과 허쉬(Gottfredson and Hirschi 1990) 등의 예에서 이 위협의 다른 정의를 발견할 수 있다. 그러한 위협의 원인은 조금이라도 연관성이 있다면 범죄자 그나 그녀 자신 안에서 발견되어야 하지 어떠한 사회적 요소에서 발견되어서는 안 된다.[33] 국민국가가 처음 수립된 19세기, '혁명적'인 1920년대에 반발한 1930년대, 1973년 이후 '위기의 시대', 이 모든 시기가 그러한 상황의 좋은 예들이다. 우리가 보았듯이, 그러한 시점에서 투

33 가족의 분열과 같은 '사회적 원인'에 대한 언급으로 보이는 것은 어쨌든 결국 대개 개인의 도덕적 기질의 약화로 되돌아온다.

옥률은 증가하는 경향이 있었고, 대중 수사는 '국가', '민족', 또는 '공동체'라는 개념을 중심으로 집단의 가치를 다시금 강조했다.

'범죄'와 '처벌'의 문제를 틀 짓는 많은 사회 제도들의 실천에서, 표상은 '사회구조'의 주된 표현들을 연결하는 데 필수적인 작업을 수행한다. 질적, 담론 분석을 한편에 두고 다른 한편에는 양적 분석을 놓는 인위적이며 종종 편협한 구분을 넘어, 공적으로 생산되고 공유된 표상들은 인간 행위자들이 범죄와 처벌 현상을 스스로 인식하고 설명하는 방식과, 처벌과 범죄 현상을 연결시킨다. 또한 표상은 경제, 정치, 사회의 구체적인 측면을 가리키는 자주 변화하는 '구조' 변수와 더불어서 작동한다. 이러한 의미에서 나는 몇 년 전 낙인의 사회적 실천을 관찰하는 작업이 보다 전통적인 구조적 측면의 관찰과 연결되어야만 한다는 '현실 기반 낙인 이론'grounded labelling theory을 제시했다. 본고는 그 연구 루트의 진전과 동시에 추후 개발되어야 하는 연구 프로그램에 더 기여하고자 하는 목적으로 이해되어야 할 것이다.

8장

통치와 통제

Government and Control

니콜라스 로즈

품행의 통치[1]

통제 관행 분석가들은 우리가 탈규율 사회, 전자 파놉티콘, 위험 사회, 보험계리적 사법, 통제 사회 등 새로운 시대로의 급진적인 전환 한가운데에 있다고 주장하는 듯하다. 반면 다른 이들은 상황이 보다 복잡하다고 주장한다. 현재의 통제 관행은 잘 봐줘도 우유부단하고 불완전하며 부분적이고 모순적인 데다가 경합적인 변형을 드러낸다. 낡은 주제 몇몇은 파기되고, 어떤 주제들은 유지되며, 몇 가지 새로운 요소가 도입되고, 통제 '아상블라주'assemblage 내부에서 장소와 연결점이 변하면서 나머지 요소들의 역할과 기능도 달라진다. 이에 데이비드 갈런드와 팻 오말리Pat O'Malley는 오늘날 범죄 통제 담론이 당면한 문제의 양립할 수 없는 세부사항들을 묶어 버리고, 상이한 해결책들 사이를 왔다갔다 한다고 지적한 바 있다(Garland 1996; O'Malley 1999). '대상 공고화' 계획이나 마을순찰단 설치를 통해 개인과 공동체가 스스로의 안전에 더 많은 책임을 질 필요가 있다고 강조하는 제안은 무관용 치안 주장과 공존한다. 범법자를 본보기로 처벌하라는 요구는 범법자-희생자 관계에 초점을 둔 '명명하기, 수

1 본장의 주장은 로즈(Rose 1999a)에 보다 상세히 전개되어 있다.

치 주기, 비난하기' 계획에 동반된다. 재소자는 무력화되어야 하거나, 생활 기술과 기업가정신을 익혀야 하거나, 낙인 찍힌 채 도덕적 과실을 인정하거나, 지역사회에 재통합되도록 도움을 받아야 한다. 벌금, 보호관찰 명령, 사회봉사 등 지역사회형 교정의 확산은 재소자 수의 끝없는 증가와 교도소 건설 계획의 지속적인 확대와 함께 진행된다. 위험 절감 계획과 상황적 범죄 통제, 범죄 유발 상황을 식별하고 교정하려는 시도는 범죄자를 잠재적인 이익과 손실을 계산해 범죄를 선택하는 합리적 행위자로 그려 낸다. 범법자 직업교육 훈련 계획은 재소자를 경쟁사회에서 자신을 실현할 기업가적 기술을 결여한 이로 묘사한다. 범죄 정보를 관할하는 경찰 부서의 정보와 감시 역량, 수사 기술을 향상시키자는 제안은 범죄자를 정상적인 도덕적 통제력을 결여한 채 계획적으로 선량한 시민들을 먹이로 삼는 조직적인 전문가로 그린다.

이 장에서 나는 이처럼 복잡하고 모순적인 상황을 이해하는 데 최근의 '통치성' 분석이 과연 어떤 기여를 할 수 있을지 살피려 한다. 통치성에 대한 미셸 푸코의 상대적으로 간략한 논평은 지난 수년간 특정한 문제 영역에서 개념적으로 엄격하고, 경험적으로 풍부하며, 정치적으로 도발적인 연구들을 이끌어내는 데 아주 유익함을 입증해 왔다(Foucault 1991). 품행을 인도하려는 프로그램, 전략, 기술의 출현과 변형에 주목하는 연구들은 오늘날 인간 존재와 경험을 통치하고 특정한 목적을 위해 인간 품행에 작용하는, 합리화되고 계산된 개입을 정초하는 다양한 방식의 합리성과 기술을 그려 냈다(유용한 입문 및 개관용 문헌으로는 다음을 참고하라. Barry et al. 1996; Dean 1999; Dean and Hindess 1998; Rose 1999a). 통치성 연구는 통치 대상이 될 만한 **문제들**의 역사적 가변성 및 상황적 우발성, 문제가 정의되고 제한되는 장소들, 문제를 다루려는 합리화된 시도에 수반된 다양한 권위들을 입증하였다. 문제를 사고 가능하고 통치 가능하게 하는 **기술 언어**languages of description와 기술 언어가 의존하는 사제, 철학자, 법률가, 의사, 통계학자, 사회학자, 심리학자 및 여타 전문가들이 쓰는 개념, 설명, 주장, 이론을 분석하였다. 인도되어야 할 무리의 구성원, 기르고 가르칠 아이, 권리를 지닌 시민, 선호에 따라 합리적으로 계산하는 개인으로서 통치의 대상이 되는 인간관 및 **인간상**에 통치 전략이 의존하고 이를 유포하는 상이한 방식을 검토하였다. 네이션, 경제, 도시, 지역사회, 공장, 가정, 지구촌 세계 등 통치의 대상이 되는 상이한 **공간들**의 지도를 그렸다. 통치 대상의 품행에 특정한 결과를 낳게 하려는 열망이 담긴 판단 형식, 인지 유형, 계산 관행, 권위 유형, 건축 양식, 기계 및 모든 종류의 과학 기술 장비를 연결해, 복잡하고 혼종적인 **통치 기술**technologies of governrnent의 집합을 기록하였다. 우리가 사회보험제도, 교육제도, 형벌제도 등에서 접하는 기술들 말이다. 그리고 통치성 연구는 특정한 역사적 시기에 품행을 인도하는 사고와 실천의 여러 방식 간에 유사성이 존재한다고 주장하였다. 가족유사성은 예컨대 '사회적' 관점에서 품행을 이해하고 통치하려 한 20세기의 수많은 시도들에 일종의 **전략적 일관성**을 부여하였다.

통치 관행에 주목한 통제 및 규제 분석은 '국가'에 부여된 역할을 재구성하였다. 거리, 교실, 가정, 수술실, 감방 등 광범위한 시공간에서 품행, 활동, 공간, 사물에 개입할 수 있으려면, 핵심적인 정치적 숙고와 계산은 정부 당국 전반의 행위 및 복잡한 기술을 통해야 한다. 이러한 '원격 행위'는 전통적 의미의 '정치적 장치'와는 거리가 먼 다양하고 상호 경쟁적인 전문 지식과 판단 기준, 기술 장치의 연합과 임시변통에 불가피하게 의존한다. 이는 품행을 통치하는 관행에 고유한 이질성과 경합성, 이동성을 부여한다. '국가'가 품행을 통치하는 유일한 힘이 아닐 뿐만 아니라 의사, 법률가, 교회, 지역사회 조직, 압력단체, 권익단체, 학부모, 시민, 환자, 생존자 등 모든 집단을 특정 관심사에 따라 품행을 지도하고 어떤 목적에 복무하게끔 하고 조율하는 배후도 아니라는 사실은 이동성과 경합성을 강화한다. 나아가 오늘날 품행을 통치하는 전략은 사람들과 세력들의 행위 능력을 짓밟거나 제거하기보다는 질서, 시민성, 건강, 사업 같은 특정한 목적에 폭넓게 부합하는 방식으로 행위 능력을 부양하고 형성하게 해서 이동성과 경합성을 한층 향상시킨다. 그리고 개인, 집단, 공장 노동자, 정신병 환자, 심지어 재소자들은 그들에게 마땅히 제공되어야 할 것을 거부할 수 있는 권한 또한 갖는다.

이러한 복잡성은 대부분의 역사적 시기와 정치적 맥락에서 나타난다. 그러나 내가 '선진' 자유주의라 부른 통치 형식, 즉 품행을 통치하는 오늘날의 프로그램과 전략, 기술에서 복잡성은 특히 중요해졌다(Rose 1999a). 여기에는 많은 요소들이 연관되어 있다. 국가의 이상적 역할이 대폭 재편되는 상황에서, 혹자는 정부가 더이상 안전의 보증인이자 궁극적인 제공자로 자임해서는 안 된다고 주장한다. 대신 국가는 권력을 제한적으로 행사함으로써 다양한 개별 행위자와 권력의 동반자이자 촉진자, 조력자가 되어야 하며, 이끌고 부양하기보다 방향을 잡고 조율해야 한다. 행위와 사고의 장이자 국가 영토와 경계를 공유하며 국민경제와 일치하는 단일한 영역이었던 '사회적인 것'은 파편화되었다. 지구화와 지역화라는 주제에서 보듯 이제 경제적 회로가 상이한 방식으로 영토화된다. 다양한 공동체와 복수의 정체성, 문화적 다양성의 이미지가 단일하고 결속된 사회적 영역과 하나의 국민 문화라는 이념을 대체하였다. 상대적으로 독립적인 개체들의 자율적인 선택을 억압하기보다 오히려 그것을 통해 '원격으로' 통치하려는 다양하고 새로운 '자유의 기술'technologies of freedom이 고안되었다. 이로 인해 조직에서의 사유화, 시장화, 소비자화는 중앙에서 책정하되, 지방에서 관리하는 예산, 평가 및 감사 관행 등 책무성 기술을 더 많이 사용하게 한다. 개인에게는 각자가 자신의 운명에 책임을 갖고 신중해야 하며, 능동적으로 미래의 일을 계산해야 하고, 민간 의료보험에서 민간 보안 업체에 이르는 여러 전문가와 영리 사업의 보조 하에 자신과 가족의 안전을 제공해야 한다는 요구가 되살아난다. 자율화와 책임화의 조합은 복지의 전략적 전환을 정초한다. 시민성과 선택, 책임의 세계로 개인을 끌어들이거나 쫓아내는 절차적 쟁점이 소득 분배와 빈곤 같은 실질적 쟁점을 대체하였다. 이는 포섭과 배제의 이분법에서 가장 잘 드러난다. 그리고 공동체주의, 결사체주의, '제3의 길' 정치를 향한 근래의 관심에는 내가 '윤리정치'ethopolitics라고 명명한 전략이 두드러진다(Rose 1999b). 개인을 공유된 도덕 규범과 가치에 묶어 둠으로써, 윤리정치는 개인의 품행을 조절한다고 여겨지며, 질서와 준법을 유지하는 윤리적 가치를 재생하고 재활성화하려 한다. 이는 명예와 수치, 예의범절, 의무, 신뢰, 정절, 헌신 등 스스로 나아가는 힘을 통한 통치이다.

이러한 주제들을 지침으로 삼고 다른 연구자의 작업에 의지하여, 이 글은 우리가 통제를 사고하고 확립하는 방식에서 어떤 명료한 전환을 목격하고 있다고 주장하려고 한다. 하지만 그런 전환을 이해하려면 법규, 법정, 경찰 등 '형사법 제도'로부터 초점을 거두어 품행을 인도하기 위한 합리성과 기술이라는 보다 넓은 장으로 범죄와 통제 문제를 옮겨 놓을 필요가 있다. 최소한 19세기 중반부터 학교 교육, 가족 생활, 노동시장 및 공장 조직, 공공 건축 및 도시계획, 여가시설, 대중매체와 그 밖의 많은 것들이 좋은 시민성, 공공 질서, 통제라는 이름 아래 또는 범죄성, 일탈, 반사회적 품행을 제거한다는 명목으로 통치에 동원되었고 도구화되었다. 형사사법제도 자체는 여러모로 통제 관행에서 부차적인 역할을 수행했다. 역사적으로 가변적인 형사사법제도의 역할은 그 자체로 분석 대상이 되어야 한다. 이러한 관점에서, 복잡성과 이질성에도 불구하고 오늘날 통제 전략에는 전략적 일관성이 나타난다. 통제 전략은 크게 개인을 포섭회로에 얽매어 품행을 조절하려는 유형과 배제회로를 관리해 병리에 개입하려는 유형의 두 종류로 나뉠 수 있다.

포섭: 안전회로

선진 자유주의 사회에서 첫 번째 유형의 통제 관행은 이를테면 어떤 규범에 따라 품행을 조절하게끔 고안된 다양한 관행에 대상을 연계시킴으로써 작동한다. 이는 지금 우리가 '통제사회'에 살고 있다는 들뢰즈(Deleuze 1995)의 논문에서 언급된 바 있다. 규율 사회에서 통제는 학교, 병영, 공장 등 한 규율 기관에서 다른 규율 기관으로 이어지는 문제였다. 각 기관은 지속적인 신체 기능·행동 기능 및 자기 반성·자기 억제의 끈질긴 실천을 영혼에 새기는 방식으로 품행을 **주조**하려 한다. 통제 사회에서 **조절**은 인간 주체의 힘 및 능력과 인간 주체가 참여한 실천 간의 흐름과 교류를 통해 지속적이고 영속적으로 일어난다. 우리는 언제나 훈련을 거듭하고, 평생 배우고, 영원히 평가되고, 꾸준히 소비하게끔 부추겨지며, 스스로를 향상시키고, 부단히 건강에 신경 쓰고, 영속적으로 위험을 관리한다. 통제는 중앙에 집중되기보다 흩어져 있으며, 비위계적·리좀적 열린 회로의 연결망을 따라 유동한다. 이 같은 통제 체제 하에서 주체는 내부의 고정된 특질이 표현된 고유한 인격으로서가 아닌 요소, 능력, 잠재력에 따라 취급된다. 주체의 요소, 능력, 잠재력은 고유 코드, 신원 확인 번호, 선호도 프로파일, 안전 등급 등에 의해 식별되는 복수의 궤도에 접속한다. 개인의 '기록'은 이런저런 연결망에 진입하기 위해 필요한 자격, 자질, 활동력에 대한 수많은 정보 조각들로 이루어져 있다.

통제 사회에서 주체의 사전적 사회화와 규율은 문제되지 않는다. 모든 사람들을 영원히 권력의 이질적인 시선이 행하는 개별화된 감시 아래에 두려고 하는 체제의 구축은 문제가 아니다. 사후적으로 범법자를 체포하고 정상화하는 것도 문제가 아니다. 품행은 모든 관행의 연결망에 내재하는 논리에 따라 지속적으로 감시되고 개조된다. 감시는 일상의 흐름에 맞춰 '고안된다.' 이로운 자극을 최적화하고 해로운 충동을 최소화한다는 원칙에 따라, 포섭회로는 일상생활의 시공간 전반에 걸쳐 계획적으로 품행을 조절한다. 이는 "사회가 사회통제를 행사하는 33가지 방법을 열거하고… 이 예비적 사고들을 사회학의 조직 원리로 발전시키는 데 착수했던" 로스E. A. Ross가 1894년에 아마도 처음으로 주장한 사회학적 주제인, 사회적 삶의 모든 영역에서 품행의 비공식적 통제가 행사된다는 주장을 되풀이하는 것이 아니다(Kay 1993: 22-3; Ross 1901; Hamilton and Sutton 1989: 14-15, Lumley 1925; Rose 1999: 120-4 참조). 포섭회로에 수반된 것은 품행을 관리하려는 서비스 또는 특정한 기획의 다양한 실천 내부에 잠재된, 통제적 특징의 계획된 도구화와 향상이기 때문이다.

포섭적 신원

신원은 아마도 그러한 통제 전략의 가장 분명한 예일 것이다. 20세기 후반부에 형성된 규제된 소비 사회에서 자유의 행사는 적법한 신원의 증명을 끊임없이 요구했다. 기계 판독식 여권, 고유 신원 확인 코드가 있는 운전면허증, 사회보장번호, 구매 시 전자 확인이 가능한 은행카드, 신용카드, 현금카드, 백화점 카드 등은 신원 확인과 개인화, 통제를 연결한다(Gandy 1993; Gordon 1987; Mark 1988; Poster 1990; Webster and Robins 1986 참조). 각각은 소지자를 개인의 신상 명세를 저장한 데이터베이스 기록인 가상의 신원과 동일시하는 한편, 동시에 다양한 특권에 접근할 수 있게끔 한다. 신용카드로 물품을 사는 등의 특권을 향한 모든 접근은 데이터베이스에 한층 더 빠져들고 가상 신원에 보다 더 밀착하게끔 한다. 융자, 신용판매, 전화나 전기, 가스 이용 등 여러 특권에의 접근 여부는 전문 업자의 도움으로 데이터베이스에 접속 및 확인할 수 있는 제공자에게 달려 있다. 범죄 기록과 같은 다른 데이터베이스는 정보 흐름의 회로와 연결되었을 수 있다. 정부기관은 예컨대 사회보장 혜택을 허위로 청구하는 사람들 같은 범법자를 식별하기 위해 컴퓨터 조회 기능을 사용하여 여러 종류의 데이터를 비교한다. 운전면허 정보는 범죄 수사에서 경찰 기록과 법원 기록으로 연결될 수 있다. 보험 회사는 불량 물건bad risk을 식별하기 위해 은행과 신용카드 회사의 데이터베이스를 확인한다. 'DNA 지문' 국가 데이터 은행을 만들자는 제안은, 소비 회로에 접근할 자격을 따지거나 여타의 잠재적인 접촉 상황에서 영원히 몸에 각인된 개인의 정체성을 신원 확인을 위한 고유한 식별 기준으로 삼으려 한다.

이에 대한 비판은 일상생활 전반에서 감시 네트워크가 확산되는 전체주의의 가능성을 강조하는 경향이 있다(Marx 1988 참조). 감시 네트워크는 물리적 감시의 시공간적 장애를 넘어서며, 노동 집약적이지 않고, 눈에 잘 띄지 않으며, 내구성이 높고, 영역 간 침투가 용이하며, 상당 부분 불가피하거나 다른 행위로 인한 계산 밖의 부작용으로 나타나고, 일어난 행동을 평가하기보다 선제적·예방적으로 일어날지도 모를 행동에 근거해 혜택으로의 접근을 거부하며, 새로운 신원 확인 방식의 등장에 발 빠르게 대처할 수 있다. 그러나 '최대 보안 사회' 또는 '전자 파놉티콘'이라는 이미지는 오해의 소지가 있다(Lyon 1994 참조). 전체주의적 통제는 신원을 보안화하는 신기술이 의도한 바도 의도하지 않은 결과도 아니다. 물론 법 집행기관과 여타 유사한 통제 기관들이 모든 방법을 동원해 새로운 정보자원을 활용할 것임에는 의심할 여지가 없다. 그들은 위반자를 식별하고 감시하기 위해 정보 자원을 사용할 것이며, 또한 잠재적으로 병리적인 개인과 집단을 드러내고 식별하는 데 사용할지도 모른다. 그러나 신원 확인이라는 통제 관행은 원칙상 국가의 통제에 귀속되지 않으며 일상생활 전반에 뻗어 있다. 신원의 보안화는 분산되어 있으며 비조직적이다. 소비, 금융, 치안, 건강, 보험 등 시민의 개인화 문제가 불거지는 다양한 영역과 관행에서 신원의 보안화가 해결책으로 제시된다. 이 사람은 이번 거래에 충분한 자금을 지녔나? 이 시민에게 특정 영토에 출입할 자격이 있나? 이 사람을 신용할 수 있나? 이 개인은 형사 사건의 잠재적 용의자인가? 이 사람의 보험 리스크는 양호한가? 총체적 감시라는 통제 이미지는 오해를 불러일으킨다. 그보다 통제는 소비와 시민성의 회로에 조건부로 접근권을 부여함으로써 작동하는 무엇이다. 통제는 특정 소비재의 흐름에 접속하려는 개인의 권리에 대한 지속적인 감시이자 자유의 혜택에 접근하기 위해 반복해서 거쳐야만 하는 교차점이다.

여기서 통제는 20세기의 종식과 함께 등장한 시민권의 형식과 연관되어 있다. 시민권은 국가와의 관계를 통해서만 실현되지 않으며, 단일한 공공 영역으로의 참여를 수반하지 않는다. 시민권은 일과 쇼핑을 주축으로 하는, 다양하고 분산된 사적·기업적·유사 기업적 관행으로의 활발한 참여를 수반한다. 이런 맥락에서, 신원의 보안화는 그러한 적극적 시민권을 행사하기 위해 의무적으로 접속해야 하는 지점을 보호함으로써 작동하는 통제 전략이다. 이 전략은 사람들로 하여금 시민성의 회로에 스스로를 주기적으로 연결하게끔 함으로써 시민권을 얻을 자격을 지속적·반복적으로 증명하게끔 강제한다. 통제 사회에서 품행의 정치는 존재 구조 자체, 공간, 시간, 가시성, 의사소통 회로를 조직하기 위해 고안되었다. 이것들은 노동, 구매, 빚, 신용, 생활양식, 성적 계약 등 개인의 생애 결정과 행위가 일련의 자극, 보상, 현재의 제재 및 제재의 예감이라는 그물 속에서 이루어지게 한다. 이 그물은 개별 시민이 계속해서 품행을 통제하게끔 강제한다. 신원을 보안화하는 아상블라주는 통일되기보다 분산적이고, 위계적이기보다 리좀적이며, 총체적이기보다 그물 또는 중계와 관계로 연결되어 있다. 그러나 포섭 관행에서 의무적으로 접속해야 하는 지점을 통치하는 과정은 불가피하게 새로운 배제의 형식을 만들어 낸다.

신중한 동반자

정치 담론은 단순히 국가가 시민을 부양하는 데 따르는 경제적·기술적 한계뿐만 아니라 총체적 사회보호라는 약속이 야기할 모순적이고 바람직하지 않은 효과를 강조한다. 사회 국가의 꿈은 촉진 국가the facilitating state라는 은유에 자리를 내어준다. 국가는 부양자나 경영자이기보다 동반자이자 촉진자다. 개인, 가족, 기업, 조직, 지역사회는 자신 및 가족의 재산과 인격을 지킬 책임을 **떠맡는다**. 보안 조치에 투자하여 범죄 위험으로부터 보호하는 일은 모든 능동적인 개인과 책임감 있는 고용주가 질 책임의 일부가 되었다. 자신과 소중한 이들, 고용인들을 미래의 불운에 맞서 지켜내지 못했다는 죄책감에 시달리고 싶지 않다면 말이다. 신중하게 행동하는 개인은 공공 치안과 사법 체계의 형식적 메커니즘만을 바라볼 수 없다. 질서를 유지하고 개인 및 공동체의 보안 위협에 대항하기 위해서는 전문가의 도움을 받아 스스로를 교육하고 전문지식을 갖춘 동반자로서 활발하게 관여해야만 한다.

이와 같은 신중주의prudentialism 기술의 재활성화는 팻 오말리(O'Malley, 1991, 1992, 1996)가 잘 분석한 바 있다. 신중주의는 통상 19세기 후반기와 관련된다(O'Malley 1995; Ewald 1986, 1991). 20세기의 사회보험 프로그램은 앞선 시대의 신중함을 유지하고 망가뜨리지 않도록 항상 애써 왔지만, 그럼에도 불구하고 새로운 사회적 시민권의 기술은 (복지국가의) 의무를 완화하고 사회화하였다. 지금껏 복지국가는 안전의 궁극적이면서 가까운 보증인으로서의 의무를 지닌다고 여겨졌다. 그러나 선진 자유주의의 경제적 합리성 속에서 국가와 시민 간의 암묵적 계약은 더이상 사회화 효과나 연대 창출에 가치를 갖지 못한다. 어떤 경우든 보편적 안전의 약속은 결코 이행되지 않은 듯하며, 더욱이 개인 소득과 국가 재정의 낭비는 정당화되지 못한 데다가 참아 내기 어려울 지경이다. 책임감은 억눌리고, 위험 감수는 금지되며, 기업가정신은 처벌되고, 의존성이 유발되었다. 따라서 오늘날 안전사회는 포섭된 이와 배제된 이 사이의 구분을 줄이기보다 오히려 악화시킨 듯하다. 이 같은 비판의 영향으로 형성된 전략은 개인들에게 민간 의료보험, 사설연금 같은 조치를 통해 미래의 안전을 담보하라고 권고한다. 뿐만 아니라 범죄 위험으로부터 스스로를 보호하고 범죄 피해자가 되지 않도록 돌봐야 한다. 오말리가 썼듯 "비단 범죄 위험 관리의 책임이 바뀌었을 뿐만 아니라, 이와 연관해 위험의 합리적 주체는 범죄 예방과 범죄 위험에 관해 노련하고 박식해져야 한다는 과제를 떠맡았다”(O’Malley 1996:201).

안전은 따라서 더이상 보험계리적 지혜를 독점한 국가의 일이 아니다. 뿐만 아니라 안전은 연금징수원과의 인격적 관계에 의지해 검약한 생활을 유지한다거나 또는 안정성과 정직성에 대한 ‘바위처럼 확고한’ 명성으로 마음의 평화를 주는 상업 조직과 연결된다고 해서 보장되지 않는다. 우리들 각자는 자기 자신의 바위가 되어야 한다. 보험은 오늘날 선택과 생활양식 정치의 부분이 되었으며, 시장 메커니즘에 따라 판매되며, 소망하는 미래에 대한 소비자적 꿈을 통해 촉진된다. 소비자적 꿈은 종종 암묵적으로 서로의 불안감을 악화시킴으로써 융성한다. 나아가 보험판매원은 이제 위험 경감 및 위험 관리의 기법에 관해서 다방면의 조언자로 행세한다. 이들은 “지역 범죄율, 의심스러운 사람을 알아보는 법, 집과 가산을 안전하게 지키는 법, 높은 범죄 위험 상황을 인식하고 피하는 법, 재산, 보험의 가치와 같은” 정보를 제공한다(O’Malley 1996: 201, cf. O’Malley 1991). 통치 대상의 책임화는 개인의 ‘사적인 삶’에 국한되지 않으며 회사, 근린, 지역사회 등으로 확장되어 누구도 범죄 통제의 책임을 전능한 국가에 이양할 수 없게 되었다. 데이비드 갈런드가 지적하듯, 오늘날 “집주인, 세입자, 소매업자, 제조업자, 도시계획가, 학교 당국, 교통관리인, 고용주, 부모 그리고 개별 시민” 스스로 범죄의 계기를 줄이고 통제를 늘리는 데 책임이 있음을 인식하고, 경찰과 급성장 중인 사설 보안 업계와 여타 중개업자, 그리고 지역의 이웃과 제휴를 맺어야 한다(Garland 1996: 453). 이런 신중한 동반자 관계는 복지의 사회적 공간을 여러 집단, 지역, 단체들로 분열시킨다. 이들 각각은 특정한 사람, 조직, 공간 및 품행의 유형에 결부되어 있으며, 나름의 위해와 위험에 노출되어 있다.

안전영토

사회 국가의 안전 관행은 최소한 그 원리에서는 '사회'라는 단일한 차원을 영토로 삼는다. 국가는 모든 시민을 대신해 노인연금에서 사회적 자금으로 조성된 단일한 경찰력에 이르기까지 온갖 조치를 동원하여 집합적 안전을 유지한다. 새로이 등장한 분열된 정치 공간에서 공동체들은 각각 구성원(지역 주민, 조직의 고용인, 상업지구의 소비자와 직원)의 안전을 보장할 책임을 진다. 이때 안전은 별개의 공간-윤리적 지역 안에서 관리되며, 각각의 지역은 클리퍼드 시어링이 '계약적' 공동체라 부른 것의 경계를 짓는다. 이 공동체는 '스스로의' 위험 관리에 책임을 진다고 상정된다(Shearing 1995; O'Malley 1992; O'Malley and Palmer 1996; Stenson 1993, 1999).

안전의 이름으로 공간이 변형됨에 따라 '범죄 유발 공간' 같은 새로운 개념들과 '상황적 범죄 통제' 같은 새로운 전략들이 마련되었다. 새로운 전략은 두 가지 충격적인 이미지를 제공한다. '외부인 출입 제한 주택지'는 내부의 감시와 평정 유지, 둘러친 벽, 경비가 통제하는 출입구를 특징으로 한다. '성채도시'the fortress city는 로스앤젤레스 도심에 대한 마이크 데이비스의 설명에 아주 생생히 그려져 있다(Davis 1990). 이러한 전략은 보안 기관의 업무를 변경한다. 단순히 사설 보안 업체가 수행하는 경비, 순찰, 감시 등 노동집약적 업무만이 아니라 경찰의 일 또한 바뀌었다(Ericson and Haggerty 1997, 7, 8, 9장). 그들은 첨단 전자 감시 기술 및 자료 분석 시스템을 사용해 영토를 샅샅이 훑는다. 정보 기술과 데이터베이스 자원은 특정 지역에 만연한 범죄와 용의자 유형에 대한 정보를 제공한다. 범죄의 위험성을 경고하고 조심성과 책임감을 촉구하는 전단지를 뿌려 주민들에게 범죄 위협을 알린다. 주택가 순찰 프로그램을 통해 영토를 동원한다. 신축 또는 개조 시 주택 설계와 보안 시설에 대해 조언한다. 학교와 대학을 방문한다. 마을 안전에 헌신하는 활동적인 시민들의 모임이 꾸려지도록 돕는다. 위험 관리라는 과업에 연관된 다른 모든 직업들이 교차하는 공적·사적 공간에서 고문 역을 맡는다. 보안 기술에 자격을 부여하고 공인하며, 보안 강화에 필요한 정보 기술을 자문하고, 현금자동입출금기의 위치를 조언하며, 특정 경보 시스템을 보증하는 등의 일을 한다. 그리고 건축가, 상점 설계사, 도로 시설물 제작자, 경영 컨설턴트, 직원 연수 과정 운영자, 보험 회사, 첨단 비디오/오디오 시스템 기술 디자이너 등 새롭게 등장한 많은 직업들이 보안 전문가로 거듭나고 있다.

책임화에 동반된 전문 지식이 배가됨에 따라 지역사회의 집합 논리는 선진 자유주의의 형식적 특징인 개인의 자율성을 중시하는 에토스(선택, 개인 책임, 운명의 통제, 자기 촉진, 자기 통치)와 연합하였다. 지역사회의 집합 논리는 또한 정치 담론에 만연한 탈정치적 논제들에 동조한다. 즉 자활적인 지역사회는 시장의 힘, 멀리 떨어진 중앙정부, 둔한 지역 당국과 비효율적인 범죄 통제 기관—도시와 촌락의 중심부에서 법질서가 붕괴된 데 공통의 책임이 있는—이 결탁한 난장판을 치료할 해독제로 여겨진다. 새로운 이웃 참여 방식과 지역 역량강화, 삶을 스스로 결정하는 지역민의 관여는 자기 통치적인 지역사회에서 능동적 시민권의 형식인 자발성과 책임감, 자립성을 재차 활성화할 것으로 여겨진다(Rose 1999b; Stenson 1993 참조). 이때 안전의 통치는 개인의 헌신, 에너지, 선택을 활성화함으로써, 또한 지역사회 수준에서 개인의 도덕성에 따라 작동한다. 지역사회는 단순히 범죄를 통제해야 하는 영토가 아니라 그 자신이 통치의 **수단**이다. 자신의 역할과 거주민의 활동에 대한 지역사회의 상세한 지식이 활용되고, 지역사회 유대, 결속, 힘, 소속이 찬양되며, 각자와 모두의 안전을 증진시키기 위해 지역사회의 중심적 권위와 갈등 해결 방식이 고무되고, 부양되며, 형성되고, 도구화된다.

이런 유형의 도시 공간 구조 변경은 위험의 확대를 알리는 신호탄이다. 위험이 특정 안전지대에서 관리됨에 따라 보호받지 않는 구역의 인지된 위험성이 악화된다. 성채도시는 이를 선명하게 보여준다. 사무실 및 쇼핑몰로 들어찬 기업식 요새와 주차장, 보도 같은 수반 시설들은 성채도시를 둘러싼 가난한 이웃에게 폐쇄·차단되어 있다(Davis 1991). 재건된 도심 지역의 공간은 통제 계획에 따라 변형되고 도시 설계와 건축, 치안 장치는 안전의 이름으로 통합 프로그램에 병합된다. 19세기 자유주의 시대가 문명화한 공적 공간과 20세기 사회 건축(공원, 도서관, 유원지, 거리 자체)은 점점 버려지고 황폐화되어 위해한 공간이 되었다. 쇼핑몰과 예술센터, 맛집이 늘어선 번화가처럼 안전한 공간들로 이루어진 군도가 그 자리에 들어섰다. 접근이 감시되고, 내부 공간은 전자 감시와 사설 보안 활동의 영향 아래 있으며, 건축 양식과 설계는 그곳에 있는 정당한 이유(즉, 소비)가 없는 이들을 제거하거나 쫓아낼 수 있도록 잘 조직되어 있다. 사실 배제는 이중으로 행해진다. 소비 공간에 서비스노동을 제공하는 제3세계 출신 프롤레타리아트들은 도시 외곽으로 내몰린 공공 주거 지역에 모여 산다. 그리고 빈민, '노숙인', 집 없는 이와 무직자들은 안전·포섭회로 바깥의 공간으로 내쫓기고, 다른 사람들은 점차 한때 걷고, 장을 보고, 방문했던 공간을 기피하고 두려워하게 되었다. 만족의 섬을 만들어 쾌락 추구를 부추기는 데 성공한 소비의 안전화는 배제의 논리 위에서 작동한다. 배제된 이들, 새로운 '위해 계급'dangerous classes은 다른 곳을 이용하도록 강제된다.

배제: 불안전회로

포섭의 반대편에서 포섭회로를 유지하는 배제회로가 있다. 배제된 자들은 단지 쫓겨난 것이 아니다. 그들 또한 통제 전략의 대상이다. 한편으로는 활동의 원칙에 따라 배제된 이들을 다시 끌어들여 시민성의 회로에 재결합시키려는 전략이 존재한다. 실업자 직업훈련을 강조하는 능동적 노동시장 정책, 불우한 지역사회와 개인을 갱생하고 역량을 강화하려는 개입, 도심의 삶을 '재가족화'하려는 프로그램들이 있다. 다른 한편, 어떤 개인 및 구역과는 제휴가 불가능하다고 여기고 그러한 반-시민 및 주변적 공간이 야기하는 위해를 무력화시키는 조치를 마련함으로써 그들을 관리하려는 전략이 존재한다. '삼진 아웃' 정책, 행형 체계 확장, 수감 인원 증가, 소아성애자 등 교정이 불가능한 개인을 예방 구금하는 전략이 여기에 속한다.

주체화

부랑자, 극빈자, 타락한 자, 실업자, 잔여 인구, 사회문제 집단 등 무질서와 위해, 문명에 가하는 위협이 그들의 인격과 이름, 이미지에 응축된 듯한 일련의 형상은 늦어도 19세기 이래 대부분의 유럽 국가의 정치적 상상력에서 지워지지 않았다. 심지어 보편적인 사회적 시민권을 구축하려는 계획이 수립되고 준비되던 19세기의 마지막 10년과 20세기 전반기에도, 모든 사람들을 포괄할 수 있으리라고는 여겨지지 않았다. 특히 광인, 범죄자, 정규적인 노동에 얽매이기를 거부한 자뿐만 아니라 시대와 정도는 다르지만 아이, 흑인, 여성, 그리고 유대인이 이에 해당되었다. 그러나 배제된 이들의 존재가 영속적이고, 문명화의 열망에 대한 타자로서 필연적이라는 생각은 지나치게 단순하다. 오늘날 누가 또는 무엇이 배제되는가?

오늘날 배제의 구체적인 양상은 20세기 중반 형성된 사회 국가를 문제화함으로써 등장한다. "우리는 빈자를 먹여살리려고 애쓰고, 대신 더 많은 빈자를 만든다. 우리는 빈곤에서 탈출하게끔 장벽을 제거하려고 애쓰고, 무심코 함정을 설치한다"(Murray 1984: 9). 찰스 머레이에게 복지 의존자는 합리적인 개인으로, 일하지 않고도 더 벌거나 더 잘살 수 있는 방법을 따져 자신에게 유리하게끔 복지 체계를 이용하는 이들이다. 로렌스

미드Lawrence Mead에게 의존자는 능력을 결여하고 있다. "의도는 좋았지만 잘못 실행된 자유주의 정책이 의존 문화의 희생자들을 낳았다. 그들은 일할 능력과 평범한 시민의 의무를 수행할 능력을 잃어버렸다"(Katz 1993: 15; Mead 1986 참조). 어느 경우든 복지의 문제는 본질적으로 도덕적이고 윤리적이다(Himmelfarb 1995). 누군가는 사회복지 체제 자체에 현혹되어 복지에 의존하고, 누군가는 심리적 이유 또는 다른 개인적인 무능력 때문에 시민의 도덕적 책임을 받아들일 수 없으며, 누군가는 진취적이고 합리적이며 계산적이지만 자신의 진취성을 시민성이나 책임 있는 자기관리와 같은 가치가 아니라 반시민성, 범죄 및 마약의 문화에 바친다.

서로 다른 두 집단의 구분에 따라 범죄 통제를 포함한 새로운 정치 합리성이 설명되었다. 능동적인 자기 촉진 및 자신과 가족에 대한 책임감을 통해 스스로 안녕과 안전을 확보할 능력이 있으며, 이를 실제로 확보하는 다수와 활동들 바깥에 놓인 하층계급, 소외계층, 진짜 불우한 사람들the truly disadvantaged, 범죄자 간의 구분이다. 배제된 이들은 시민성과 책임감의 결속력을 거부하거나 체질적 이유로 시민성과 책임감을 떠맡을 수 없거나, 간절히 바라지만 기술과 능력, 수단을 부여받지 못한 하위 인구이다. 포섭회로 바깥의 '주변화된' 공간에, 퇴락하는 공영주택 단지에, 혼란스러운 한부모가족에, 도심 시가지 상점의 출입구에 비시민, 실패한 시민, 반시민, 자신의 삶을 기획하거나 위험을 관리할 수 없거나 하지 않으려는 자들, 책임 있는 자기 통치를 행사하지 못하는 자들, 어떤 도덕적 공동체에도 속하지 못하거나 반도덕적 공동체에 속한 자들의 수많은 작은 회로들, 작은 문화들이 존재한다. 새로운 위험 관리 전략은 이들 배제 구역을 겨냥한다.

위험을 관리하기

말콤 필리Malcolm Feeley와 조너선 사이먼Jonathan Simon은 "범법자 개개인의 책임, 잘못, 도덕적 감수성, 진단, 개입과 치료에 현저히 무관심한" '새로운 행형학'이 등장하고 있다고 주장하였다. "새로운 행형학은 대신 위해성에 따라 분류한 집단의 식별, 분류, 관리에 관심을 둔다. 임무는 운영하는 데 있지 변혁하는 데 있지 않다. … 일탈의 수준을 **조절**하려 하지, 개별적 일탈과 사회적 기형에 개입하거나 반응하지 않는다"(1992: 452). 필리와 사이먼에 따르면 보험계리적 성격을 갖는 새로운 행형학은 범법자 개개인을 훈육하고 정상화하려고 하기보다는, 범죄적 품행을 최소화하고 인구 전체의 효율성을 최대화하기 위해 품행의 인구상 분포를 배치하고 개인들이 삶을 영위하는 물리적·사회적 주거를 재편한다. 이런 식으로 위험을 관리할 수 없는 이들을 지속적으로 무력화하기 위해 투옥이 활용된다. 반면 위험도가 낮은 이들의 품행은 보호관찰 같은 조치로 관리될 수 있다. 이런 조치는 현재 위해한 인구 부문을 대략 영구적으로 관리하기에 효율적인 기술로 스스로를 입증하는 한에서만 가치가 있다.

이 도발적인 주장은 정신의학 같은 다른 영역에서 일어난 전환에서도 확인된다(Castel, 1981, 1991; Rose 1996, 1998). 그러나 우리는 이 주장을 잘못 이해하여 행동의 인구 분포에 영향을 주는 요인과 예방 전략 및 위험 축소 전략에 쏠린 관심을 보험계리적 통제로의 총체적 전환으로 여겨서는 안 된다(Feeley and Simon 1994 참조). 통제 전문가의 업무에 가득한 기술언어와 계산 기법은 확률적일지는 몰라도 보험계리적인 경우는 드물며, 흔히 수치화된 정도도 약하다. 아마도 통제 전문가들에게는 위험 사고라는 특정한 사고 유형의 등장과 일상화를 통해 눈앞에서 벌어지는 일을 파악하는 편이 나을 것이다. 위험 사고는 미래에 일어날 수 있는 원치 않는 사건을 현재 시점에서 계산하여, 그 사건을 회피하는 것을 의사결정 과정의 중심적인 목적으로 삼고, 목표를 위해 개인과 제도, 전문 지식, 자원을 운용하는 사고다. 이렇게 볼 때 위험 사고는 탈복지적 통제 전략에서 배제를 관리하는 데 핵심적이다.

경찰을 예로 들어보자. 에릭슨과 해거티는 오늘날 경찰 업무에서 "위험 의사소통의 범주화 및 분류와 위험 지식을 내외부적으로 의사소통하는 기술들이" 장래의 행동과 논의를 구조화한다고 주장한다. 이는 비단 경찰관과 경찰 전술뿐만 아니라 사회복지사, 정신의학자, 의사, 교사 등 위험 관리를 통한 통제 업계에 종사하는 다른 직업들에게도 해당한다(Ericson and Haggerty 1997: 33). 일단 '의사소통 형식'(체계적인 조직 규칙 및 정보와 경험을 전달하는 형식)으로 자리 잡은 위험 범주화는 전문가들이 사고하고 행동하며 자신의 행위를 정당화하는 수단이 된다. 그런 의미에서 통제 전문가의 시선 및 고객, 환자, 용의자와의 만남의 성격은 위험 관리의 요구와 목적에 걸맞은 형태를 갖추기 마련이다. 에릭슨과 해거티에 따르면, 전문가들이 속한 위험 관리의 분산된 '전문가 체계'는 이렇게 구성된다. "그들은 위험 관리의 전문가 체계를 구성하는 일원으로서 환자에 대한 서류 일체를 작성하는데, 그럼으로써 개별 사례들이 나아가는 방향뿐만 아니라 결과를 제어할 수 없게 된다"(Ericson and Haggerty 1997: 37-8). 따라서 전문가 체계에 속한 행위자들의 주된 업무는 정보를 중심으로 구조화되어 있다.

정보는 그저 특정 개인이 어느 정도로 '위해한 인물'이라는 내적인 성격뿐만 아니라 바람직하지 않은 품행을 가질 가능성과 결부된(공식적으로는 연구를 거쳐, 비공식적으로는 직업적 신념에 의해 형성된) 여러 요인들(거주 조건, 고용 이력, 술 또는 마약 중독, 가족 환경 등)과 관련되어 있다. 이 요인들은 위험 응시의 표적이 되며, 구조화된 위험 평가, 위험 계획, 형식과 서식, 데이터베이스 필드에 의해 위험 지표, 위험 분류 등으로 체계화되고 통합된다. 위험 지표와 위험 분류는 다른 전문가들, 법 집행기관, 법원, 여타 의사결정자들에게 전달되는데, 이로 인해 애당초 정보를 수집했던 초기의 자문, 만남, 사건을 둘러싼 조건으로부터 떨어져 나오고 만다

(Castel 1991: 281 참조).

경찰이든 정신의학자든 통제 분야의 종사자들은 따라서 사소한 사항을 관리하는 새로운 행정적 기능을 얻어 위험한 개인, 행위, 생활 방식, 영토를 식별함으로써 지역사회의 보호를 보장한다. 이로써 사례 회의, 학제 간 팀, 정보 공유, 기록 남기기, 계획 수립, 목표 설정, 감시 네트워크 조직, 그리고 커뮤니티 영토 내에서 잠재적으로 위험한 개인에 대한 문서화가 더욱 중요해진다. 배제회로에서 통제는 개개의 병리적 인물을 제약하는 일로 그치지 않고, "허용 가능한 위험을 정의하는 기준을 선택하는 지식", 그 지식을 근거로 통합과 배제의 관행을 만들어 내는 지식 생성의 문제가 된다(Ericson and Haggerty 1997: 41). 수많은 준-자율적 기관들이 복지국가 이후에 형성된 통제의 영토에서, 배제된 '야만적 공간'에서, 변두리의 '반-공동체'에서, 또는 능력이 없거나 책임감 있고 윤리적인 자기 관리가 안 되는 탓에 시민성을 결여한 이들 곁에서 활동한다. 배제의 새로운 영토 내부에서 경찰, 사회복지사, 의사, 정신의학자, 정신건강 전문가 등 모든 통제 기관들은 가장 위험한 자의 위험성을 최소화하겠다는 끝없이 실패로 끝나는 노력을 통해 감시와 의사소통 회로에 연결되고자 한다. 그들은 위험 관리에 관한 정보를 수집, 등록, 축적, 분배하는 데 필요한 다양한 요소들을 형성한다.

위험의 사회적 관념이 보편화되는 와중에, 위험 통제 기관들은 빈민, 복지 수급자, 잡범, 출소한 정신질환자, 노숙인 등 '유력한 용의자'에 집중하였다. 위험 논리는 필연적으로 오염된 시민들의 경력과 정체성을 감시 체제 내부에 위치시키고, 감시 체제는 사실상 그들 모두를 실제적 또는 잠정적으로 '위험한' 개인들로 여긴다. 위험 평가와 위험 관리의 불완전성과 분열, 실패는 위험 논리에 위협이 되지 못한다. 불확실성을 길들이고 위난을 제어하라는 기술의 명령에 힘입어, 위험 논리는 단지 끊임없는 체계 향상을 영속적으로 선동하고, 더 많은 지식을 생성하고, 더 많은 기술을 창안한다. 위험 관리(초래할 불운 또는 손해의 식별, 평가, 제거, 축소)

는 따라서 많은 전문가들의 직업적 책임에서 필수적인 부분이 되었다. 위험을 통해 통제 문제의 한 차원을 재확립하는 것은 전문가들을 위한 정부 역할의 수정에 달려 있다. '대중 일반', '정상인'에게 가해질지 모르는 모든 위험에 책임을 져야 한다는 위협에 맞서 지역사회 영토에서 위해한 장소와 위해한 인물을 관리하려면 말이다. 그러나 요인과 개연성, 하위 인구의 분류를 강조한다 해서 병리적 개인을 주목과 개입의 주요 대상으로 삼지 않는 것은 아니다. 물론, 문제는 지역사회 통제의 개방회로 안에서 누가 관리될 수 있는지 혹은 그렇지 않은지 알아내기 위해 위험한 개인을 식별하고 통제하는 보험계리적 위험 분류를 효율적으로 배치하는 데 있다.

배제회로에서는 구금 기관의 역할이 재정의된다. 구금 기관은 감화의 잠재력이 아니라 위험의 안전한 격리라는 측면에서 이해되고 구분된다. 한편으로 구금은 그 위험성을 온전히 평가하고 통제할 수 있을 때까지 가장 큰 위험을 보존하는 방법이 되었다. 다른 한편 처치 곤란할 정도로 위험한 일군의 사람들이 등장했다. 이 '괴물 같은 인간'들은 자유를 누리는 데 필요한 품행을 스스로 통제할 수 없거나 통제하려 하지 않는다. 성범죄자, 소아성애자, 교정 불가능한 반사회적 인물은 새로운 '인류'를 대표한다. 이들은 어딘가 인간으로서 결함이 있거나 불완전하고, 본성상 시민성과 시민성이 요구하는 주체성의 경계 바깥에 영원히 위치한다. 이 괴물 같은 인간들을 위해 준합법적 구금 방식이 수없이 고안되었다. 범죄가 일어나기 전이나 정기형이 선고된 이후에 선제적 또는 예방적 구금이 행해졌다. 이는 법과 질서가 아니라 위협받는 지역사회의 이름으로, 실제적 또는 잠재적 희생자의 이름으로 이루어졌다. 법률적 또는 정신의학적 주체성 모델에 맞지 않는 '가해자'의 증가에 맞서 지역사회를 보호하기 위해서는, 관습적인 '법의 지배'를 포기해야 하는 듯하다(Pratt 1999; Simon 1998; Scheingold et al. 1994를 보라).

의존에서 활동으로

감화를 지향하지 않는 구금이 새로운 통제 관행으로 대두된다고 해서, 통제 논리가 배제된 개인을 변화시키는 데 관심이 없다고 생각하면 오산이다. 감옥 분석가들이 감화에서 무력화 및 처벌로의 전환에 주목해 온 동안, 보다 보편적 수준에서 배제된 개인의 윤리를 복원하는 문제가 통제 전략의 중요한 축이 되었다. 미국의 노동 연계 복지 프로그램과 영국의 복지 개혁은 재도덕화를 목적으로 복지 수급자의 행동을 세세하게 관리하려고 한다. 수당을 수령하려면 습관을 고쳐야 한다고 강조하고, 궁극적으로는 일할 수 있는 사람들의 수당을 완전히 끊고자 한다. 여기서도 목표는 책임화, 즉 배제된 이들의 자립성을 다시 세우는 일이다. 그러나 이때의 책임화는 특유의 형식을 띤다. 새로운 품행 정치에서 문제적 인물의 문제는 도덕적 또는 윤리적 문제, 다시 말해 문제적 인물이 자신을 이해하고 스스로를 인도하는 방식의 문제로 재구성된다. 이런 윤리적 재구성은 여러 심리학적 요법이 '배제된 자'의 통치 프로그램에서 재활용될 수 있는 가능성을 열어 둔다. 활동에의 명령과 선택의 윤리에 놓인 가정은 통치의 근거뿐만 아니라 통치에 연결된 감화 기술에서도 핵심적이다.

미국의 바바라 크룩생크Babara Curikshank와 영국의 캐런 베이스토Karen Baistow는 심리학적 기술 내부에 작동하는 전문적인 역량강화 언어의 중요성에 주목하였다(Cruikshank 1994; Baistow 1995). 왜냐하면 역량의 강화 또는 결핍은 선택의 제국에서 활동적인 개인으로서 스스로 나아가기 위해 필요한 자신감과 자존감, 자기 관리 기술의 부족을 배제의 주관적 근거로 삼기 때문이다. 전문가들은 사람들이 스스로와 맺는 관계를 재구성의 대상으로 삼으며, 이를 법의 권위를 빌어 뒷받침하기도 한다. 역량강화의 매력은 초기의 전문가적 복지제도에 영향을 미친 후견적 의존성의 논리를 거부하는 듯한 데에 있다. 주체는 순응이 아니라 자유를 위해 스스로 일한다. 의존성과 통제의 이분법은 타인과 자기 자신의 품행을 판단하는 강력한 도식이 되었다. 자율성은 이제 개인적인 힘이자 책임감을 받아들일 수 있는 역량으로 나타난다. 이는 다른 사람을 비난하는 대신 자기 자신이 될 수 없게끔 스스로 공모하고 있음을 깨닫는 역량이며, 그럼으로써 책임 있는 자율성과 개인의 힘을 획득하는 일이다. 높은 자존감은 삶을 하나의 기업처럼 질서정연하게 계획하고 인생의 진로와 결과에 책임을 지는 역량과 연결된다. 의지 부족과 같은 의존성을 뜻하는 어휘는 실직부터 알코올 의존을 망라하는 조건을 기술하는 공통어이다(Sedgwick 1992; Fraser and Gordon 1994; Valverde 1998 참조).

역량강화 전술은 배제가 근본적으로 주관적인 조건의 문제가 되었다는 더욱 넓은 현상을 예시한다. 복지 체제에서처럼 사회적 요인에 따른 심리학적 주체성의 문제가 아니다. 윤리적 주체성이자 문화적 주체성의 문제다. 따라서 노동 연계 복지, 무관용, '명명하기, 수치 주기, 비난하기', 아동범죄에서 부모의 책임이 등장한다. 이는 '엄한 사랑'이자 '강경한 연민'이다. 배제된 자와 하층계급 문제의 해결책은 일종의 도덕적 재무장이다. "오늘날 품행 정치는 계급 정치보다 더 중요하다"(Mead 1991: 4, Procacci 1998: 30 재인용). 도덕적 감화와 윤리적 교화를 통해 배제된 시민들은 고결한 공동체에 다시 받아들여진다. 이 구상에서 배제된 자의 윤리적 교화를 위해서는 게토 내부의 모든 사람, 하층계급의 모든 구성원, 모든 배제된 사람, 심지어 기결수에게도 '기회를 주어'야만 한다. 도덕 공동체의 완전한 성원권을 획득하고 정직과 자립, 타인에 대한 염려라는 중추적인 가치를 충실히 지킬 수 있는 기회 말이다. 새로운 도덕적 권위는 그들의 자발성을 검증의 대상으로 삼는다. 포섭 가능한 사람들에게 통제는 이제 의지와 자기 통제, 독립적인 습관, 인생 설계, 자기계발, 자율적인 삶의 품행을 합리적으로 재구성함으로써 작동한다. 그럼으로써 개인은 가족과 직장, 소비, 나아가 통제 사회의 연속적인 회로와 흐름에 다시 투입될 수 있다. 그러나 전술하였듯, 포섭될 수 없거나 포섭되지 않으려는 이들, 개방 회로에서 관리하기에는 너무 위험한 이들(상습범, 약탈자, 교정 불가능한 반사회적 인물, 회생 불가능한 괴물, 소아성애자, 사이코패스)에게 통제는 영구적인 격리의 형태를 띤다. 책임감을 갖고 스스로를 윤리적으로 통치하기를 거부하는 이들은 우리 도덕 공동체의 구성원이 되자는 제안 또한 거부한 셈이다. 따라서 그들에게 가혹한 조치는 전적으로 타당하다. 삼진 아웃이면 추방이다. 시민권은 품행에 달린 문제가 되었다.

형벌-복지 복합체

1970년대 탈구금 이론가들은 선진 산업사회에서 수용된 인구의 규모가 급격히 줄어들고 있다고 주장하였다. 물론 많은 공공기관, 특히 정신병원이나 양로원의 수용자 수가 현저히 줄기는 했다. 예컨대 미국에서 1990년 주립 정신병원의 구금율은 15세 이상 주민 십만 명 당 50명 미만으로 떨어졌는데, 구금율이 정점을 찍은 1955년에는 450명 이상이었다. 그러나 이 '탈구금화'는 새로운 구금, 이윤을 좇는 사설 거주 시설을 이용한 고도로 영리적인 시장 영역으로 이어졌다. 그리고 동시에 공공의 위협이라 여겨지는 이들을 예방 구금하는 새로운 조치가 이루어졌다. 감화 없는 수용이란 새로운 군도가 형성되었다. 비구금 처벌의 확산에도 불구하고 영국과 미국의 형사사법 체계 내에서 감옥 인구는 줄어들지 않았다. 1980년대 말 영국의 투옥률은 인구 십만 명 당 약 100명으로, 유럽의 다른 어느 국가보다 많았다. 그러나 미국의 예는 더욱 충격적이다. 1996년 미국에서 형을 선고받은 성인 수감자의 구금율은 인구 십만 명 당 400명 이상이 되었다. 모든 감옥의 수감자를 합하면 수치는 십만 명 당 600명 이상에 달한다. 거의 120만 명에 달하는 수감자들이 주립 및 연방 교도소에서 일 년 또는 그 이상의 형기를 보내고, 거의 400만 명이 가석방이나 보호관찰 상태다. 거의 3퍼센트의 성인 인구와 7퍼센트의 성인 남성 인구가 형사사법 체계의 통제 관행 대상인 셈이다.

미국에서 투옥의 용도에는 다른 곳과 마찬가지로 의심할 여지없는 여러 이유가 있으며, 실형을 사는 인구의 증가에도 많은 그럴듯한 설명을 덧붙일 수 있다. 그러나 이 글에서 그려 낸 새로운 복지와 통제 체제가 형벌-복지 복합체의 새로운 관계를 가져온다는 주장 또한 가능하다. 감옥, 그리고 보다 일반적으로 형벌은 불안전의 통치에 핵심적 요소가 되었다. 만약 미국을 이 성장 중인 통제 도식의 시험대로 간주할 수 있다면, 빈민, 철거민, 실업자, 복지 수혜자는 조너선 사이먼의 강렬한 표현처럼 "범죄를 통해 통치된다." 이는 단지 수감자들 대다수가 어디나 그렇듯 가난하고 교육받지 못했으며 소속이 없는 사람들이고 아프리카계 미국인이라는 뜻이 아니다. 단순히 강경한 범죄 통제와 형벌의 미덕이 정치적 수사의 핵심 요소가 되었다는 말도 아니다. 또한 형사사법 체계가 인류 역사상 의심할 여지없이 가장 길고, 가장 많은 비용을 들였으며, 가장 효과가 없었던 전쟁인 '마약과의 전쟁'을 벌였다는 사실에 그치지 않는다. 비록 마약 사범들이 처벌받은 인구의 증가에 크게 기여했지만 말이다. 그보다 복지 개혁에서 책임화의 도덕적 명령은 새로운 도덕성의 요구를 수용하지 않을 듯한 반영속적인 유사 범죄자 인구의 구성 및 배제와 동전의 양면을 이룬다고 해야 할 것이다. 물론 감옥에는 자기 통제나 심지어 기업가정신 함양을 내세워 수감자의 의지를 재건하려는 많은 기획들이 존재한다(Garland 1997; Fox 1999). 그리고 지역사회에는 경찰, 복지기관, 의료기관, 교직원, 가족 등을 포함하는 무수한 '기관 협조' 프로그램이 있어 구금 조치 이전에 고위험군 청소년과 상습범들 중 일부를 대상으로 감옥에서 시행하는 기획을 똑같이 시도한다. 이러한 기획들은 자기 관리 능력을 심어 주기 위한 윤리적 재건의 모든 도덕화 기술을 재배치한다. '명명하기, 수치 주기, 비난하기', 보다 적절한 말로는 '재통합적 수치 주기'는 윤리적 재건의 기술 중에서도 특히 선호된다(Braithwaite 1989). 그러나 이들이 실험 대상을 선정하는 절차는 모든 종류의 범죄 관련 자료, 범죄 경력, 범행 프로파일 등을 그러모아 위험한 인물을 식별할 상세한 프로파일에 근거한다. 불안전의 회로가 노숙인과 무직자, 그리고 포섭적 통제 논리 아래 있는 다른 모든 비-소비자들을 배제한 것과 마찬가지로, 새로운 형벌 복합체의 기관과 기술은 그들을 끝없는 관리로 밀어넣는다. 배제 상태는 사실상 범죄화와 마찬가지다. 사소한 절도, 공공장소에서의 음주, 배회, 약물 등 배제회로에서 살아남게 해 주는 위반 행위들이 범죄 통제 기관의 관심사이기 때문이다. 이 새로운 회로에서 보호관찰 중인 사람은 보호관찰 위반으로 감옥에 가고, 감옥에서 가석방으로 풀려나지만, 다시 가석방 위반으로 감옥살이를 하게 된다(Simon 1993 참조). 복지 예산은 삭감된 반면 형벌 관련 예산은 증가했으며 경찰, 치안판사, 가석방 감찰관, 그 밖에 많은 이들이 배제를 관리하는 데 필요불가결한 존재로서 불안전 통치에서 중요한 역할을 맡게 되었다. 형벌의 격자는 배제 구역 전체를 뒤덮고 배제 구역을 규정한다.

결론

나는 당대 범죄 통제의 여러 특징들을 이해하기 위해서는, 이를 자유주의의 '선진적' 형식이라 명명한 통치 합리성과 통치 기술의 변형 및 재구성이라는 보다 일반적인 틀에 위치시켜야 한다고 주장하였다. 그 핵심에는 정치적 통치에의 수정된 야망, '원격으로' 통치하려는 열망, 사회성과 주체성에서 공동체와 정체성으로의 분열, 선택을 행사함으로써 자신의 운명에 책임을 지려는 활동적 개인을 창출하는 것에 대한 강조, 관리방식에 대한 사회 정치적 관심사의 조직과 만족 및 소비의 생활양식에 따르는 위험의 최소화가 있다.

이렇게 접근해 보면 오늘날 통제 전략에는 전략적 일관성이 존재한다. 비록 새로운 통제 전략이 제기하는 문제들은 다양하지만, 그 중심에는 '자유 사회'에서 통제의 문제, 그리고 그런 사회에서 살아가고 살아갈 자격이 있다고 상상되는 주체가 누구인가 하는 문제가 자리한다. 널리 알려진 범죄자의 이미지는 법치의 법률적 주체나 범죄학의 사회적·심리적 주체가 아니라, 도덕 공동체의 주체로서 자신의 책임을 받아들이지 못한 사람이다. 수치를 안기는 처벌 및 윤리적 교화를 통한 감화는 자기 자신을 인도하는 윤리적 메커니즘을 재구성하려고 시도한다. 그리고 많은 이들이 지적했듯, 복지 형벌 체계에서 처벌 강화는 타인에 대한 도덕적 책임을 위반한 자로서의 범죄자라는 관념과 연관된다. 의무의 유대 및 공동체 생활에서 신뢰를 침해하기, 만족과 행복 추구라는 개인적 권리를 침해하기, 우리의 존재를 특정 종류의 자아로 정의해 주는 사적 소유를 향한 정당한 자부심을 침해하기, 피해자의 인격을 침해하기, 피해자 가족의 사랑을 침해하기. 품행은 자유의 침해로 문제화된다. 작금의 통제 문제는 갈수록 자유의 통치 전략이 수호해야 하는 주체성에의 가정(책임 있는 도덕성, 자기 통제, 정당한 소비를 통한 자기계발에의 가정)을 침해하는 문제로 여겨지고 있다. 그러나 바로 그 이유에서 모든 통제 공간과 통제 관행은 경합의 여지를 갖는데, 이는 정의와 법치라는 보편적 법칙이 아니라 우리를 자유로운 윤리적 주체로 통치한다고 주장하는 이들이 우리에게 부여한 역량과 의무의 이름으로 행해진다.

옮긴이 후기

이 책은 2000년 〈영국 범죄학 저널〉*British Journal of Criminology*의 40권 2호를 엮어 출간되었다. 복지 예산의 축소, 높은 범죄발생율, 인종주의와 계급화된 처벌의 강화 등 이 책의 저자들이 포착하고 있는 영미권 국가의 상황이 한국과 동일하다고 단정하기는 힘들다. 하지만 '범죄학'과 '범죄학자'라는 범주를 다시 생각하고, 일상으로부터 사회이론을 재구축해야 한다는 저자들의 논의는 20년이 지난 지금 여기 한국에서도 적실해 보인다.

성착취, 아동학대, 학교폭력, 동물학대, 혐오표현에 이르기까지 범죄 회피는 일상적 삶의 구성 원칙이 되고, 피해자와 공공의 안전에 대한 우려가 정부 정책을 주도하면서 새로운 예방 실천이 고도화되고 있다. 위험을 식별하기 위한 시도들 속에서 '생물학적' 성별이나 인종, 국적 등을 통해 정체성을 식별, 고정시키려는 움직임과 위험에 보다 적대적인 반응이 등장하고 있는 것은 한국 역시 마찬가지다. 이러한 변화를 두고 한편에서는 표현의 자유 잠식, 감시 국가와 형벌권 남용, 죄형법정주의 와해를 우려하고, 다른 한편에서는 안전이나 예방, 가해자 처벌에 대한 관심 부상이 구조적 불평등을 변혁하려는 시도와 거리가 먼 탈정치화의 징후로 비판한다. 그러한 우려를 반증하듯 범죄자의 심리와 성향, 그 행위의 악랄함에 대한 공분과 흥미를 이끄는 데 멈추는 미디어의 재현과 '범죄학자'의 언설이 힘을 얻고 있는 것도 사실이다.

이 책의 저자들은 그와 같이 범죄를 개인의 문제로 환원하는 것은 물론 안전과 범죄 예방에 대한 요구 대신 빈곤과 불평등 문제를 해결하라는 구조적 진단 모두 오늘날 사람들의 삶의 방식과 사회를 설명하고 이해하는 데 한계가 있음을 지적한다. 어린이집이나 편의점, 지하철과 버스의 CCTV, 교통카드나 스마트폰의 결제 내역과 상품의 바코드, 스스로 찍어 올린 SNS의 사진, 피해의 경험을 폭로하는 디지털 커뮤니티의 글과 디지털 매체의 접근 이력 정보 등 이 모든 것이 이미 일상의 안전과 처벌, 나아가 사회적 관계에 대한 감각을 주조하고 있다. 즉, 범죄 현상은 예방이나 처벌의 문제를 넘어 정치, 경제, 사회적인 것에 대한 상상과 작동 방식에 영향을 미치고 있다. 그 과정과 효과를 설명하는 것이 범죄학은 물론 사회이론의 과제라는 것이 저자들의 주장이다. 매일 아침 뉴스와 SNS를 통해 범죄와 안전의 정보를 접하고, 청와대 국민청원에 지지의 의사를 표시하고, 늦은 밤 골목길에서 맞닥드리는 두려움이나 '갑질'에 대한 분노가 우리를, 나아가 정치의 의제와 기대를 어떻게 이끌고 있는 것인지, 우리가 발 딛고 서 있는 지금 이곳이 어떻게 만들어지고 있는지를 설명하는, 그러한 사회이론 말이다.

저자들의 관심은 범죄의 원인과 해법에 대한 응답이 아니라, 범죄로 매개된 오늘날의 사회를 설명할 수 있는 적실한 사회이론의 구축이다. 이러한 작업은 범죄에 대한 기술적 대응과 분석의 전문화를 꾀하려는 '주류' 범죄학, 사회복지의 확대나 차별과 낙인을 해소하려는 '근대 범죄학'의 접근만으로는 불가능하다. 저자들이 보기에 이러한 접근은 사람들의 일상과 감각의 변화를 간과하고, 결국 시대 진단조차 해내지 못하고 있다. 형사사법 절차나 개인에 대한 처벌을 넘어서는 범죄와 문화의 연계 방식에 대한 설명이 필요하다는 주장과 함께 그 책무를 과연 '범죄학'이 다하고 있는지, 나아가 과연 무엇이 '범죄학'인지를 되묻는 이유다.

범죄를 통해 사회의 상을 더듬어 가기 위한 시도는 이미 법학이나 범죄학, 형사정책학, 범죄심리학과 같은 특정한 학문 분과를 넘어 사회학,

여성학, 행정학, 언론정보학, 과학기술학, 인류학, 역사학, 문학 등 다양한 분과의 관심 주제가 되고 있다. 저자들의 문제의식을 공유하며 번역에 나선 역자들의 연구 영역 역시 젠더, 법, 역사, 사회이론, 사회정책, 정치사상, 노동 등 역 한국 사회에서 환기되는 '범죄학'의 범주에 국한되지 않는다. 여전히 '주류' 범죄학이 범죄의 원인과 예방 효과에 대한 관심으로 집중되어 있고 '범죄학'이 이를 독점하는 분과 학문으로서 이해되고 있는 만큼, 역자들은 이 번역서의 제목을 《범죄학과 사회이론》이라 명명하는 것이 타당할지 고민도 했다. 사회이론에 낯선 '범죄학자'는 물론 범죄를 주요한 사회 현상으로 고려해 오지 않아 온 '사회이론가'들까지 당혹스럽게 만들 수 있기 때문이다. 둘 사이의 관계를 재사유하라는 저자들의 요청을 담아내고자 번역서는 원제를 따르기로 했다.

이 책은 총 7개의 챕터로 구성돼 있다. 1장에서는 오늘날의 범죄학 및 범죄학자라는 범주 자체에 의문을 제기하며 시작한다. 공적 처벌과 개인의 감정 및 일상이라는 근대적 공/사 이분법이 안전을 매개로 무너지고 있음에도 불구하고 범죄학에 대한 수요와 궁금증의 폭증은 오히려 이를 통한 사회이론의 구축, 범죄학 지식 생산 과정의 성찰을 가로막아 왔음을 지적한다. 2장에서는 현재 범죄학이 놓인 맥락을 설명하는 예로서 감옥을 들고 그 성격을 재진단한다. 규율된 인간을 탄생시키려는 근대적 감옥의 이상은 종말을 고하였다는 것, 후기 근대 국가는 대중들의 불안을 근거로 특정 집단을 그저 공간적으로 격리하여 통제하는 장치로 감옥을 활용하고 있다는 주장이다. 3장에서는 '근대 범죄학'의 이론적 흐름을 살펴본다. 주요한 범죄 동인으로서 '상대적 박탈' 개념을 강조하던 사회학과 복지국가적 접근, 그와 거리를 두며 당대의 정치 문화와 조응하면서 형사사법의 전문화를 추동한 이상심리학조차 범죄 예방에 실패했다고 평가한다. 4장에서는 더 나아가 범죄학이 사회질서와 통치 기구의 합리성에 부응하는 근대주의 그 자체에 기여했음을 이야기한다. 글로벌 자본주의와 서구 중심적 시각에 기댄 범죄학 이론이 비서구는 물론 그들 자신이 상정한 사회의 형사사법 이론 수립과 현실 개입에 기여하지 못하는 한계를 밝힌다. 그리고 이 한계에서 벗어날 때 왜 오늘날 하필 여성과 아동에 대한 범죄가 관심을 받고 있는지를 이해하고 실질적 대응을 할 수 있음을 역설한다. 5장에서는 자본주의 생산과 교환 관계의 변혁, 가족 및 가구 구조, 사회 생태 및 인구 변동, 디지털 매체의 효과, 삶의 민주화 등 사회, 경제, 문화적 결합태로서 오늘날의 상황이 갖는 복잡성에도 불구하고 이 형성 과정에 대한 분석을 누락한 채 그 자체를 정상성을 띈 사회적 사실로서 만연히 간주되도록 만드는 데 범죄학이 어떻게 기여하고 있는지를 설명한다. 6장에서는 감정적이고 강벌적인 정책을 멀리하는 범죄학, 복지국가 논리와 사회적 해법을 반복하는 범죄학, 범죄 통제에서 극적 요소를 줄이고 전문가에게 이를 위임하려는 범죄학 모두 현재 정부의 의사결정을 형성하는 가치 및 셈법과도 친화성이 거의 없음을 주장한다. 범죄가 불러들이는 반향과 사람들의 사회에 대한 상을 받아들이고 정치, 문화를 이해하는 것이 사회이론의 책무라는 주장이다. 7장에서는 범죄학 담론뿐만 아니라 공공 여론에서 생겨나는 범죄자를 보는 관점, 그 관점이 생산되고 재생산되는 사회적 질서들의 균열, 붕괴, 재구성이 연결되는 방식을 보여준다. 범죄와 범죄자에 대한 재현 방식이 경제, 정치, 사회의 구조적 변수들을 포괄하기는 했지만, 여전히 범죄 문제를 단순한 도덕적 교화의 문제로 다루거나 처벌의 대상으로서만 결부되는 한계가 지속되고 있음을 지적한다. 8장에서는 오늘날 범죄를 둘러싼 복잡하고 모순적인 상황을 이해하는 데 통치성 분석이 어떤 기여를 할 수 있을지를 검토한다. 푸코의 통치성에 대한 논의, 품행을 인도conduct of conduct하려는 프로그램, 전략, 기술의 출현과 변형, 효과에 주목할 때, 전체주의적 통제는 신원을 보안화하려는 신기술이 의도한 바도 의도하지 않은 결과도 아니다. 오늘날의 통제 전략은 위계적이기보다 리좀적이며, 총체적이기보다 보다 분산되어 있으며 비조직적이다. 8장에서는 이것이 어떻게 의도하지 않은 새로운 배제의 형식을 만들어 내고 있는지를 아울러 검토한다.

1장부터 각 장은 순서대로 추지현, 곽귀병, 장진범, 김민정, 김재형, 정수연, 이두원, 김유하가 번역했다. 초벌 번역문을 두고 공동의 해석과 용어 통일의 과정을 반복했다. 개념의 문제의식을 적절히 반영하되 한국에서 통상적으로 이해 가능한 언어가 무엇일지를 번역의 우선 기준으로 삼았다. 이 과정에서는 '범죄학'과 '사회이론' 간의 관계를 재구성하고 그 범주를 재고찰하라는 이 책의 취지와 어긋나게, 그 분할을 강화시킬 수도 있는 번역어 채택이 이뤄지기도 했다. 예컨대 위험에 대한 대응과 그 제도화라는 의미에서 security는 일상의 범죄는 물론 사회 안전망의 부재, 테러와 전쟁 등 분쟁으로부터 공동체의 안전을 확보하기 위한 시도까지 지칭하는 어휘다. 하지만 한국에서는 민족국가 단위의 안전 확보를 위한 실천이 주로 '안보'로, 그 밖의 일상적 실천은 '보안'으로 더 많이 이해되고 있는 점을 고려하여 둘을 구분하여 번역했다. 이와 같은 실천과 제도화가 미비한 상태를 지칭하는 insecurity 역시 일상적 범죄 관련 상황에서는 '불안전', 노동과 생계 등 그 밖의 삶의 조건은 '불안정'으로 구분했다. 덧붙여 이 책에서 risk는 위험으로, danger는 위해로 번역했다. 둘 다 해악harm의 가능성을 지시하지만 리스크는 어원과 용례상 그 해악의 우연과 확률, 무작위성을 강조하되 또한 이를 예측, 관리하려는 시도 속에서 등장한 것이라는 점, 위해는 그와 같은 구체적 산술과 예측의 과정보다는 결과에 주목하는 점을 고려했다. 그 밖의 불충분한 번역은 전적으로 역자들의 탓이다.

이 책의 국내 출간에 3년여가 소요됐다. 그리고 영문판 출간 이후 저자 중 3명이 별세했다. 범죄를 재료 삼아 대중적 흥미를 끄는 영화나 드라마, 수사와 재판의 경험을 담은 수기가 넘쳐나는 가운데, 왜 그토록 우리가 범죄에 열광하고, 그것이 우리를 어디로, 어떻게 이끌고 있는지를 설명할 사회이론 구축이 필요하다는 책의 취지를 받아들이고 선뜻 출간해 줄 곳을 찾기란 쉽지 않았다. 책의 기획에 적극 공감하며 출간을 도와준 두번째테제 장원 편집장에게 진심으로 감사의 말씀을 전한다. 그는 지난한 작업에도 성실함과 정교함을 다해 주었다.

모쪼록 '범죄학'이라는 범주는 물론 사회이론을 재구성하는 데 역자들의 노력이 전달될 수 있기를 바란다.

참고문헌

1 범죄학, 사회이론 그리고 우리 시대의 도전

BAUMAN, Z. (1990), *Thinking Sociologically*. Oxford: Blackwell.

BOURDIEU, P. with L. J. D. WACQUANT (1996), 'Toward a Reflexive Sociology: A Workshop with Pierre Bourdieu', in S. Turner, ed., *Social Theory and Sociology*. Oxford: Blackwell.

BOTTOMS, A. E. (1995), 'The Philosophy and Politics of Punishment and Sentencing' in C. Clarkson and R. Morgan, eds., *The Politics of Sentencing Reform*. Oxford: Clarendon.

FOIJCAULT, M. (1977), *Discipline and Punish: The Birth of the Prison*. London: Alien Lane.

GARLAND, D. (1985), *Punishment and Welfare: A History of Penal Strategies*. Aldershot: Gower.

— (1996), 'The Limits of the Sovereign State: Strategies of Crime Control in Contemporary Society', *British Journal of Criminology*, 36/4.

— (2000), 'The Culture of High Crime Societies: Some Preconditions of Recent "Law and Order" Policies' , *British Journal of Criminology*, 40/3.

— (forthcoming). *The Culture of Control: Crime and Social Order in Late Modernity*. Oxford: Oxford University Press. [2002년 출간.]

HOME OFFICE (1959), *Penal Practice in a Changing Society*. London: HMSO.

PRESIDENT'S COMMISSION ON LAW ENFORCEMENT (1967), *The Challenge of Crime in a Free Society*. Washington, DC; US Government Printing Office.

RADZINOWICZ, L.. (1991), 'Penal Regressions', *Cambridge Law Journal*, 50: 422-44.

— (1999), *Adventures in Criminology*. London; Routledge.

SPARKS, R. (1997), 'Recent Social Theory and the Study of Crime and Punishment', in *The Oxford Handbook of Criminology*, 2nd edn, 409-35. Oxford: Oxford University Press.

TAYLOR, 1. (1999), *Crime in Context:. A Critical Criminology of Market Societies.* Cambridge: Polity Press.

TURNER, S. (1996), *Social Theory and Sociology: The Classics and Beyond.* Oxford: Blackwell.

WACQUANT, L. (1999), *Les Prisons de la Misere.* Paris: Editions Liber-Raisons D'Agir.

YOUNG, J. (1999), *The Exclusive Society.* London: Sage.

ZAHN, MARGARET A. (1999), 'Thoughts on the Future of Criminology—The American Society of Criminology Presidential Address 1998', *Criminology,* 3711: 1-16.

2 법질서의 사회적 쓸모

BATESON, GREGORY (1973), *Steps to an Ecology of Mind,* 41-2. Frogmore: Paladin.

BAUMAN, ZYGMUNT (1997), *Postmodernity and its Discontents.* London: Polity Press.

CASTORIADIS, CORNELIUS (1989), 'Anthropology, Philosophy, Politics', lecture given in Lausanne in 1997, in Thesis, 49, translated by David Ames Curtis.

CHRISTIE, Nils (1993/94), *Crime Control as Industry: Towards Gulag, Western Style?,* 86-7. London: Routledge. (In the second edition the question mark has been removed.)

— (n.d.), *Civility and State,* unpublished manuscript.

CLEMMER, DONALD (1940), *The Prison Community.* New York: Holt, Reinhart and Winston.

KUNDERA, MILAN (1976), *La Valse aux Adieux.* Paris: Gallimard, quoted in Peter Kussi, trans. (1993) *The Farewell Party.* London: Faber and Faber.

McCORKLE, LLOYD W. and KORN, RICHARD R. (1954), 'Resocialization Within Walls', in *Annals of American Academy of Political and Social Science,* 88-98.

MARTI, SERGE (1997), 'Le FMI critique les méthodes anti-chômage de Bonn et de Paris', report from the Hong Kong meeting, *Le Monde,* 19 September.

MATHIESEN, THOMAS (1990), *Prison on Trial: A Critical Assessment,* 40. London: Sage.

SELLIN, THORSTEN (1944), *Pioneering in Penology: the Amsterdam Houses of Correction in the Sixteenth and Seuenteenth Centuries,* 27-9, 58-9. Pennsylvania, PA: University of Philadelphia Press.

ZUCCHINI, LAURENT (1997), 'Ségrégation ordinaire à Washington', *Le Monde,* 25 September.

3 신규제국가와 범죄학의 전환

ANDERSON, S. and J. CAVANAGH (1996), *The Top 200: The Rise of Global Corporate Power.* Washington: Institute for Policy Studies.

AYRES, I. and BRAITHWAITE, J. (1992), *Responsive Regulation: Transcending the Deregulation Debate.* Oxford: Oxford University Press.

BALDWIN, R., HOOD, C. and SCOTT, C. (1998), 'Regulation Grows Up: Into its Prime or Mid-Life Crisis?', in R. Baldwin, C. Hood and C. Scott, eds., *SocioLegal Reader on Regulation.* Oxford: Oxford University Press.

BAAR, E. (1989), 'A Balance of Control: Defining the Risk Bearer's Role in the Regulatory Equation', paper presented to the Annual Meeting of the Law and Society Association, Madison, Wisconsin.

BAYLEY, D. H. (1994), *Police the Future.* Oxford: Oxford University Press.

BAYLEY, D. and SHEARING, C. (1996), 'The Future of Policing', *Law and Society Review,* 30/3: 585-606.

BECK, ULRICH (1992), *Risk Society: Towards a New Modernity.* Newbury Park: Sage.

BRAITHWAITE, J. (1979), *Inequality, Crime, and Public Policy.* London and Boston: Routledge and Kegan Paul.

— (1982), 'Enforced Self-Regulation: A New Strategy for Corporate Crime Control', *Michigan Law Review,* 80: 1466-507.

BRAITHWAITE, J. (1999), 'Restorative Justice: Assessing Optimistic and Pessimistic Accounts', *Crime and Justice: A Review of Research,* 25: 1-127.

— (forthcoming), 'Republican Theory and Crime Control', in K. Bussman and S. Karstedt, eds., *Social Dynamics of Crime and Control. Aldershot*: Dartmouth. [2000년 출간.]

BRAITHWAITE, J. and CHAPPELL, D. (1994), 'The Job Compact and Crime', *Current Issues in Criminal Justice,* 5: 295-300.

BRAITHWAITE, J. and DRAHOS, P. (2000), *Global Business Regulation.* Melbourne: Cambridge University Press.

BROGDEN, MICHAEL and SHEARING, CLIFFORD (1993), *Policing for a New South Africa.* London: Routledge.

CANTOR, D. and LAND, K. C. (1985), 'Unemployment and Crime Rates in the Post-World War II United States: A Theoretical and Empirical Analysis', American *Sociological Review,* 50: 317-32.

CLARKE, MICHAEL (1986), *Regulating the City: Competition, Scandal and Reform.* Milton Keynes: Open University Press.

CRAWFORD, ADAM (1997), *The Local Governance of Crime: Appeals to Community and Partnerships.* Oxford: Clarendon Press.

DALE, RICHARD (1996), *Risk and Regulation in Global Securities Markets.* New York: Wiley.

DAY, P. and KLEIN, R. (1987), 'Residential Care for the Elderly: A Billion Pound Experiment in Policy-Making', *Public Money,* March, 19-24.

DINNEN, S. (1996), 'Challenges of Order in a Weak State', PhD Dissertation, Australian National University, Canberra.

FEELEY, M. and SIMON, J. (1994), 'Actuarial Justice: The Emerging New Criminal Law', in D. Nelken, ed., *The Futures of Criminology.* London: Sage.

FOUCAULT, M. (1991), 'Governmentality', in G. Burchall, C. Gordon and P. Miller, eds., *The Foucault Effect: Studies in Govemmentality.* London: Harvester Wheatsheaf.

GARLAND, DAVID (1997), '"Governmentality" and the Problem of Crime: Foucault,

Criminology, Sociology', *Theoretical Criminology*, 1/2: 173-214.

GRABOSKY, P. and BRAITHWAITE, J. (1986), *Of Manners Gentle: Enforcement Strategies of Australian Business Regulatory Agencies*. Melbourne: Oxford University Press.

GRABOSKY, P., SHEARING, C. and BRAITHWAITE, J. (1993), 'Introduction', in P. Grabosky and J. Braithwaite, eds., *Business Regulation and Australia's Future*. Canberra: Australian Institute of Criminology.

HALLIDAY, T. and CURRIJTHERS, B. (1996), 'The Moral Regulation of Markets: Professions, Privatization and the English Insolvency Act 1986', *Accounting, Organizations & Society*, 21/4: 371-413.

HARDlNG, R. W. (1997), *Private Prisons and Public Accountability*. Buckingham: Open University Press.

HAWKINS, K. (1989), '"Fatcats" and Prosecution in a Regulatory Agency: a Footnote on the Social Construction of Risk', *Law and Policy*, 11/3.

HAYEK, F. A. (1949), *Individualism and Economic Order*. London: Routledge.

HEIMER, C. A. (1985), *Reactive Risk and Rational Action: Managing Moral Hazard in Insurance Contracts*. Berkeley: University of California Press.

HINDESS, B. (1996), *Discourses of Power: From Hobbes to Foucault*. Oxford: Blackwdl.

HOOD, C., JAMES, O., JONES, G., SCOTT, C. and TRAVERS, T. (1998), *Regulation Inside Government: Waste Watchers, Quality Police and Sleazebusters*. Oxford: Oxford University Press.

JACOBS, JAMES B. with FRIEL, COLEEN and RADICK, ROBERT (1999), *Gotham Unbound: How New York City was Liberated from the Grip of Organized Crime*. New York: New York University Press.

JESSOP, B. (1993), 'Towards a Schumpeterian Workfare State? Preliminary Remarks on Post-Fordist Political Economy', *Studies in Political Economy*, 40: 7-39.

JOHNSTON, LES (1992), *The Rebirth of Private Policing*. London: Routledge.

KAPUSCINSKI, C. A., BRAITHWAITE, J. and CHAPMAN, P. (1998), 'Unemployment and

Crime: Towards Resolving the Paradox', *Journal of Quantitative Criminology,* 14/3: 215-43.

LOADER, IAN (1998), 'Criminology and the Public Sphere: Arguments for Utopian Realism', in P. Walton and J. Young, eds., *The New Criminology Revisited.* London: Macmillan.

LOUGHLIN, M. and SCOTT, C. (1997), 'The Regulatory State', in P. Dunlevy, I. Holliday and G. Peele, eds., *Developments in British Politics,* 5. London: Macmillan.

MCCRAW, THOMAS K. (1984), *Prophets of Regulation.* Cambridge, MA: Harvard.

McDOAGH, O. (1977), *Early Victorian Government.* London: Weidenfeld & Nicolson.

MAJONE, G. (1994), 'The Rise of the Regulatory State in Europe', *West European Politics,* 17: 77-101.

MANNING, P. K. (1989), 'Managing Risk: Managing Uncertainty in the British Nuclear Installations Inspectorate', *Law and Policy,* 11/3.

MARSH, D. and RHODES, R. (1992), 'Policy Communities and Issue Networks: Beyond Typologies', in D. Marsh and R. Rhodes, eds., *Policy Networks in British Government,* 249-68. Oxford: Clarendon Press.

MEIDINGER, ERROL (1987), 'Regulatory Culture: A Theoretical Outline', *Law and Policy,* 9: 355.

MORTENSON, T. (1996), 'Black Men in College or Behind Bars', *Overcrowded Times,* 7/2: 4.

MULGAN, G. (1993), *The Power of the Boot: Democratic Dismissal, Competition and Contestability Among the Quangos,* Demos Working Paper. London: Demos.

NOZICK, R. (1974), *Anarchy, State and Utopia.* Oxford: Blackwell.

O'MALLEY, PAT (1992), 'Risk, Power and Crime Prevention', *Economy and Society,* 21/3: 252-75.

OSBORNE, D. and GAEBLER, T. (1992), *Reinventing Government.* New York: Addison-Wesley.

PARKER, C. (1999a), *Just Lawyers.* Oxford: Oxfol'd University Press.

— (1999b) 'Compliance Professionalism and Regulatory Community: The Australian

Trade Practices Regime', *Journal of Law and Society*, 26: 215-39.
PASQUINO, P. (1991), 'Thearrum Politicum: The Genealogy of Capital-Police and the State of Prosperity', in G. Burchall, C. Gordon and P. Miller, eds., *The Foucault Effect: Studies in Governmentality*. London: Harvester Wheatsheaf.
PERROW, C. (1984), *Normal Accidents: Living with High-Risk Technologies*. New York: Basic Books.
POLK, KEN (1994), 'Family Conferencing: Theoretical and Evaluative Questions', in Christine Alder and Joy Wundersitz, eds., *Family Conferencing and Juvenile Justice*. Canberra: Australian Studies in Law, Crime and Justice, Australian Institute of Criminology.
REES, JOSEPH V. (1994), *Hostages of Each Other: The Transformation of Nuclear Safety Since Three Mile Island*. Chicago: University of Chicago Press.
REICHMAN, N. (1986), 'Managing Crime Risks: Toward an Insurance Based Model of Social Control', *Research in Law, Deviance and Social Control*, 8: 151-72.
REISS, ALBERT J. JR (1989), 'The Institutionalization of Risk', *Law and Policy*, 11/3: 392-402.
REUTER, P. (1997), 'Why Can't We Make Prohibition Work Better? Some Consequences of Ignoring the Unattractive', *Proceedings of the American Philosophical Society*, 141: 262-75.
SANDERS, J. (1989), 'Firm Risk Management in the Face of Products Liability Rules', *Law and Policy*, 11/3.
SCULL, A. T. (1977), *Decarceration: Community Treatment and the Deviant—A Radical View*. Englewood Cliffs, NJ: Prentice-Hall.
SHAPIRO, S. (1989), 'Libel Lawyers as Risk Counselors: Pre-Publication and PreBroadcast Review and Social Construction of News', *Law and Policy*, 11/3.
SHEARING, C. (1993), 'A Constitutive Conception of Regulation', in P. Grabosky and J. Braithwaite, eds., *Business Regulation and Australia's Future*. Canberra: Australian Institute of Criminology.
— (1995), 'Reinventing Policing: Policing as Governance', *Privatisierung staatlicher Kontrolle: Befunde, Konzepte, Tendenzen*. Baden Baden: Nomos Verlagsgesellschaft.

— (1997), 'Violence and the Changing Face of Governance: Privatization and its Implications', *Kolner Zeitschrift fur Soziologie und Sozialpsychologie.*

SHEARING, C. D. and STENNING, P. C. (1981), 'Modern Private Security: its Growth and Implications', in M. Tonry and N. Morris, eds., *Crime and Justice: an Annual Review of Research,* 3: 193-245. Chicago: University Chicago Press.

— (1983), 'Private Security: Implications for Social Control', *Social Problems,* 30/5: 493-506.

— eds. (1987), *Private Policing.* California: Sage.

SINGAPORE SUBORDINATE COURTS (1997), *Excellence and Beyond.* Singapore: Singapore Subordinate Courts.

SMITH, ADAM (1978), *Lectures on Jurisprudence,* R. L. Meek, D. D. Raphael and P. G. Stein, eds., Oxford: Clarendon Press.

SOROS, GEORGE (1994), *The Alchemy of Finance.* New York: Wiley.

STREECK, W. and SCHMITTER, P. (1985), *Private Interest Government.* London: Sage.

VAUGHAN, D (1989), 'Regulating Risk: Implications of the Challenger Accident', *Law and Policy,* 11/330-49.

VON HOHENTHAL, P. G. G. (1776), *Liber de Politia.* Liptal.

WEATHERBURN, D. and LIND, B. (forthcoming), *The Economic and Social Antecedents of Deliquent-Prone Communities.* Melbourne: Cambridge.

ZIEGLER, P. (1988), *The Sixth Great Power: Barings 1762-1929.* London: Collins.

4 오리엔탈리즘과 옥시덴탈리즘, 그리고 범죄사회학

Annual Statistical Digest (1997), Trinidad and Tobago: Government Printery.

BABB, C. (1996), *Taking Action Against Violence: A Case Study of the Rape Crisis, Society of Trinidad and Tobago. Barbados*: The UNIFEM Caribbean Office.

BAYLEY, D. (1999), 'Policing the World Stage', in R. Mawby, ed., *Policing Across the World:*

Issues for the 21st Century, 3-12. London: University College Press.

BAYLEY, D. and SHEARING, C. (1996), 'The Future of Policing', *Law and Society Review*, 30/3: 585-606.

BECKFORD, G. (1972), *Persistent Poverty: Underdevelopment in Plantation Economies of the Third World.* New York: Oxford University Press.

BENNETT, T. (1990), *Evaluating Neighbourhood Watch.* Aldershot: Gower.

BEST, L. (1968), 'Outlines of a Model of Pure Plantation Economy', *Social and Economic Studies*, 17/3: 283-324.

BIRJU, A. (1998), *A Crime Victim Survey of St james, Trinidad 1992-1994; Understanding the Hidden Dimensions of Crime.* Thesis submitted for the degree of Master of Philosophy, St Augustine, Trinidad: University of the West Indies, Department of Behavioural Sciences.

BRAITHWAITE, F. (1996), 'Some Aspects of Sentencing in the Criminal Justice System of Barbados', in M. Cain, ed., *For a Caribbean Criminology*; Caribbean Quarterly 42/2, 3: 113-30.

BRAITHWAITE, J. (1989), *Crime, Shame, and Re-Integration.* Cambridge: Cambridge University Press.

BRAITHWAITE, J. and MUGFORD, S. (1994), 'Conditions of Successful Reintegration Ceremonies: Dealing with Juvenile Delinquents', *British journal of Criminology* 34/2: 139-71.

BROGDEN, M. (1991), On the Mersey Beat: *Policing Liverpool Between the Wars.* Oxford: Oxford University Press.

BROGDEN, M. (1999), 'Community Policing as Cherry Pie', in R. Mawby, ed., *Policing Across the World; Issues for the Twenty-first Century*, 167-86. London: UCL Press.

BROWN, S. (1998), *Understanding Youth and Crime. Buckingham*: Open University Press.

CAIN, M. (1973) *Society and the Policeman's Role.* London: Routledge.

— (1985/1989), 'Beyond Informal Justice', Contemporary Crises, 9/4: 335-73. Reprinted in R. Mathews, ed., *Informal justice.* London: Sage.

— (1995), 'Labouring, Loving, and Living: On the Policing of Culture in Trinidad and Tobago', in L. Noaks, M. Levi and M. Maguire, eds., *Contemporary Issues in Criminology*, 84-

107. Cardiff: University of Wales Press.

— (1996), 'Developing a Juvenile Justice Policy: Anomalies of Theory and Practice in Trinidad and Tobago', in M. CAIN, ed. *For a Caribbean Criminology*: Caribbean Quarterly. 42/2, 3: 29-41. Jamaica: UWI Press.

CAIN, M. (2000) 'Through Other Eyes: On the Limitations and Value of Western Criminology for Teaching and Practice in Trinidad and Tobago', in D. Nelken, ed., *Contrasts in Criminal justice.* Aldershot: Dartmouth.

CARLEN, P. (1996), *Jigsaw: a Political Criminology of Youth Homelessness.* Buckingham: Open University Press.

CHRISTIE, N. (1977), 'Conflicts as Property', *British journal of Criminology*, 17/1: 1-15.

CLEGG, I. and WHETTON, J. (1999), 'UK Government Assistance to the Police in Developing Countries', paper presented at the British Criminology Conference, Liverpool, July 1999.

COBB, S. (1997), 'The Domestication of Violence in Mediation', *Law and Society Review,* 31/3: 397-440.

DANZIG, R. (1973), 'Towards the Creation of a Complementary, Decentralized System of Justice', *Stanford Law Review,* 26/1: 1-54.

DFID (1998), *Eliminating World Poverty,* White Paper. London: HMSO.

DIGNAN, J., SORSBY, A. and HIBBERT, J. (1996), *Neighbour Disputes: Comparing the Costs of Mediation and Alternative Approaches.* Sheffield, UK: The University of Sheffield Centre for Criminological and Socio-Legal Research.

FINEMAN, M. (1988), 'Dominant Discourse, Professional Language, and Legal Change in Child Custody Decision Making', *Harvard Law Review,* 101: 727 ff.

FRANK, A. C. (1967/1970), *The Sociology of Development and the Underdevelopment of Sociology.* New York: Zenit Reprints (pamphlet). First published in Catalyst, 3, Summer.

— (1967), *Capitalism and Under-development in Latin America.* New York: Monthly Review Press.

HARRIOTT, A. (1996), 'The Changing Social Organisation of Crime and Criminals in Jamaica', in M. Cain, ed., *For a Caribbean Criminology*: Caribbean Quarterly, 42/2 and 3: 113-30.

HEBDIGE, D. (1996), 'Postmodernism and the "Other Side"' in D. Morley and K. H. Chen, eds., *Stuart Hall: Critical Dialogues in Cultural Studies*, 174-200. London: Routledge.

JONES, H. (1981), *Crime, Race and Culture.* New York: Wiley.

LEA, J. and YOUNG, J. (1984), *What is to be Done About Law and Order?* Harmondsworth: Penguin.

MAWBY, R. (1999), 'Approaches to Comparative Analysis: The Impossibility of Becoming an Expert on Everywhere', in R. Mawby, ed., *Policing Across the World: Issues for the 21st Century*, 13-22. London: University College Press.

MERRY, S. (1982), 'The Social Organisation of Mediation in Non-Industrial Societies: Implications for Informal Community Justice in America', in R. Abel, ed., *The Politics of Informal Justice*, vol. 2, 17-45. New York, Academic Press.

MILLER, E. (1991), *Men at Risk.* Kingston: Jamaica Publishing House.

MOHAMMED, P. (1990), 'The Women's Movement: Violence Against Women', *CAFRA News*, 34-45.

— (1998), 'Towards Indigenous Feminist Theorising in the Caribbean', *Feminist Review*, 59: 6-33.

NICHOLAS, E. (1990), *Patriarchal Power and Women's Resistance in Trinidad*, paper submitted in partial fulfilment of the requirements for obtaining the Degree of Master of Arts in Development Studies, The Hague, Institute of Social Studies.

REDDOCK, R. (1988), *Elma Francois: The NWCSA and the Workers' Struggle for Change in the Caribbean.* London: New Beacon Books.

— (1994), *Women, Labour, and Politics in Trinidad and Tobago.* London: Zed Books.

— (1998), 'Women's Organisations and Movements in the Commonwealth Caribbean: The Response to Global Economic Crisis in the 1980's', *Feminist Review*, 59: 57-73.

RIOS, J. (1995), 'Rio de Janiero, Brazil', in U. Zverkic and A. del Frate, eds., *Criminal Victimisation in the Developing World*, no. 55, ch. 10, pp. 233-74. Rome: UNICRI.

ROBINSON, W. (1996a) *Promoting Polyarchy: Globalization, US Intervention, and Hegemony*. Cambridge: Cambridge University Press.

— (1996b) 'Globalisation: Nine Theses on our Epoch', *Race and Class*, 38/2:13-31.

ROYAL ST LUCIA POLICE (1993), *Review of the Force as at 1st July 1992*. Castries: Ministry for Home Affairs. SAID, E. (1978), *Orientalism*. New York: Pantheon Books.

SAMPSON, J. (1994), *Report of the Cabinet Appointed Committee to Examine the Juvenile Delinquency and Youth Crime Situation in Trinidad and Tobago.* Port of Spain, Trinidad: Ministry of Social Development.

SCHNEIDER, E. (1994), 'The Violence of Privacy', in M. Fineman and R. Mykitiuk, eds., *The Public Nature of Private Violence*, 36-58. New York: Routledge.

SMITH, R. T. (1956), *The Negro Family in British Guiana.* London: Routledge and Kegan Paul.

WEST, D. (1982), *Delinquency, its Roots and Careers*. London: Heinemann.

5 위해화와 일탈의 종말: 제도적 환경

ARCHER, J. (1992), *Ethology and Human Development*. Hemel Hempstead: Harvester Wheatsheaf.

ARONOWITZ, S. (1992), *The Politics ofIdentity*. London: Routledge.

BECK, U. (1992), *Risk Society: Towards a New Modernism*. London: Sage Publications.

BECK, U., GIDDENS, A. and LASH, S. (1994), *Reflexive Modernization: Politics, Tradition and Aesthetics in the Modern Social Order*. Cambridge: Polity Press.

BELL, D. (1974), *The Coming of the Post-Industrial Society: A Venture in Social Forecasting.* London: Heinemann.

BERNARD, T. J. (1995), 'Merton versus Hirschi: Who is Faithful to Durkheim's Heritage?, in F. Adler and W. S. Laufer., eds., *The Legacy of Anomie Theory: Advances in Criminological Theory*, vo!. 6. New Brunswick, NJ: Transaction.

CLARKE, R. V. (1993), 'Fare Evasion and Automatic Ticket Collection on the London Underground', in R. V. Clarke, ed., *Crime Prevention Studies*, vo!. 1. Monsey, NY: Criminal Justice Press.

COHEN, S. (1985), *Visions of Social Control*. Cambridge: Polity Press.

DAVIS, M. (1990), *City of Quartz: Excavating the Future in Los Angeles*. London: Pimlico.

DOUGLAS, M. (1966), *Purity and Danger: An Analysis of Concepts of Pollution and Taboo.* London: Routledge.

— (1992), *Risk and Blame: Essays in Cultural Theory*. London: Routledge.

DOUGLAS, M. and WILDAVSKY, A. (1982), *Risk and Culture: An Essay on the Selection of Technological and Environmental Dangers.* Berkeley: California University Press.

FARRINGTON, D. P., GALLAGHER, B., MORLEY, L., ST LEDGER, R. J., WEST, D. J. (1988a), 'A 24-year Follow-up of Men from Vulnerable Backgrounds', in R. L. Jenkins and W. K. Brown, eds., *The Abandonment of Delinquent Behaviour*. New York: Praeger.

— (1988b), 'Are there Any Successful Men from Criminogenic Backgrounds?', *Psychiatry*, 51.

FEELEY, M. and SIMON, J. (1994), 'Actuarial Justice: The Emerging New Criminal Law', in D. Nelken, ed., *The Futures of Criminology*. London: Sage.

FERRARO, K. F. (1995), *Fear of Crime: Interpreting Victimization Risk.* NY: State University of New York Press.

FOUCAULT, M. (1977), *Discipline and Punish: The Birth of the Prison*. London: Penguin.

— (1983), 'The Subject and Power', in H. L. Dreyfus and P. Rabinow, eds. *Michel Foucault: Beyond Structuralism and Hermeneutics*, 2nd edn. Chicago: University of Chicago Press.

GANE, M., ed. (1993), *Baudrillard Live: Selected Interviews*. London: Routledge.

GARLAND, D. (1990), *Punishment and Modern Society: A Study in Social Theory*. Oxford:

Clarendon.

GIDDENS, A. (1984), *The Constitution of Society: Outline of the Theory of Structuration.* Berkeley: University of California Press.

— (1990), *The Consequences of Modernity*. Cambridge: Polity Press.

— (1991), *Modernity and Self-Identity: Self and Society in the Late Modern Age.* Cambridge: Polity Press.

GOTTFREDSON, M. R. and HIRscHI, T. (1990), *A General Theory of Crime.* Stanford: Stanford University Press.

HIRSCHI, T. (1969), *The Causes of Delinquency.* Berkeley, CA: University of California Press.

HOUGH, M. (1995), *Anxiety about Crime: Findings from the 1994 British Crime Survey,* Home Office Research Study 147. London: Home Office.

INGLEHART, R. (1990), *Culture Shift in Advanced Industrial Society.* Princeton, NJ: Princeton University Press.

JENCKS, C. (1991), 'Is Violent Crime Increasing?', *The American Prospect,* 4.

LASH, S., SZERSZYNSKI, B. and WYNNE, B., eds. (1996), *Risk, Environment and Modernity: Towards a New Ecology.* London: Sage,.

LYON, D. (1994), *The Electronic Eye: the Rise of Surveillance Society.* Minneapolis: University of Minnesota Press.

LYON, D. and E. ZUREIK (1996), 'Surveillance, Privacy, and the New Technology', in D. Lyon and E. Zureik, eds., *Computers, Surveillance, and Privacy.* Minneapolis: University of Minnesota Press.

MAINPRIZE, S. (1996), 'Elective Affinities in the Engineering of Social Control: The Evolution of Electronic Monitoring', *Electronic Journal of Sociology,* 2/2.

MARX, G. T. (1987), *La Societe de securite maximale,* paper given at the 38th Cours International de Criminologie, 'Nouvelles tecnologies et justice penale', University of Montreal, 21 August 1987.

MASlIDA, B. (1993), 'Credit Card Fraud Prevention: A Successful Retail Strategy', in R. V.

Clarke, ed., *Crime Prevention Studies,* vol. 1. Monsey, NY: Criminal Justice Press.

MATHIESEN, T. (1983), 'The Future of Control Systems: The Case of Norway', in D. Garland and P. Young, eds., *The Power to Punish: Contemporary Penality and Social Analysis.* London: Heinemann.

MELOSSI, D., ed. (1998), *The Sociology of Punishment: Socio-structural Perspectives.* Aldershot: Ashgate/Dartmouth.

MELOSSI, D. and PAVARINI, M. (1981), *The Prison and the Factory: Origins of the Penitentiary System.* London: Macmillan.

MIRRLEES-BLACK, C. and Ross, A. (1995), *Crime against Retail and Manufacturing Premises: Findings from the 1994 Commercial Victimisation Survey.* London: Home Office.

Mosco, V. and WASKO, J., eds. (1988), *The Political Economy of Information.* Madison: University of Wisconsin Press.

ROCHE, S. (1993), *Le sentiment de l'insecurite.* Paris: PUF.

RUSCHE, G. and K1RCHHEIMER, O. (1939/1968), *Punishment and Social Structure.* New York: Russell & Russell.

SHEARING, C. and STENNING, P. (1985), 'From the Panoptic on to Disneyworld: The Development of Discipline', in A. Doob and E. Greenspan, eds., *Perspectives in Criminal Law.* Ontario: Aurora.

SEWELL, G. and WILKINSON, B. (1992), 'Someone to Watch over me: Surveillance, Discipline and the Just-in-Time Labor Process', *Sociology,* 26/2.

WACQUANT, L. J. D. (1992), 'Au chevet de la modernite: le diagnostic du docteur Giddens', *Cahiers internationaux de sociologie,* 43.

6 국가주의, 다원주의 그리고 사회통제

ALBORN, T. (1998), *Conceiving Companies-Joint Stock Politics in Victorian England.* London:

Routledge.

BECCARIA, C. (1995), *On Crimes and Punishments,* Richard Bellamy, ed. Cambridge: Cambridge University Press.

BRAUDE, R. and LEWIS, B., eds. (1983), *Christians and Jews in the Ottoman Empire,* vol. 1. New York: Holmes and Mayer.

BUKATMAN, S. (1997), *Blade Runner.* London: British Film Institute.

CANNON, B. (1998). *The Politics of Law and the Courts in Nineteenth Century Egypt.* Salt Lake City: University of Utah Press.

COHEN, J. and ROGERS, J. (1996), 'Secondary Associations and Democratic Governance', in E. O. Wright, ed., *Associations and Democracy.* London: Verso.

DAVIS, M. (1990), *City of Quartz.* London: Verso.

— (1992), 'Fortress Los Angeles "The Militarisation of Urban Space"', in M. Sorkin, ed., *Variations on a Theme Park-The New American City and the End of Public Space.* New York: Farrar Strauss Giroux.

— (1998), *Ecology of Fear-Los Angeles and the Imagination of Disaster.* New York: Metropolitan Books.

ETZIONI, A. (1995), *The Spirit of Community.* London: Fontana.

FARBER, H. S. (1997), 'The Changing Face of Job Loss in the United States 1981-95', Brookings Papers on Economic Activity: Microeconomic.

GARLAND, D. (1996), 'The Limits of the Sovereign State-Strategies of Crime Control in Contemporary Societies', *British Journal of Criminology,* 36/4: 445-71.

GORDON, D. (1996), *Fat and Mean-The Corporate Squeeze on Working Americans and the Myth of Managerial Downsizing.* New York: Martin Kessler Books/The Free Press.

HIRST, P. (1994), *Associative Democracy.* Cambridge: Polity Press.

— (1997), *From Statism to Pluralism.* London: UCL Press.

— (1998), 'Social Welfare and Associative Democracy' in N. Ellison and C. Pierson, eds., *Developments in British Social Policy,* No. 1. Basingstoke: Macmillan.

HIRST, P. and THOMPSON, G. (1999) 'Globalisation-Frequently Asked Questions and Some Surprising Answers', in Peter Leisink, ed., *Globalisation and Labour Relations.* Cheltenham: Edward Elgar.

JENKINS, S. (1996), *Accountable to None: The Tory Nationalisation of Britain.* London: Penguin.

LIJPHART, A. (1975), *The Politics of Accommodation: Pluralism and Democracy in the Netherlands,* 2nd edn. Berkeley, CA: University of California Press.

PIERSON, P. (1994), *Dismantling the Welfare State?* Cambridge: Cambridge University Press.

PIORE, M. and SABEL, C. (1984), *The Second Industrial Divide.* New York: Basic Books.

POWER, M. (1997), *The Audit Society.* Oxford: Oxford University Press.

PRESTHUS, R. (1965), *The Organisational Society.* New York: Vintage.

ROE, M. J. (1994), *Strong Managers Weak Owners.* Princeton: Princeton University Press.

ROGERS HOLLINGSWORTH, J. and BOYER, R., eds. (1997), *Contemporary Capitalism: The Embeddedness of Institutions.* Cambridge: Cambridge University Press.

ROSE, N. (1999), *Powers of Freedom.* Cambridge: Cambridge University Press.

SABEL, C. (1991), 'Moebius Strip Organisations and Open Labour Markets: Some Consequences of the Integration of Conception and Execution in a Volatile Economy', in P. Bourdieu and J. S. Coleman, eds., *Social Theory in a Changing Society*. Boulder, CO: Westview Press.

SCHMITT, C. (1990), 'The Plight of European Jurisprudence', *Telos,* 83: 35-70.

SMITH, M. G. (1974), 'Institutional and Political Conditions of Pluralism', in *Corporations and Society.* London: Duckworth.

SORKIN, M., ed. (1992), *Variations on a Theme Park-The New American City and the End of Public Space.* New York: Farrar Strauss Giroux.

STORPER, M. and SALAIS, R. (1997), *Worlds of Production.* Cambridge, MA: Harvard University Press.

VAN DER HORST, H. (1996), *The Low Sky-Understanding the Dutch,* 118-26. The Hague: Scriptum Books.

WEIR, S. and HALL, W. (1994), *Ego Trip: Extra-Governmental Organisations in the UK and Their Accountability*. London: Charter 88 Trust.

7 범죄자 표상의 변화

ADDAMS, JANE (1910/1998), *Twenty Years at Hull House.* New York: Penguin Books.

ADORN!, DAN!ELA (1997), 'I1 brigantaggio', in L. Violante, 283-319.

ALTHUSSER, LOUIS (1970), 'Ideology and Ideological State Apparatuses', in L. Althusser, *Lenin and Philosophy,* 127-86. New York: Monthly Review Press.

ANDERSON, NEtS (1923), *The Hobo*. Chicago: The University of Chicago Press.

ARCHER, DANE and GARTNER, ROSEMARY (1984), *Violence and Crime in Cross National Perspective.* New Haven, CT: Yale University Press.

BAIMA Bm,LONE, PIER LIllGI (1992), *Cesare Lombroso ovvero it principio dell'ir-responsabilita.* Torino: Sodeta Ediu'ice Internazionale.

BARBAGLI, MARZIO (1998), *Immigrazione e criminalita in Italia*. Bologna: II mulino.

BEAUMONT, GUSTAVE DE and TOCQUEVILLE, ALEXIS DE (1833/1964), *On the Penitentiary System of the United States and Its Application in France.* Carbondale: Southern Illinois University Press.

BECCARIA, CESARE (1764/1986), *On Crimes and Punishments.* Indianapolis: Hackett.

BECKER, HOWARD S. (1963), *Outsiders: Studies in the Sociology of Deviance.* New York: The Free Press.

BECKETT, KATHERINE (1997), *Making Crime Pay: Law and Order in Contemporary American Politics.* New York: Oxford University Press.

BENNETT, WLLIAM J., DiLlIO, JOHN B. Jr and WALTERS, JOHN P. (1996), *Body Count:*

Moral Poverty ... And How to Win America's War Against Crime and Drugs. New York: Simon & Schuster.

BERGALLI, ROBERTO and SUMNER, c., eds. (1996), *Social Control and Political Order: European Perspectives at the End of the Century.* London: Sage.

BERK, RICHARD A., RAUMA, DAVID, MESSINGER, SHELDON L. and COOLEY, THOMAS F. (1981), 'A Test of the Stability of Punishment Hypothesis: The Case of California, 1851-1970', *American Sociological Review,* 46: 805-29.

BLUMSTEIN, ALFRED (1982), 'On the Racial Disproportionality of United States' Prisop Populations', *Journal of Criminal Law and Criminology,* 73: 1259-81.

— (1983), 'Selective Incapacitation as a Means of Crime Control', *American Behavioral Scientist,* 27: 87.

BUUMSTEIN, ALFRED and COHFN, JACQUELINE (1979), 'Estimation of Individual Crime Rates from Arrest Records', *Journal of Criminal Law and Criminology,* 70: 561-85.

BLUMSTEIN, ALFRED and ROSENFELD, RICHARD (1998), 'Explaining Recent Trends in U.S. Homicide Rates', *Journal of Criminal Law and Criminology,* 88: 1175-216.

BLUMSTEIN, ALFRED, COHEN, JACQUELINE and NAGIN, DANIEL (1977), 'The Dynamics of a Homeostatic Punishment Process', *Journal of Criminal Law and Criminology,* 67: 317-34.

BODDY, RAFORD and CROTTY, JAMES (1975), 'Class Conflict and Macro-Policy: the Political Business Cycle', *The Review of Radical Political Economics,* 7: 1-19.

BULMER, MARTIN (1984), *The Chicago School of Sociology.* Chicago: The University of Chicago Press.

CAHALAN, MARGARET (1979), 'Trends in Incarceration in the United States since 1880', *Crime and Delinquency,* 25: 9-41.

CHAMBLISS, WILLIAM J. (1978), *On the Take: From Petty Crooks to Presidents.* Bloomington: Indiana University Press.

CHIIUCOS, THEODORE G. and DEIONE, MIRIAM A. (1992), 'Labor Surplus and Punishment: A Review and Assessment of Theory and Evidence', *Social Problems*, 39: 421-46.

CID, JOSÉ and LARRAURI, ELENA (1998), 'Prisons and Alternatives to Prison in Spain', in V. Ruggiero, N. South and I. Taylor, 146-55.

COHEN, ALBERT K. (1955), *Delinquent Boys: The Culture of the Gang.* Chicago: The Free Press.

COHEN, LAWRENCE E. and FELSON, MARCUS (1979), 'Social Change and Crime Rate Trends: A Routine Activity Approach', *American Sociological Review*, 44: 588-608.

COHEN, STANLEY (1972/1980), Folk Devils and Moral Panic: The Creation of the Mods and Rockers. New York: St Martin's Press.

COLVIN, MARK (1992), *The Penitentiary in Crisis: From Accommodation to Riot in New Mexico.* Albany: State University of New York Press.

CONNELL, ROBERT W. (1997), 'Why Is Classical Theory Classical?', *American Journal of Sociology*, 102: 1511-57.

CRESSEY, DONALD R. (1978), 'White Collar Subversives', *The Center Magazine*, 11: 44-9.

— (1981), 'Foreword', in Cullen and Gilbert, xi-xxiii.

CULLEN, FRANCIS T. and GILBERT, KAREN E. (1982), *Reaffirming Rehabilitation.* Cincinnati: Anderson Publishing Co.

DAVIS, MIKE (1990), *City of Quartz: Excavating the Future in Los Angeles.* London: Verso.

DEEGAN, MARY JO (1988), *Jane Addams and the Men of the Chicago School, 1892-1918.* New Brunswick: Transaction Books.

DELLA PORTA, DONATELLA and REITER, HERBERT (1996), 'Da "polizia del governo" a "polizia dei cittadini"? Le politiche dell'ordine pubblico in Italia', *Stato e mercato*, 48: 433-65.

DEWEY, JOHN (1931), 'Social Science and Social Control', *The New Republic*, 67: 276-7.

DiCRISTINA, BRUCE (1998), 'Human Sympathy and Criminal Punishment: Another Durkheimian Irony', paper presented at the 50th Annual Meeting of the American Society of Criminology , Washington, DC.

DUMM, THOMAS L. (1987), *Democracy and Punishment: Disciplinary Origins of the United*

States. Madison: The University of Wisconsin Press.

DURKHEIM, EMILE (1893/1964), *The Division of Labor in Society.* New York: The Free Press.

ERIKSON, KAI (1966), *Wayward Puritans.* New York: John Wiley.

FEDERN, PAUL (1919-20), 'Zur Psychologie der Revolution: die vaterlose Gesellschaft', *Der Oesterreichische Volkswirt,* 11: 571-4, 595-8.

FEELEY, MALCOLM M. and SIMON, JONATHAN (1992), 'The New Penology: Notes on the Emerging Strategy of Corrections and Its Implications', *Criminology,* 30: 449-74.

FERRELL, JEFF and SANDERS, CUNTON R. (1995), *Cultural Criminology.* Boston: Northeastern University Press.

FERRELL, JEFF and HAMM, MARK S. (1998), *Ethnography at the Edge: Crime, Deviance and Field Research.* Boston: Northeastern University Press.

FERRI, ENRICO (1886/1899), 'I contadini mantovani all' Assise di Venezia', in *Difese penali e studi di giurisprudenza,* 1-62. Torino: Bocca.

FITZGERALD, F. SCOTT (1931/1956), 'Echoes of the Jazz Age', in *The Crack-Up,* 13-22. New York: New Directions.

FOUCAULT, MICHEL (1975/1977), *Discipline and Punish.* New York: Pantheon.

FRITZSCHE, PETER (1998), 'Talk of the Town: The Murder of Lucie Berlin', paper presented at the Symposium 'The Criminal and His Scientists', European University Institute, Florence.

FUlLER, LON L. (1964), *The Morality of Law.* New Haven: Yale University Press.

GARLAND, DAVID (1985), 'The Criminal and His Science', *British Journal of Criminology,* 25: 109-37.

— (1990), *Punishment and Modern Society.* Chicago: The University of Chicago Press.

— (1996), 'The Limits of the Sovereign State', *British .Journal of Criminology,* 36: 445-71.

GAROFALO, RAFFAELE (1891/1914), *Criminology.* London: Heinemann.

GENET, JEAN (1949/1964), *The Thiefs Journal.* New York: Grove Press.

GIDDENS, ANTHONY (1984), *The Constitution of Society.* Berkeley: University of California Press.

GITL1N, TODD (1980), *The Whole World Is Watching.* Berkeley: University of California Press.

GOODMAN, PAUL (19.56), *Growing Up Absurd.* New York: Vintage Books.

GOTTFREDSON, MICHAEL R. and HIRSCHI, TRAVIS (1990), *A General Theory of Crime.* Stanford: Stanford University Press.

GRAMSCI, ANTONIO (1926/1978), 'Some Aspects of the Southern Question', in *Selections from Political Writings (1921-1926),* 441-62. London: Lawrence and Wishart.

GREEN, PENNY (1998), 'Crime Control Without Criminal Justice: the Case of Turkey', paper presented at the Workshop on 'Criminal Policy in Transition', International Institute for the Sociology of Law, Onati.

GREENBERG, DAVID F. (1977), 'The Dynamics of Oscillatory Punishment Processes', *The Journal of Criminal Law and Criminology,* 68: 643-51.

GREENWOOD, PETER (1982), *Selective Incapacitation.* Santa Monica: Rand Corporation.

HALL, STUART *et al.* (1978), *Policing the Crisis: Mugging, the State, and Law and Order.* London: The Macmillan Press.

HERRNSTEIN, RICHARD J. and MURRAY, CHARLES (1994), *The Bell Curve.* New York: The Free Press.

HOBSBAWM, ERIC (1959), *Primitive Rebels.* New York: The Norton Library.

— (1969), *Bandits.* London: Weidenfeld & Nicolson.

— (1994), *The Short Twentieth Century 1914-1991.* London: Abacus.

HOWE, RICHARD H. (1978), 'Max Weber's Elective Affinities: Sociology within the Bounds of Pure Reason', *American Journal of Sociology,* 84: 366-85.

JANKOVIC, IVAN (1977), 'Labor Market and Imprisonment', *Crime and Social Justice,* 8: 17-31.

KARST, KENNETH L. (1993), *Law's Promise, Law's Expression: Visions of Power in the Politics of*

Race, Gender and Religion. New Haven, CT: Yale University Press.

KATZ, JACK (1988), *Seductions of Crime.* New York: Basic Books.

KONDRATIEFF, N. D. (1935), 'The Long Waves in Economic Life', *Review of Economic Statistics,* 17: 105-15.

LEPS, MARIE-CHRISTINE (1992), *Apprehending the Criminal: The Production of Deviance in Nineteenth-Century Discourse.* Durham and London: Duke University Press.

LINDNER, ROLF (1996), *The Reportage of Urban Culture: Robert Park and the Chicago School.* Cambridge: Cambridge University Press.

LOMBROSO, CESARE (1862/1973), *In Calabria.* Reggio Calabria: Casa dellibro.

— (1876/1984), *L'uomo delinquente.* Milano: Hoepli.

MARX, KARL and ENGELS, FREDERICK (1845-46/1970), *The German Ideology.* New York: International Publishers.

MATZA, DAVID (1969), *Becoming Deviant.* Englewood Cliffs, NJ: Prentice-Hall.

MEAD, GEORGE H. (1918/1964), 'The Psychology of Punitive Justice', in G. H. Mead, *Selected Writings,* 212-39. Indianapolis: Bobbs-Merrill.

— (1934), *Mind, Self, and Society.* Chicago: University of Chicago Press.

MELOSSI, DARIO (1980), 'Georg Rusche: A Biographical Essay', *Crime and Social Justice,* 14: 51-63.

— (1985a), 'Overcoming the Crisis in Critical Criminology: Toward a Grounded Labeling Theory', *Criminology* 23: 193-208.

— (1985b), 'Punishment and Social Action: Changing Vocabularies of Punitive Motive Within A Political Business Cycle', *Current Perspectives in Theory,* 6: 169-97.

— (1990), *The State of Social Control: A Sociological Study of Concepts of State and Social Control in the Making of Democracy.* Cambridge: Polity Press.

— (1993), 'Gazette of Morality and Social Whip: Punishment, Hegemony and the Case of the USA, 1970-92', *Social and Legal Studies,* 2: 259-79.

— (1994) 'The "Economy" of Illegalities: Normal Crimes, Elites and Social Control in

Comparative Analysis', in D. Nelken, 202-19.

— (1997) 'State and Social Control à la Fin de Siécle: From the New World to the Constitution of the New Europe', in R. Bergalli and C. Sumner, 52-74.

— (1998a) 'Introduction', in D. Melossi, ed., *The Sociology of Punishment: Socio-Structural Perspectives*, xi-xxx. Aldershot: Ashgate.

— (1998b) 'Omicidi, economia e tassi di incarcerazione in Italia dall'Unita ad oggi', *Polis*, 12: 415-35.

— (forthcoming), 'The Cultural Embeddedness of Social Control (or, of the Impossibility of Translation): Reflections on the Comparison of Italian and North-American Cultures Concerning Social Control, with a Few Consequences for a "Critical" Criminology', *Theoretical Criminology*.

MILLER,]EROME (1997), *Search and Destroy: African-American Males in the Criminal Justice System*. Cambridge: Cambridge University Press.

MOLFESE, FRANCO (1964), *Storia del brigantaggio dopo l'Unita*. Milano: Feltrinelli.

MORRIS, ROBERT (1983), *The Devil's Butcher Shop: The New Mexico Prison Uprisings*. New York: Franklin Watts.

NAMENWIRTH,]. ZVI (1973), 'Wheels of Time and Interdependence of Value Change in America', *Journal of Interdisciplinary History*, 3: 649-83.

NELKEN, DAVID (1994), 'Whom Can You Trust? The Future of Comparative Criminology', in D. Nelken, ed., 220--43.

—, ed. (1994), *The Futures of Criminology*. London: Sage.

O'CONNOR,]AMES (1987), *The Meaning of Crisis: A Theoretical Introduction*. Oxford: Basil Blackwell.

PARSONS, T ALCOTT (1970/1977), 'On Building Social System Theory: A Personal History', in *Social Systems and the Evolution of Action Theory*, 22-76. New York: Free Press.

PAVARINI, MASSIMO (1997), 'Lacriminalita punita: processi di carcerizzazione nell'Italia del xx secolo', in L. Viol ante, 981-1031.

PETERSON, WALLACE G. (1994), *Silent Depression: The Fate of the American Dream.* New York: Norton.

PLATT, ANTHONY and TAKAGI ,PAUL (1977), 'Intellectuals for Law and Order: A Critique of the New "Realists" " *Crime and Social Justice*, 8: 1-16.

POUND, ROSCOE (1960), 'Natural Natural Law and Positive Natural Law', *Natural Law Forum*, 5: 70-82.

PUTNAM, ROBERT D. (1993), *Making Democracy Work: Civic Traditions in Modern Italy.* Princeton: Princeton University Press.

RAfTER, NICOLE H. (1997), *Creating Born Criminals.* Urbana and Chicago: University of Illinois Press.

RADZINOWICZ, SIR LEON (1999), *Adventures in Criminology.* London: Routledge.

REINERMAN, CRAIG (1979), 'Moral Entrepreneurs and Political Economy: Historical and Ethnographic Notes on the Construction of the Cocaine Menace', *Contemporary Crises,* 3: 225-54.

ROLLAND, MIKE (1997), *Descent into Madness: An Inmate's Experience of the New Mexico State Prison Riot.* Cincinnati: Anderson.

RUGGIERO, VINCENZO, SOUTH, NIGEL and TAYLOR, IAN, eds. (1998), *The New European Criminology: Crime and Social Order in Europe.* London: Routledge.

RUSCHE, GEORG (1933), 'Labor Market and Penal Sanction', *Crime and Social Justice,* 10: 2-8.

RUSCHE, GEORG and OTTO KIRCHHEIMER (1939), *Punishment and Social Structure.* New York: Russell & Russell, 1968.

SADE, MARQUIS DE (1795/1965), 'Philosophy in the Bedroom', in *The Complete justine, Philosophy in the Bedroom, and Other Writings,* 177-367. New York: Grove Press.

SALVATORE, RICARDO D. and AGUIRRE, CARLOS, eds. (1996), *The Birth of the Penitentiary in Latin America: Essays on Criminology, Prison Reform, and Social Control, 1830-1940.* Austin: University of Texas Press.

SARTRE, JEAN-PAUL (1952), 'Saint-Genet comedien et martyr', in J. Genet, *Oeuvres Complétes.* Paris: Gallimard.

SAVELSBERG, JOACHIM (1994), 'Knowledge, Domination, and Criminal Punishment', *American journal of Sociology,* 99: 911-43.

SCHOR, JULIET B. (1991), *The Overworked American.* New York: Basic Books.

SCIULLI, DAVID (1986), 'Voluntaristic Action as a Distinct Concept: Theoretical Foundations of Societal Constitutionalism', *American Sociological Review,* 51: 743-66.

SCULL, ANDREW T. (1977), *Decarceration: Community Treatment and the Deviant-A Radical View.* Englewood Cliffs, NJ: Prentice-Hall.

SERENI, EMILlO (1948), *Il capitalismo nelle campagne (1860-1900).* Torino: Einaudi.

SIMON, JONATHAN (1993), *Poor Discipline: Parole and the Social Control of the Underclass, 1890-1990.* Chicago: The University of Chicago Press.

SMITH, DOROTHY E. (1976), 'The Ideological Practice of Sociology', *Catalyst,* 8: 39-54:

— (1981), 'On Sociological Description: a Method from Marx', *Human Studies,* 4: 313-37.

SPARKS, RICHARD (1992), *Television and the Drama of Crime: Moral Tales and the Place of Crime in Public Life.* Buckingham Open University Press.

STEINERT, HEINZ (1998), 'Critical Criminology and the Short Career of "Social Exclusion", paper presented at the 50th Annual Meeting of the American Society of Criminology, Washington, DC.

SUTHERLAND, EDWIN H. (1934/56), 'The Decreasing Prison Population of Eng}qnd', in A. Cohen, A. Lindesmith and K. Schuessler, eds., *The Sutherland Papers,* 200-26. Bloomington: Indiana University Press.

— (1937), *The Professional Thief.* Chicago: The University of Chicago Press.

— (1949), *White Collar Crime: The Uncut Version.* New Haven: Yale University Press, 1983.

TAYLOR, IAN, WALTON, PAUL and YOllNG, JOCK (1973), *The New Criminology: For a Social Theory of Deviance.* London: Routledge.

TETI, VITO (1993), *La razza maledetta: origini del pregiudizio antimeridionale.* Roma: Manifestolibri.

TOCQIIEVILLE, ALEXIS DE (1835/1961), *Democracy in America.* New York: Schocken.

TONRY, MICHAEL (1995), *Malign Neglect: Race, Crime and Punishment.* New York: Oxford University Press.

—, ed. (1997), *Ethnicity, Crime, and Immigration: Comparative and Cross- National Perspectives.* Chicago: The University of Chicago Press.

VIOLANTE, LUCIANO, ed. (1997), *La criminalita. Annali 12, Storia d'Italia.* Torino: Einaudi.

WACQIIANT, LOIC (1999), 'How Penal Common Sense Comes to Europeans', *European Societies,* l.

WEBER, MAX (1904), "Objectivity" in Social Science and Social Policy', in *The Meth-odology of the Social Sciences,* 49-112. New York: The Free Press.

— (1904/1958), *The Protestant Ethic and the Spirit of Capitalism.* New York: Scribner's.

WEBER, ROBERT P. (1981), 'Society and Economy in the Western World System', *Social Forces,* 59: 1130-48.

WESTERN, BRIICE and BECKETT, KATHERINE (1999), 'How Unregulated Is the U.S. Labor Market? The Penal System as a Labor Market Institution', *American Journal of Sociology,* 104: 1030-60.

WILSON, JAMES Q. and HERRNSTEIN, RICHARD J. (1985), *Crime and Human Nature.* New York: Simon and Schuster.

ZIMRING, FRANKLIN E. and HAWKINS, GORDON (1991), *The Scale of Imprisonment.* Chicago: The University of Chicago Press.

8 통치와 통제

BAISTOW, K. (1995), 'Liberation or Regulation?: Some Paradoxes of Empowerment', *Critical Social Policy,* 42: 34-46.

BARRY, A., OSBORNE, T. and ROSE, N., eds. (1996), *Foucault and Political Reason.* London: UCL Press.

BRAITHWAITE, J. (1989), *Crime, Shame and Reintegration.* Cambridge: Cambridge University Press.

BURCHELL, G., GORDON, C. and MILLER, P., eds. (1991), *The Foucault Effect: Studies in Governmentality.* Hemel Hempstead: Harvester Wheatsheaf.

CASTEL, R. (1981), *La gestion des risques: de l'anti-psychiatrie a l'apres psychanalyse.* Paris: Edition de Minuit.

— (1991), 'From Dangerousness to Risk', in Burchell, Gordon and Miller, 281-98.

CRUIKSHANK, B. (1994), 'The Will to Empower: Technologies of Citizenship and the War ort Poverty', *Socialist Review,* 23/4: 29-55.

DAVIS, M. (1990), *City of Quartz: Excavating the Future in Los Angeles.* London: Verso.

DEAN, M. (1999), *Governmentality.* London: Sage.

DEAN, M. and HINDESS, B. (1998), *Governing Australia: Studies in Contemporary Rationalities of Government.* Cambridge: Cambridge University Press.

DELEUZE, G. (1995), 'Postscript on Control Societies', in *Negotiations,* translated by M. Joughin, 177-82. New York: Columbia University Press.

ERICSON, R. and HAGGERTY, K. (1997), *Policing the Risk Society.* Toronto: University of Toronto Press.

EWALD, F. (1986), *L'Etat providence.* Paris: Grasset.

— (1991), 'Insurance and Risk', in Burchell, Gordon and Miller, 197-210.

FEELEY, M. and SIMON, J. (1992), 'The New Penology: Notes on the Emerging Strategy of Corrections and its Implications', *Criminology,* 30/4: 449-74.

— (1994), 'Actuarial Justice: Power/Knowledge in Contemporary Criminal Justice', in D. Nelken, ed., *The Futures of Criminology,* 173-201. London: Sage.

FOUCAULT, M. (1991), 'Governmentality', in Burchell, Gordon and Miller, 87-104.

Fox, K. (1999), 'Changing Violent Minds: Discursive Correction and Resistance in the.

Cognitive Treatment of Violent Offenders in Prison', *Social Problems,* 46/1: 88-103.

FRASER, N. and GORDON, L. (1994), 'A Genealogy of Dependency: Tracing a Keyword of the US Welfare State', *Signs,* 19/2: 311-36.

GANDY, O. (1993), *The Panoptic Sort: Towards a Political Economy of Information.* Boulder, CO: Westview.

GARLAND, D. (1996), 'The Limits of the Sovereign State: Strategies of Crime Control in Contemporary Society', *British Journal of Criminology,* 36/1: 445-71.

— (1997), '"Governmentality"' and the Problem of Crime', *Theoretical Criminology,* 1/2: 173-215.

GORDON, D. (1987), 'The Electronic Panopticon: a Case-study of the Development of the National Criminal Records System', *Politics and Society,* 15: 483-511.

GREIG, D. (1997), 'The Politics of Dangerousness', in S. A. Gerull and W. Lucas, eds., *Serious Violent Offenders: Sentencing, Psychiatry and Law Reform,* 47-66. Canberra: Australian Institute of Criminology.

HAMILTON, G. and SUTTON, J. (1989), 'The Problem of Control in the Weak State: Domination in the United States, 1880-1920', *Theory and Society,* 18: 1-46.

HIMMELFARB, G. (1995), *The Demoralization of. Society: From Victorian Virtues to Modern Values, revised edn.* London: Institute of Economic Affairs.

KATZ, M. (1993), '"Underclass" as Metaphor', in *The 'Underclass' Debate,* 3-26. Princeton, NJ: Princeton University Press.

KAY, L. (1993), *The Molecular Vision of Life: Caltech, The Rockefeller Foundation and the Rise of the New Biology.* New York: Oxford University Press.

LUMLEY, F. (1925), *Means of Social Control.* New York: Century.

LYON, D. (1994), *The Electronic Eye: The Rise of Surveillance Society.* Cambridge: Polity.

MARX, G. (1988), *Undercover: Police Surveillance in America.* Berkeley: University of California Press.

MEAD, L. (1986), *Beyond Entitlement: The Social Obligations of Citizenship.* New York: Free

Press.

— (1991), 'The New Politics of the New Poverty', *Public Interest,* 105: 3-20.

MURRAY, C. (1984), *Losing Ground: American Social Policy 1950-1980.* New York: Basic Books.

O'MALLEY, P. (1991), 'Legal Networks and Domestic Security', Studies in *Law, Politics and Society,* 11: 181-91.

— (1992), 'Risk, Power and Crime Prevention', *Economy and Society,* 21/3: 252-75.

— (1995), 'The Prudential Man Cometh: Life Insurance, Liberalism and the Government of Thrift', paper presented to the Annual Meeting of the Law and Society Association, Toronto, June 1995.

— (1996), 'Risk and Responsibility', in Barry, Osborne and Rose, 189-208.

— (1999), 'Volatile Punishments: Contemporary Penality and the Neoliberal Government', *Theoretical Criminology,* 3/2: 175-96.

O'MALLEY, P. and PALMER, D. 'Post-Keynesian Policing', *Economy and Society,* 25/2: 137-155.

POSTER, M. (1990), *Mode of Information.* Cambridge: Polity.

PRATT, J. (1999), 'Sex Crime and the New Punitiveness', *International Journal of Law and Psychiatry.*

PROCACCI, G. (1998), 'Poor Citizens: Social Citizenship and the Crisis of Welfare States', in S. Hanninen, ed., *Displacement of Social Policies.* Jyväskylä SoPhi, University of Jyväskylä, 7-30.

ROBINS, K. and WEBSTER, F. (1989), 'Plan and Control: Towards a Cultural History of the Information Society', *Theory and Society,* 18: 323-51.

ROSE, N. (1996), 'Psychology as a Political Science: Advanced Liberalism and the Administration of Risk', *History of the Human Sciences* 9/2: 1-23.

ROSE, N. (1998), 'Governing Risky Individuals: The Role of Psychiatry in New Regimes of Control', *Psychiatry, Psychology and Law,* 5/2: 177-95.

— (1999a), *Powers of Freedom: Reframing Political Thought.* Cambridge: Cambridge University Press.

— (1999b), 'Inventiveness in Politics: Review of A. Giddens, The Third Way', *Economy and Society,* 28/3.

Ross, E. A. (1901), *Social Control: A Survey of the Foundations of Order.* New York: Macmillan.

SCHEINGOLD, S., PERSHING, J. and OLSON, T. (1994), 'Sexual Violence, Victim Advocacy and Republican Criminology', *Law and Society Review,* 28/4: 729-63.

SEDGWICK, E. (1992), 'Epidemics of the Will', in J. Crary and S. Kwinter, eds. *Incorporations,* 582-95. New York: Zone Books.

SHEARING, C. (1995), 'Reinventing Policing: Police as Governance', in O. Marenin (ed.), *Policing Change: Changing Police.* New York: Garland Press.

SHEARING, C. and STENNING, P. (1985), 'From the Panopticon to Disneyworld: The Development of Discipline', in E. Doob and E. L. Greenspan, eds., *Perspectives in Criminal Law,* 335-49. Aurora: Canada Law Books.

SIMON, J. (1993), *Poor Discipline: Parole and the Social Control of the Underclass, 1890-1990.* Chicago: University of Chicago Press.

— (1998), 'Managing the Monstrous: Sex Offenders and the New Penology', *Psychology, Public Policy and Law,* 4: 452-67.

STENSON, K. (1993), 'Community Policing as a Governmental Technology', *Economy and Society* 22/3: 373-89.

— (1999), 'Crime Control, Governmentality and Sovereignty', in R. Smandych, ed., *Governable Places: Readings on Governmentality and Crime Control,* 45-73. Aldershot: Dartmouth/Ashgate.

VALVERDE, M. (1998), *Diseases of the Will: Alcohol and the Dilemmas of Freedom.* Cambridge: Cambridge University Press.

WEBSTER, F. and ROBINS, K. (1986), *Information Technology: A Luddite Analysis.* Norwood, NJ: Ablex.

찾아보기 (인명 및 용어)